DEVOCIONAL DIÁRIO NOS SALMOS

Salmos
O SENHOR
É O MEU PASTOR

O Senhor é o meu pastor — Devocional diário nos Salmos
Por Abner Bahr, Elenilson Souza e Eliandro Viana
© Publicações Pão Diário, 2020

Coordenação Editorial: Dayse Fontoura
Revisão: Dalila de Assis, Dayse Fontoura, Lozane Winter, Thaís Soler
Projeto gráfico: Audrey Novac Ribeiro
Diagramação: Denise Duck

Dados Internacionais de Catalogação na Publicação (CIP)

> Bahr, Abner; Souza, Elenilson; Viana, Eliandro
> *O Senhor é o meu pastor — Devocional diário nos Salmos*
> Curitiba/PR, Publicações Pão Diário, 2020.
> 1.Salmos   2. Meditação e devoção   3.Vida cristã

Proibida a reprodução total ou parcial, sem prévia autorização, por escrito, da editora.
Todos os direitos reservados e protegidos pela Lei 9.610, de 19/02/1998.
Pedidos de permissão para reprodução: permissao@paodiario.org

Exceto quando indicado o contrário, os trechos bíblicos mencionados são da edição Nova Versão Internacional © 2013 Editora Vida.

As posições adotadas pelos autores do presente devocional são particulares a cada um, e, portanto, de sua inteira responsabilidade. Estas não necessariamente refletem a linha editorial adotada por Publicações Pão Diário.

Publicações Pão Diário
Caixa Postal 4190,
82501-970 Curitiba/PR, Brasil
publicacoes@paodiario.org
www.publicacoespaodiario.com.br
Telefone: (41) 3257-4028

Código: GG136
ISBN: 978-65-86078-89-3

1.ª edição: 2020

Impresso no Brasil

AGRADECIMENTOS

A DEUS
Louvamos ao nosso Deus por tornar a nossa vida uma nova canção de ações de graças. Por Seu amor, que inspirou cada poeta bíblico e fez transbordar a beleza de Sua Palavra em nosso coração pela iluminação do Espírito Santo nos concedendo graça para derramarmos nossa alma em palavras que se transformaram nesta obra.

AS NOSSAS FAMÍLIAS
Os alicerces e apoios de nossa vida e ministério.
Eliandro Viana – Esposa Carla e filhos, Amanda e Max.
Abner Bahr – Esposa Adriele e filhos, Valentina e Téo.
Elenilson Souza – Esposa Ângela.

À IGREJA
A nossa amada PIB Campo Largo, uma igreja acolhedora que tem nos dado a oportunidade de crescer ministerialmente. Cada experiência pastoral foi nossa inspiração para a construção deste projeto.

AOS PASTORES DA NOSSA EQUIPE
Honramos e os reconhecemos nossos amigos de jornada como homens tementes a Deus, com quem temos dividido a vida e a vocação no exercício do ministério e que têm nos abençoado diariamente.

A MINISTÉRIOS PÃO DIÁRIO
A Ministérios Pão Diário por nos acolher e nos encorajar em cada etapa da construção do projeto, pela sensibilidade de entenderem a direção que Deus nos deu e servirem com tanto amor para aperfeiçoar a obra.

PREFÁCIO

DEVOCIONAL
O SENHOR É O MEU PASTOR

Vivemos em um mundo com muitas vozes, diferentes vozes, vindas de muitos lugares, de fontes distintas, nem todas boas. Por vezes o mundo grita e nossa carne também. Em muitas situações, as vozes são sutis, e nem sempre é fácil discernir se aquela mensagem é tão negativa ou danosa assim, e pior, algumas são boas, mas nem tudo que é bom o é para nossa vida, e o certo para aquele momento. E mais do que nunca, todos os dias ficamos atordoados pela quantidade de informações advindas das mídias, conceitos, ideias, tendências e opiniões de tantos ao nosso redor, com notícias avassaladoras que desgastam nossa mente e, por vezes, tentam infectar nosso coração com o medo, insegurança e más notícias. Enfim, não faltam vozes e informações de todos os lados e meios. Ouvindo tantas vozes, sem filtros, muitos estão confusos e até doentes, inclusive muitos de nossos irmãos na fé.

Mas, como Jesus, temos uma boa escolha para fazer a cada novo dia: ouvir a voz do bom Pastor! Diferentemente do mundo, Ele não grita, não é invasivo e não é confuso ou mentiroso, mas é verdadeiro, justo e sussurra com amor, leveza e profundidade ao nosso coração, ou nos adverte com graça. A cada manhã, antes de ouvirmos qualquer outra coisa, podemos abrir nossos ouvidos espirituais e conversar com o próprio Deus. Nós falamos, Ele nos ouve. Nós nos aquietamos, e Ele fala.

O livro dos Salmos é um convite ao coração de Deus. Cada verso traz tanta humanidade, ao mesmo tempo que engrandece ao Senhor e reconhece quem Ele é. Passar um ano meditando diariamente em seus versos é um excelente caminho para orações ainda mais sinceras, desenvolver uma maior intensidade no louvor e adoração a Deus e, certamente, permitir que Ele traga apontamentos sobre nosso modo de viver.

Através da nossa Rede Inspire de Igrejas, conheci o pastor Eliandro Viana, homem íntegro, contagiante em sua alegria e paixão pelo Reino. Fico tão feliz por ver o crescimento e relevância de sua igreja a partir das decisões dele de se conectar com outros pastores, investir em sua liderança, sair da zona de conforto e cumprir a missão que Deus lhe confiou. Junto de seus colegas, pastores Abner Bahr e Elenilson Souza, o pastor Eliandro preparou esse devocional com 365 mensagens que o ajudarão a viver um profundo relacionamento com Deus. Tenho visto a importância de levar a família espiritual a ler em unidade um único devocional durante todo o ano. Nos últimos oito anos, temos colhido lindos frutos dessa prática espiritual em nossa igreja e Rede Inspire, e creio que será de grande impacto para essa família da fé também. E junto com o devocional leia também toda sua Bíblia.

A cada novo dia, recorra à Palavra e de nada você terá falta. Como nos diz o Salmo 23, certamente a bondade e a fidelidade o acompanharão todos os dias da sua vida — e isso inclui os próximos 365 dias. Que Deus abençoe sua jornada neste novo ano com Ele.

Carlito Paes
Pastor líder da Igreja da Cidade em São José dos Campos
e da Rede de Igrejas da cidade,
fundador da Rede Inspire, autor e palestrante.

1

O livro dos Salmos tem sido inspiração para muitos trabalhos devocionais. Mas agora, de uma forma simples e ao mesmo tempo profunda, nos levará a uma sensibilidade maior à voz de Deus. Com certeza um material rico para nos ajudar em nossos devocionais diários.

O Senhor é o meu pastor, baseado nos Salmos, são reflexões para uma vida intensa na busca de um alimento diário durante um ano inteiro. Você terá uma leitura prazerosa e tirará lições profundas durante seus momentos devocionais.

O livro foi escrito por três homens de Deus (Pastores Abner, Eliandro e Elenilson) que conheço de andarmos juntos e fazermos parte da mesma escola, onde aprendemos e crescemos muito sobre a relevância de uma vida devocional significativa.

Pr. Edson Luiz de Oliveira
Pastoreou a PIB Campo Largo por 15 anos
Tem sido referência na mentoria e pastoreio de pastores
Atualmente está servindo também no cuidado pastoral
da comunidade brasileira em Danbury, Connecticut, EUA

2

O livro dos Salmos é um convite a falar com Deus de forma verdadeira e pessoal. Neste devocional, os autores comentam cada Salmo presenteando o leitor com uma fonte de inspiração que o conduz a buscar a presença de Deus, adorá-lo e ser cheio da Sua graça e abundante amor. Você vai se emocionar com esta leitura!

Débora Lília dos Santos Fahur
Psicóloga. Diretora de Programas Sociais
da Associação Educacional e Beneficente Vale da Benção
Conselheira da RENAS (Rede Evangélica Nacional de Ação Social)

3

A palavra de Deus nunca volta vazia. Do mesmo texto, várias aplicações podem ser feitas, e, do livro dos Salmos, desde que foi escrito, pode-se tirar diversos ensinamentos para todas as épocas. Então, três pastores de uma igreja muito ativa da região metropolitana de Curitiba fazem uma aplicação dos Salmos para os dias atuais através das suas experiências pastorais. Que as palavras escritas neste devocional possam transformar vidas e mudar a história de muita gente.

Beto Barros
Diretor Executivo da Aliança Cristã Evangélica Brasileira

Aprendi a orar com os Salmos. Eles sempre foram fonte de crescimento e de sobrevivência espiritual para o povo de Deus. Eliandro, Abner e Elenilson são pastores que se preocupam com a qualidade de vida do povo de Deus e trabalharam neste livro para "preparar" alimento saudável para o desenvolvimento de sua vida cristã. Sacie a fome de sua alma com esta leitura!

Walmir Antunes Tavares
Pastor da Igreja Nova Vida em Guaratinguetá, SP
Há 20 anos tem servido no pastoreio de pastores
em ministérios como MAPI/SEPAL e Renovo

No mundo há milhões de cristãos apaixonados pela devoção, o que faz parte do cristianismo saudável e vibrante, e a senha do sucesso é a Palavra de Deus. Eliandro, Abner e Elenilson escrevem devocionais leves, simples e práticos que transmitem paixão, amor e dedicação dos que amam a Deus e as Escrituras.

Everaldo Borges
Pastor Sênior da ICP Global Church
Mentor de pastores e líderes nacional e internacional
Professor teólogo especialista em liderança
Presidente fundador da BASE (Belém Associação Social Educacional)
Presidente fundador da Academia Flecha de Liderança

Simplesmente inspirador!
Este livro é uma ferramenta de fé para deixar os dias mais leves. O ritmo alegre da poesia hebraica dita o ritmo dos devocionais que nos ajudam a entender o livro dos Salmos e suas aplicações práticas para vida. Simples, gostoso de ler e ao mesmo tempo impactante.

Pr. Michel Piragine
Pastor do One Ministério e pastor na PIB Curitiba
Líder do Movimento de Unidade Semana de Avivamento

O Senhor é o meu pastor é mais do que um livro devocional; trata-se de um guia para uma caminhada espiritual onde os 150 salmos bíblicos são distribuídos em 365 reflexões diárias.

Esta obra lhe permitirá conhecer princípios essenciais que o ajudarão a permanecer na luz, incentivando a evitar o que não acrescenta ao seu viver e favorecendo o permanecer na luz. Também conduzirá seu caminhar numa vida de satisfação, prosperidade, produtividade e regeneração, acalmando sua alma, enfatizando a importância da oração e confiança em tempos difíceis.

Este devocional demonstrará como Deus trabalha de várias maneiras, inclusive no silêncio, oferecendo um lugar de descanso, em que o temor será lançado fora e esperança vencerá o desespero. Também é um chamado ao louvor ao Senhor e confiança no Todo-poderoso, pois Ele é bom o tempo todo.

Minha oração é que você seja tremendamente abençoado nessa caminhada em nome de Jesus para a glória de Deus Pai!

Hilquias Paim
Pastor Presidente de Igreja Batista Lindóia em Curitiba
e Presidente da Convenção Batista Paranaense

No presente trabalho de devocional, os pastores Abner Bahr, Eliandro Viana e Elenilson Souza utilizam-se da iluminação do Santo Espírito do Senhor para proporcionar aos seus leitores o que há de melhor da expressão espiritual dos salmos, a cada dia do ano. Somente um devocional tratado com todo esmero e amor sob o manto dos cânticos dos salmos é capaz de nos trazer consolo, paz e alegria para o nosso dia a dia e, em momentos de angústia, tristeza e ansiedade.

Tenho a honra, a convicção e o prazer em endossar o presente livro de devocionais, e que você, prezado leitor, possa ser abençoado nesta leitura, e que o Senhor lhe conceda bençãos sacudidas, recalcadas e transbordantes.

Pr. Rogério Tenório
Pastor titular da Igreja Batista Getsêmani, São Paulo
Escritor pela Fontenele Publicações
Consultor Jurídico da ABAMSUL
(Associação Batista Missionária Suleste de São Paulo)

A vida é uma jornada desafiadora para ser vivida dia a dia. Nós não podemos viver mais o ontem e nem mesmo o amanhã, somente o hoje — um dia de cada vez.

Nesse precioso devocional, você encontrará sabedoria e princípios bíblicos maravilhosos que o ajudarão, alimentarão e guiarão nesta jornada diária desafiante e o levarão ao encontro do amor incondicional de Deus por você.

Desejo a você sucesso na caminhada através desta leitura.

Pr. Jonathan Ferreira dos Santos Junior
Diretor GODBrasil / Dia Global de Evangelização
Fundador diretor da Global Action

Uma série de meditações muito boa baseadas no livro dos Salmos. São meditações que estimulam a confiança no Deus Eterno.

Essa é uma característica forte dos salmos. À medida que lemos e meditamos, nossa confiança aumenta. São de fato um estímulo para crermos mais no Deus Todo-poderoso.

Os autores dessa série de meditações dão forte ênfase nesse aspecto, o que certamente ajudará as pessoas que estão precisando de cura para o coração e descanso para a alma.

Com toda certeza, este livro alcançará seu objetivo, renovando a fé no coração de quem está enfraquecido, levantando o caído e fazendo com que o leitor retome sua caminhada.

Pr. Jonathan Ferreira dos Santos
Presidente Fundador do Ministério Vale da Bênção
Presidente da Associação Evangelística Visitação de Deus
e do Movimento Nacional de Evangelização do Sertão Nordestino

1º DE JANEIRO

PALAVRA, VIDA E SATISFAÇÃO

Como é feliz aquele que não segue o conselho dos ímpios, não imita a conduta dos pecadores, nem se assenta na roda dos zombadores! Ao contrário, sua satisfação está na lei do Senhor, e nessa lei medita dia e noite.

SALMO 1:1,2

Este salmo é o prefácio de todo o livro, um preâmbulo do conteúdo de todos os demais. O salmista está resoluto em nos inspirar sobre o caminho que leva às bem-aventuranças e sobre a ruína certa dos que trilham o caminho do pecado, imitando a conduta daqueles cuja vida desonra a Deus, a si mesmo e ao próximo. O dia de hoje é a oportunidade de começar um ano na presença do Senhor, com uma vida iluminada, inspirada e alinhada aos valores do Céu e repleta de bem-aventuranças. Deus escolhe pessoas com coração pronto a ser expandido; então, que este seja o ano da sua expansão na direção das conquistas proporcionadas pelo Senhor!

Dois princípios fundamentais que o salmista nos dá nestes primeiros versos são: primeiro, não seguir conselhos de pessoas más e que não têm nada a acrescentar ao seu crescimento e bem-estar. Não faça nenhum tipo de aliança com as trevas. Ande na Luz, ande com os filhos da Luz, seja Luz e brilhe na escuridão! Em segundo lugar, podemos encontrar a alegria e a satisfação plena se nossa vida estiver ancorada nos princípios da Palavra de Deus. Ela deve ser nossa fonte de inspiração diuturnamente e a bússola para nos guiar na jornada rumo ao propósito de Deus para nós.

MINHAS REFLEXÕES

2 DE JANEIRO

VIDA PRÓSPERA

*É como árvore plantada à beira de águas correntes: Dá fruto no tempo certo e suas folhas não murcham. Tudo o que ele faz prospera! Não é o caso dos ímpios! São como palha que o vento leva. Por isso os ímpios não resistirão no julgamento, nem os pecadores na comunidade dos justos. Pois o S***enhor*** *aprova o caminho dos justos, mas o caminho dos ímpios leva à destruição!* SALMO 1:3-6

MINHAS REFLEXÕES

Sempre começamos o ano com boas expectativas, fazendo um plano de metas, sonhando com conquistas, e isso é muito importante. Os primeiros dias do ano podem dar a ênfase de todo o restante. O poeta do Salmo 1 nos apresenta três importantes resultados de uma vida na Palavra, na presença e no poder do Senhor.

1. Dar fruto na estação certa! Essa expressão nos faz lembrar das palavras de Jesus em João 15:1,2: "Eu sou a videira verdadeira, e meu Pai é o agricultor. Todo ramo que, estando em mim, não dá fruto, ele corta; e todo que dá fruto ele poda, para que dê mais fruto ainda". Isso nos encoraja a andar de mãos dadas com o Senhor, e o resultado disso é receber o cuidado dele e frutificar em cada estação da vida neste novo ano.

2. Suas folhas não murcham. Ou seja, o Senhor nos dará força e vigor em meio às lutas e dificuldades que vamos enfrentar neste novo ano e não murcharemos, não desanimaremos, não nos abateremos, pois, nossas forças serão renovadas em Deus!

3. Tudo o que faz prospera. Que promessa maravilhosa! O crescimento que você precisa está no Senhor; os avanços, o êxito e as conquistas que você sonha estão firmados no fato de você andar com Ele!

Coloque seus pés, sua alma e seu coração no caminho e na Palavra de Deus e escreva um lindo e abençoado capítulo da sua vida neste novo ano!

A OPOSIÇÃO CONFIRMA A POSIÇÃO

Por que se amotinam as nações e os povos tramam em vão? Os reis da terra tomam posição e os governantes conspiram unidos contra o Senhor e contra o seu ungido, e dizem: "Façamos em pedaços as suas correntes, lancemos de nós as suas algemas!" Do seu trono nos céus o Senhor põe-se a rir e caçoa deles. Em sua ira os repreende e em seu furor os aterroriza, dizendo: "Eu mesmo estabeleci o meu rei em Sião, no meu santo monte" SALMO 2:1-6.

O salmista nos apresenta os homens e reinos da Terra em oposição a Deus, assim como o rei Davi sofreu dura oposição antes e durante o seu reinado. Sobre a rebeldia dos homens, Deus a expõe, refuta, lamenta e propõe o caminho do arrependimento.

É ingenuidade achar que não sofreremos oposição, opressão ou perseguição ao estar com Jesus. Precisamos compreender que a oposição confirma a nossa posição. Jesus nos ensina no sermão do monte que podemos nos alegrar a despeito da oposição: "Bem-aventurados os perseguidos por causa da justiça, pois deles é o Reino dos céus. Bem-aventurados serão vocês quando, por minha causa os insultarem, perseguirem e levantarem todo tipo de calúnia contra vocês. Alegrem-se e regozijem-se, porque grande é a recompensa de vocês nos céus, pois da mesma forma perseguiram os profetas que viveram antes de vocês" (MATEUS 5:10-12).

É evidente que no primeiro momento nosso coração sangra, mas foi por isso que Jesus sangrou lá na Cruz! O verso 6 nos diz que o Rei foi estabelecido em Sião. A oposição a Jesus o levou a cumprir o seu propósito, morrendo para nos perdoar de nossos pecados, curar nosso coração ferido e nos encher de vida, amor e confiança no que Ele fez por nós!

MINHAS REFLEXÕES

GERADOS, DEGENERADOS E REGENERADOS

*Proclamarei o decreto do S*ENHOR*: Ele me disse: "Tu és meu filho; eu hoje te gerei. Pede-me, e te darei as nações como herança e os confins da terra como tua propriedade. Tu as quebrarás com vara de ferro e as despedaçarás como a um vaso de barro". Por isso, ó reis, sejam prudentes; aceitem a advertência, autoridades da terra. Adorem ao S*ENHOR *com temor; exultem com tremor. Beijem o filho, para que ele não se ire e vocês não sejam destruídos de repente, pois num instante acende-se a sua ira. Como são felizes todos os que nele se refugiam!* SALMO 2:7-12

MINHAS REFLEXÕES

O decreto divino a respeito do Senhor Jesus Cristo é apresentado, e a ruína dos maus é certa, irresistível, terrível, completa e irreparável como um vaso nas mãos do oleiro. Este salmo, que fala sobre Jesus, nos faz lembrar que é graças ao Filho de Deus que podemos ter nossa vida transformada e nos tornar coerdeiros com Ele. A expressão "hoje te gerei" nos inspira a pensar que fomos gerados em Deus, segundo a sua imagem e semelhança, degenerados pelo pecado e regenerados por Cristo para viver uma nova vida. Ele quebrou em nós a velha natureza e formou em nós a nova, na qual vivemos e nos movemos.

O evangelho de Cristo, além de salvar o homem, pode ser uma escola para aqueles que, com humildade, desejam aprender a governar e julgar com a sabedoria do alto. O evangelho pode transformar você e os ambientes ao seu redor. O apóstolo Paulo nos revela isso no texto de Romanos 14:17,18: "Pois o Reino de Deus não é comida nem bebida, mas justiça, paz e alegria no Espírito Santo; aquele que assim serve a Cristo é agradável a Deus e aprovado pelos homens". Você regenerado em Cristo é um tecelão da cultura do reino de Deus!

5 DE JANEIRO

O HINO DA MANHÃ

Senhor, muitos são os meus adversários! Muitos se rebelam contra mim! São muitos os que dizem a meu respeito: " Deus nunca o salvará!" Mas tu, Senhor, és o escudo que me protege; és a minha glória e me fazes andar de cabeça erguida. Ao Senhor clamo em alta voz, e do seu santo monte ele me responde. SALMO 3:1-4

A grande maioria dos salmos está estruturada em subdivisões com um conjunto de temas dos muitos assuntos que são apresentados. Algumas vezes é sugerido ler aquele bloco de versos e fazer uma pausa. É como um feixe de flechas disparado uma a uma levando-nos a olhar na direção que o Senhor tem para nós! Gosto de pensar também que ler os salmos é como se estivéssemos comendo algo muito gostoso e, entre um pedaço e outro, mastigamos devagarinho para saborear melhor. Não se apresse em sair da presença do Senhor! Não desvie dele o seu olhar! Não recuse o carinho, encorajamento e afirmação do Pai. Não saia de casa hoje sem a companhia dele!

O Salmo 3 é chamado por muitos estudiosos de "O hino da manhã". Que maravilhosa experiência é acordar de manhã e, no tempo devocional, abastecer nosso coração com confiança no Senhor e adoçar nossos lábios com louvores a Ele. O dia ganha contornos diferentes quando o começamos na presença do nosso Deus. Podemos enfrentar adversidades e até mesmo insultos contra nós e a nossa fé, mas, abastecidos e guardados pelo Senhor, avançaremos servindo-o e testemunhando que Ele é bom. Aquele que pavimenta a estrada da sua jornada cristã com oração e leitura da Palavra sabe que o Senhor é a sua defesa, a sua honra e a sua alegria.

MINHAS REFLEXÕES

RESISTIR E PROSSEGUIR

Eu me deito e durmo, e torno a acordar, porque é o Senhor que me sustém. Não me assustam os milhares que me cercam. Levanta-te, Senhor! Salva-me, Deus meu! Quebra o queixo de todos os meus inimigos; arrebenta os dentes dos ímpios. Do Senhor vem o livramento. A tua bênção está sobre o teu povo.

SALMO 3:5-8

O Salmo 3 nos inspira a dormir bem e acordar feliz com a certeza de que Deus nos sustém! Que bênção maravilhosa podermos desfrutar do cuidado do Senhor, que nos dá um sono reparador, que literalmente repara as nossas dores e nos faz acordar com alegria no coração em cada novo dia! Alguém renovado e revigorado é capaz de resistir nas lutas e nas tempestades da vida e prosseguir sua jornada firme e confiante no Senhor. Lembre disto: o Senhor lhe dará força para resistir e prosseguir!

A fé é rodeada de inimigos, mas jamais é vencida por eles. Ela honra a Deus, e Deus honra a nossa fé. E Ele faz isso abatendo os inimigos da nossa fé. Basta apenas um clamor, e Ele se levanta para nos defender e nos salvar das situações que querem nos destruir. Quando você enfrentar lutas e dores, clame ao Senhor e prove do Seu cuidado, livramento e de Sua bênção! Ele se importa, Ele não está indiferente, muito menos insensível diante da sua dor e sofrimento. Ele é o Deus que intervém, Ele o ama e cuidará de você e dos seus. Ele renovará suas forças para você resistir e prosseguir!

7 DE JANEIRO

SONETO DE ESPERANÇA

Responde-me quando clamo, ó Deus que me faz justiça! Dá-me alívio da minha angústia; tem misericórdia de mim e ouve a minha oração. Até quando vocês, ó poderosos, ultrajarão a minha honra? Até quando estarão amando ilusões e buscando mentiras? Saibam que o Senhor escolheu o piedoso; o Senhor ouvirá quando eu o invocar. Quando vocês ficarem irados, não pequem; ao deitar-se reflitam nisso, e aquietem-se. SALMO 4:1-4

As poesias e canções do livro de Salmos foram escritas de forma divinamente inspirada, tendo seus autores como protagonistas, que, em meio às duras e desafiadoras situações da vida, foram instrumentos de Deus para nos inspirar e encorajar em nosso caminhar. Se Davi, o autor desse salmo, não tivesse experimentado suas dolorosas provações, nós não teríamos acesso aos sonetos de esperança e às canções de paz em meio à guerra que encontramos em suas poesias. Assim como tocou seus instrumentos e transformou sua composição em música, Deus quer dedilhar nossa vida e transformar nossa realidade em atos de esperança e fé para todos ao nosso redor.

O Senhor é revelado nesta poesia bíblica como o Deus da misericórdia que alivia a angústia e ouve a oração. A última palavra desse recorte é "aquietem-se", um sábio conselho, mas difícil de seguir. Nossa alma agitada ferve por dentro enquanto corremos quase que atrás do vento. Correria, preocupações, incertezas, ansiedade e angústias encontram fim quando paramos e nos aquietamos debaixo das asas do Onipotente Deus.

MINHAS REFLEXÕES

ELIANDRO VIANA

8 DE JANEIRO

UM SALMO PARA A ALMA

Ofereçam sacrifícios como Deus exige e confiem no Senhor. *Muitos perguntam: "Quem nos fará desfrutar o bem?" "Faze, ó* Senhor, *resplandecer sobre nós a luz do teu rosto! Encheste o meu coração de alegria, alegria maior do que a daqueles que têm fartura de trigo e de vinho. Em paz me deito e logo adormeço, pois só tu,* Senhor, *me fazes viver em segurança.* SALMO 4:5-8

MINHAS REFLEXÕES

Temos em cada salmo um alento para a alma. É como se a cada poema a luz do Senhor fosse resplandecendo sobre nós e fazendo-nos refletir em nossa face o brilho do seu esplendor, como a experiência de Moisés em Êxodo 34:29: "...Moisés não sabia que o seu rosto resplandecia por ter conversado com o Senhor". É evidente que não temos luz própria, mas, como a luz reflete a luz do sol, assim somos nós, que, quando nos voltamos para Deus e andamos com Ele, refletimos Sua luz em nosso rosto e em nossa vida. Lembro-me de uma estrofe de um hino que diz:

Cristo, a luz do céu
Em ti quer habitar
Para as trevas do pecado dissipar
Teu caminho e coração iluminar
Deixe a luz do céu entrar. (CC 239)

Davi, o salmista, diz no verso 7 que Deus havia enchido o seu coração de alegria, uma alegria indizível, uma alegria expressa na figura de linguagem de alguém com fartura de provisão e prosperidade de trigo e vinho. É essa alegria que Cristo tem para nos dar, a alegria mais intensa e profunda que vai além de todos os bens nesta vida. E o salmo encerra-se com o cair da tarde e noite no dia a dia de Davi, que, com uma insondável paz, deita-se e sabe que logo pegará no sono, pois o Senhor o fazia viver em segurança. Ó que alegria trazer a riqueza dessa poesia para o nosso dia a dia. Faça da sua vida um lindo poema escrito pelo Senhor!

9 DE JANEIRO

TIRE A POEIRA DOS JOELHOS

Escuta, Senhor, as minhas palavras, considera o meu gemer. Atenta para o meu grito de socorro, meu Rei e meu Deus, pois é a ti que imploro. De manhã ouves, Senhor, o meu clamor; de manhã te apresento a minha oração e aguardo com esperança. Tu não és um Deus que tenha prazer na injustiça; contigo o mal não pode habitar. Os arrogantes não são aceitos na tua presença; odeias todos os que praticam o mal. Destróis os mentirosos; os assassinos e os traiçoeiros o Senhor detesta. SALMO 5:1-6

Quando criança, tinha uma recomendação dos meus pais para não falar com estranhos. Às vezes penso que muitos não conseguem nutrir uma vida de oração porque Deus ainda é estranho. Valem-se de vãs repetições para tentar se perceber falando com Deus. Desenvolver o hábito diário de oração é rasgar diariamente o coração diante do Senhor, falar com Ele intimamente. Davi sabia bem como fazer isso. É só olhar cuidadosamente para esse salmo e veremos como ele sabia abrir o coração e a boca diante do Senhor. Orar é falar com o coração, expressar anseios fervorosos, e até gemidos sinceros são transformados em palavras. Experimente hoje mesmo falar intimamente com o Senhor. Expor diante dele suas demandas mais legítimas. Falar sobre suas dores, seus temores. Fazer as perguntas mais capciosas e ouvir as respostas mais amorosas.

Crescemos em nossa intimidade com Deus conforme nos damos conta de tudo que nos afasta dele. É como a poeira que vai encobrindo uma superfície deixando-a grossa e opaca, mas, com um pano macio, a sujeira é removida e a superfície volta a sua cor real e brilho natural. Tire a poeira da sua vida, tire a poeira dos seus joelhos; ore, clame e medite em seu tempo devocional e amplifique a beleza de sua vida com Deus e o brilho que vem dela.

MINHAS REFLEXÕES

10 DE JANEIRO

CONVITE INTRANSFERÍVEL

Eu, porém, pelo teu grande amor, entrarei em tua casa; com temor me inclinarei para o teu santo templo. Conduze-me, Senhor, na tua justiça, por causa dos meus inimigos; aplaina o teu caminho diante de mim. Nos lábios deles não há palavra confiável; suas mentes só tramam destruição. Suas gargantas são um túmulo aberto; com suas línguas enganam sutilmente. Condena-os, ó Deus! Caiam eles por suas próprias maquinações. Expulsa-os por causa dos seus muitos crimes, pois se rebelaram contra ti. Alegrem-se, porém, todos os que se refugiam em ti; cantem sempre de alegria! Estende sobre eles a tua proteção. Em ti exultem os que amam o teu nome. Pois tu, Senhor, abençoas o justo; o teu favor o protege como um escudo. SALMO 5:7-12

MINHAS REFLEXÕES

O convite é o grande amor do Senhor; o aceite é seu. Ninguém pode aceitar no seu lugar; é pessoal e intransferível. Davi diz: "Eu, porém, pelo teu grande amor, entrarei em tua casa..." (v.7). Soa mais ou menos assim: "Não sei vocês, mas eu recebi o convite e nem consigo acreditar. Entrei na casa do Senhor e aqui estou". E lá estava ele, com santo temor e prostrado, quebrantado e pronto para servir-lhe. É bem possível que você já tenha ouvido a expressão "servir a Deus". Pois bem, o serviço começa quando aceitamos o convite de viver com Ele e para Ele. O serviço começa quando recebemos sua orientação e começamos a trilhar a jornada e atravessar seguros as linhas do inimigo.

A cada superação vamos celebrando; até mesmo as pequenas conquistas devem ser comemoradas, e graças ao Senhor devem ser tributadas. Podemos ser alegres, porque somos amados e protegidos por Deus. Podemos cantar e exaltar, pois Ele fez da nossa vida uma nova melodia embalada por sua misericórdia e graça. Seja você um agente da grande, pura, verdadeira e triunfante alegria no Senhor!

11 DE JANEIRO

AS MARCAS DO QUEBRANTAMENTO

> *Senhor, não me castigues na tua ira nem me disciplines no teu furor. Misericórdia, Senhor, pois vou desfalecendo! Cura-me, Senhor, pois os meus ossos tremem: Todo o meu ser estremece. Até quando, Senhor, até quando? Volta-te, Senhor, e livra-me; salva-me por causa do teu amor leal. Quem morreu não se lembra de ti. Entre os mortos, quem te louvará?* SALMO 6:1-5

Como um filho carente de afeto e consciente das suas travessuras e desobediência, com hematomas no coração por saber que transgrediu uma ordem, o poeta clama, cheio de temor, por socorro e compaixão. As marcas infalíveis do quebrantamento são: o arrependimento verdadeiro, a tristeza, aversão pelo pecado e a humilhação. Quantas vezes vamos errar? Não há como contabilizar a imensurável equação. O que importa de fato? Qual a conta que conta? Quantas vezes Deus nos encontra quebrantados e resolutos a continuar a jornada?

Não basta conhecer as Escrituras, não importa quanta informação da Bíblia você tenha acumulado; o que importa é quem você se tornou com tudo isso. Informação é diferente de formação. Deus não está preocupado em informar, mas em formar o caráter dele em você, em mim, em nós. O reformador escocês John Knox dizia que a ponte que liga o conhecimento à transformação é o quebrantamento. Davi, o poeta desse salmo, o grande rei, o homem de guerra, sabia muito bem o que era quebrantamento e reparte conosco a cada composição o valor de seu coração transformado. Vamos seguir juntos a jornada sendo formados pelo Senhor. À medida que nos quebrantamos, Ele vai nos transformando.

MINHAS REFLEXÕES

QUANDO CHORAR COMEÇA E TERMINA COM ORAR

*Estou exausto de tanto gemer. De tanto chorar inundo de noite a minha cama; de lágrimas encharco o meu leito. Os meus olhos se consomem de tristeza; fraquejam por causa de todos os meus adversários. Afastem-se de mim todos vocês que praticam o mal, porque o S*ENHOR *ouviu o meu choro. O* S*ENHOR *ouviu a minha súplica; o* S*ENHOR *aceitou a minha oração. Serão humilhados e aterrorizados todos os meus inimigos; frustrados, recuarão de repente.* SALMO 6:6-10

MINHAS REFLEXÕES

Lágrimas de sinceridade são fábricas de piedade. Aprofundamos nosso relacionamento com Deus cada vez que nos sensibilizamos diante do nosso pecado, diante do pecado estrutural e sistêmico que afeta a humanidade. Quando chorar começa e termina com orar, nossa fé cresce e nossa espiritualidade amadurece.

Acredito que Deus é especialista em ouvir o choro do ser humano. Um texto bíblico que marcou a minha vida está registrado em Gênesis 21:17, que diz: "Deus ouviu o choro do menino, e o anjo de Deus, do céu, chamou Hagar e lhe disse: 'O que a aflige, Hagar? Não tenha medo; Deus ouviu o menino chorar, lá onde você o deixou'". Uma mulher totalmente vulnerável aguardando o choro do seu filho cessar quando a morte chegasse. Antes que isso acontecesse, Deus faz uma intervenção redentora! Ele ouviu o choro do menino! E o anjo aprofunda a expressão dizendo: "Não tenha medo; Deus ouviu o menino chorar, lá onde você o deixou". O Deus que ouviu o choro de Ismael e o choro do salmista Davi, também ouviu o seu choro! Deus sabe onde você está, o que você tem passado, conhece a tristeza que está em seu coração e as labutas do dia a dia que arrancam lágrimas dos seus olhos. Mais do que isso, Deus não fica indiferente. Ele age, Ele intervém, Ele vem ao seu socorro!

13 DE JANEIRO

OS GRAVES E OS AGUDOS DA VIDA

*Senhor meu Deus, em ti me refugio; salva-me e livra-me
de todos os que me perseguem, para que, como leões,
não me dilacerem nem me despedacem, sem que ninguém me livre.
Senhor, meu Deus, se assim procedi, se nas
minhas mãos há injustiça, se fiz algum mal a um amigo ou se poupei
sem motivo o meu adversário, persiga-me o meu inimigo
até me alcançar, no chão me pisoteie e aniquile a minha vida,
lançando a minha honra no pó. Levanta-te, Senhor,
na tua ira; ergue-te contra o furor dos meus adversários.
Desperta-te, meu Deus! Ordena a justiça!*

SALMO 7:1-6

Os tons da melodia da vida alternam em altos e baixos, os agudos momentos de triunfo e os graves tempos de desafios e dificuldades. Todavia, a beleza da canção da vida não é diminuída pela variação dos tons, pelo contrário, vamos acompanhando nosso bom Maestro e aprendendo a desfrutar e a confiar a cada momento. O rei Davi sabia o que era trafegar em montes altaneiros e vales sombrios e, seja em locais geográficos ou em estados de sua alma, ele cantava em agudo e grave sua fé e dependência do Senhor. Geralmente, aprendemos mais com as graves situações da vida do que com os agudos gritos de alegria.

Não podemos reclamar de sermos pisados pelas pessoas se passamos a vida nos arrastando de reclamação em reclamação, queixa em queixa, sempre abatidos e sem ânimo e fé. É hora de aprender o que Deus quer lhe ensinar nas notas mais graves da canção da vida para alcançar os agudos brados de vitória! Hoje é dia de novidade de vida, é tempo de novo ânimo, de revitalizar a alma, de desembaçar os olhos e ver o quão lindo é o propósito de Deus para você!

MINHAS REFLEXÕES

14 DE JANEIRO

PRUMO, ESQUADRO E SABEDORIA

Deus justo, que sondas as mentes e os corações, dá fim à maldade dos ímpios e ao justo dá segurança. SALMO 7:9

Se um pedreiro levantar uma parede fora do prumo, ela pode até ser erguida de modo rápido e parecer boa, mas, num dado momento da construção, os prejuízos virão, e a parede, bem como toda a construção, pode desabar. As paredes de nosso coração precisam estar no prumo da Palavra de Deus, e os ângulos do nosso pensamento precisam estar no esquadro da direção de Deus para nós; se não for assim, a vida vai desabando ao longo da caminhada. Deus tem um projeto, e nós vamos construindo-o no dia a dia. Quanto mais nos distanciarmos do projeto dele para nós, mais corremos o risco de desabar. Pessoas, famílias, organizações e nações vão à ruína quando constroem aquilo que Deus não projetou.

Chamo a sua atenção para esta frase do poeta bíblico: "Quem gera maldade, concebe sofrimento e dá luz à desilusão" (v.14). Que expressão carregada de sabedoria para hoje e para o nosso dia a dia! O autor Eugene H. Peterson na *Bíblia A Mensagem* apresenta o pensamento do salmista da seguinte forma: "Vejam aquela pessoa! Ela teve relações com o pecado, está grávida do mal. Por isso, dá luz à mentira!". Não há muito o que falar depois disso. Apenas parar e pensar sobre o ritmo que a nossa vida vai e na direção do que ou de quem ela está indo. O salmista traz mais uma pérola no verso 15 ao que Peterson ilustra: "Estão vendo aquele homem cavando dia após dia, escavando e depois cobrindo a armadilha no trecho mais solitário da estrada? Voltem lá e olhem de novo. Vocês o verão de ponta-cabeça, com as pernas balançando no ar. É isto que sempre acontece: a maldade se volta contra o mau; a violência retorna para o violento". Resta-nos refletir se não estamos presos em armadilhas que nós mesmos armamos e se a nossa vida não virou de ponta cabeça por um erro nosso. Pense nisso, clame ao Senhor, Ele o livrará do mal!

MINHAS REFLEXÕES

15 DE JANEIRO

POESIA DA ALEGRIA

Senhor, Senhor nosso, como é majestoso o teu nome em toda a terra! Tu, cuja glória é cantada nos céus. Dos lábios das crianças e dos recém-nascidos firmaste o teu nome como fortaleza, por causa dos teus adversários, para silenciar o inimigo que busca vingança. Quando contemplo os teus céus, obra dos teus dedos, a lua e as estrelas que ali firmaste, pergunto: Que é o homem, para que com ele te importes? E o filho do homem, para que com ele te preocupes? SALMO 8:1-4

Sabe aquele dia em que você está alegre? E vai cantando para os seus afazeres? Pois bem, esse salmo é uma poesia de alegria. Parece-me que a poesia de Davi retrata alguém em seu dia a dia de trabalho, cantando e contemplando a beleza de Deus nas coisas criadas. Parece-me que ele vai trabalhando até o sol se pôr e ainda tem fôlego e disposição para contemplar o cair da noite com admiração e adoração. O dia a dia e seus afazeres nós já temos; o que nos falta é um coração satisfeito, uma alma de poeta e caráter de um adorador. Alegre-se! Lembre-se do que o apóstolo Paulo disse em Filipenses 4:4: "Alegrem-se sempre no Senhor. Novamente direi: Alegrem-se!".

A figura de uma criança é apresentada na poesia para nos fazer lembrar de sua pureza e simplicidade. A criança tem o dom de se encantar repetidas vezes com o mesmo brinquedo ou brincadeira. Que todos os dias sejamos inspirados pelo Espírito Santo a vivermos a beleza da vida cristã com alegria e entusiasmo. A aparente fragilidade de uma criança aponta na verdade para a nossa força em Deus. Nossa dependência de Deus é nossa grande força ao enfrentarmos as adversidades. A força do evangelho em nossa vida não tem como resultado a eloquência de grandes discursos, mas a sabedoria e o conjunto de pequenas atitudes diárias que geram grandes resultados. Receba de Deus neste dia e contagie as pessoas com a alegria!

MINHAS REFLEXÕES

16 DE JANEIRO

COROA E GOVERNO

Tu o fizeste um pouco menor do que os seres celestiais e o coroaste de glória e de honra. Tu o fizeste dominar sobre as obras das tuas mãos; sob os seus pés tudo puseste: Todos os rebanhos e manadas, até os animais selvagens, as aves do céu, os peixes do mar e tudo o que percorre as veredas dos mares. Senhor, Senhor nosso, como é majestoso o teu nome em toda a terra! SALMO 8:5-9

MINHAS REFLEXÕES

No Salmo 8, Davi faz uma pergunta retórica, carregada com o objeto de reflexão dos filósofos por séculos. O que é o homem? Ele vai respondendo pela revelação e inspiração do Espírito Santo. A consciência de Deus plantada no ser humano é algo maravilhoso. Escrever um devocional destas linhas é como uma gota no oceano de um tratado de antropologia bíblica e filosófica. Já pensou em escrever respondendo à pergunta: "Quem é você"?

O ser humano é a coroa da criação. Pouco menos do que os anjos. Coroado de glória e honra. O pecado veio e desfigurou esse lindo quadro, e ficamos como um borrão de tinta na tela do pintor. Olhando bem, parecia impossível reverter o estrago. Cristo conseguiu! Se o salmo fala do homem, ele fala do Filho do homem! Ele fala de Cristo, o segundo Adão, que veio restaurar a criação! Ele fala do cordeiro de Deus que tira o pecado do mundo! Sua vida em Cristo é restaurada! Entregue sua vida e tudo que está "borrado" nela, e Cristo restaurará!

O salmo apresenta a responsabilidade de gestão do homem sobre as coisas criadas. Temos um mandato cultural de sermos bom gestores da nossa própria vida e de tudo quanto há no planeta. Mas você se lembra bem do pecado, não é mesmo? Ele também trouxe disfunção em nossa gestão. Uma vida no pecado é totalmente desgovernada. Quando entregamos nossa vida a Jesus, Ele traz o Seu governo sobre nós, e então recomeçamos a aprender o que é ter uma vida bem governada pelo Senhor e exercer bem a nossa gestão da vida.

17 DE JANEIRO

ALEGRAR, EXULTAR E CANTAR

> Senhor, quero dar-te graças de todo o coração
> e falar de todas as tuas maravilhas. Em ti quero alegrar-me e exultar,
> e cantar louvores ao teu nome, ó Altíssimo.
> SALMO 9:1,2

Muitos estudos já foram feitos sobre a ordem em que os salmos estão dispostos no livro, contudo, não desprezando esses estudos, parece-me que o Espírito Santo fez com que esse conjunto de poesias bíblicas chegasse até nós da maneira como conhecemos, do 1 ao 150. Quando estávamos planejando este devocional, chegamos a cogitar alterar a ordem dos salmos, mas chegamos à conclusão de que seguiríamos a ordem clássica como estão numerados. Lendo, refletindo e escrevendo sobre eles, além de ser didático, fomos enchendo nosso coração com a mensagem específica de cada dia e nos enriquecendo com a Palavra de Deus, que é uma fonte inesgotável de vida e sabedoria.

Três verbos no verso 2 nos convidam a nos alegrar, exultar e cantar. O que Deus pode fazer dentro de nós é algo espantoso e desconhecido. Deus pode andar por lugares onde ninguém pisa, o nosso coração e nosso pensamento, e fazer brotar de dentro para fora uma alegria viva por confiarmos nele, por entregarmos a Ele nossos anseios. Hoje, um toque santo do Senhor em seu coração pode fazer você experimentar esses três níveis apresentados por Davi — alegrar, exultar e cantar. É como se algo tão profundo acontecesse dentro de você e fosse transbordando até contagiar as pessoas ao seu redor, afinal o canto contagia, inspira e emociona as pessoas. Que assim seja — Deus enchendo você e sua vida sendo derramada na vida de outros, contagiando com a alegria dele.

MINHAS REFLEXÕES

18 DE JANEIRO

SUAS HISTÓRIAS COM DEUS

*Cantem louvores ao Senhor, que reina em Sião;
proclamem entre as nações os seus feitos.*
SALMO 9:11

MINHAS REFLEXÕES

Dá-nos a impressão de que passava um filme na cabeça de Davi quando ele registrava esse salmo. Parece que histórias e lembranças de tudo que ele viveu ou vivia se cruzam em sua mente e o levam ao apogeu de suas emoções, transformado na poesia bíblica. Não há nada mais inspirador do que contar histórias. Os salmos são poesias baseadas nas histórias que seus autores escreveram com o Senhor. Deus nos inspira com as narrativas históricas dos salmos para que nossa história seja escrita com Ele ao nosso lado. Contar uma história que ouvimos tem um impacto; contar uma que nossos olhos viram tem outro nível de impacto; contar nossas histórias com Deus é profundamente inspirador, e o nível de impacto é muito relevante. Chegou o tempo de contar e cantar sobre suas experiências com Deus.

Suas histórias com Ele têm a ver basicamente com a maneira que você responde duas perguntas: "Como Deus está agindo em você?" e "Como Deus está agindo através de você?". Tudo que Deus faz em você tem o propósito de abençoá-lo, glorificar o nome dele e inspirar e edificar outras pessoas. E, geralmente, a ordem é esta: Ele fez em você e, em seguida, Ele faz através de você. O fato de contar suas histórias com Deus já é uma linda maneira de permitir que Ele faça através de você.

19 DE JANEIRO

LEVE SEU DESAFORO PARA A CRUZ

Senhor, por que estás tão longe? Por que te escondes em tempos de angústia? SALMO 10:1

Ouvi certa vez alguém dizer: "Eu não levo desaforo *pra* casa, eu levo desaforo *pra* cruz". Lendo o Salmo 10, parece-me que Davi está fazendo algo parecido. Um tanto quanto fatigado dos desaforos da opressão e perseguição promovida pelos maus, ele ergue a sua voz ao Senhor. Permitir que o coração seja quebrantado e se encha de compaixão por aqueles que sofrem é uma marca importante na vida de um cristão. O que tem quebrantado o seu coração? Faz sentido para você pensar que, se algo nos incomoda, é por que Deus quer nos usar naquela direção? Se faz algum sentido, podemos pensar que, se meu coração foi quebrantado por algo ou pela situação de alguém, é possível que eu seja um instrumento pelo qual Deus queira ministrar àquela necessidade. Minha vida, meus recursos podem acolher uma situação que Deus deseja reverter. Para isso, é importante falar com Deus. Davi estava falando com Ele sobre a situação, e certamente a orientação de como ajudar da forma adequada vem do Senhor.

Davi está revoltado com o orgulho dos homens maus e com a expansão de sua maldade. Quantas vezes nós ficamos abatidos com isso também. Até onde vai a maldade humana? Quanta injustiça, quanta necessidade para ser atendida. Pessoas negando a existência de Deus e atacando e menosprezando a fé cristã. Lembro-me das palavras de Jesus em Mateus 24:12: "Devido ao aumento da maldade, o amor de muitos esfriará". Deus não precisa de advogados para defendê-lo em meio à maldade humana. O que é deveras importante defender é o nosso coração para não perder o amor e a capacidade de orar pelas pessoas que ainda não confessaram Jesus Cristo como seu único e suficiente Salvador e Senhor. Faça isso agora mesmo, anote os nomes de pessoas que você deseja ver servindo ao Senhor e ore com muito amor por elas.

MINHAS REFLEXÕES

ELIANDRO VIANA

20 DE JANEIRO

A GRAÇA DA GARÇA

Tu, Senhor, ouves a súplica dos necessitados; tu os reanimas e atendes ao seu clamor. Defendes o órfão e o oprimido, a fim de que o homem, que é pó, já não cause terror. SALMO 10:17,18

Os dias de Davi o deixaram consternado, e não é diferente conosco. Lembro-me da frase de Rui Barbosa que diz: "De tanto ver triunfar as nulidades, de tanto ver prosperar a desonra, de tanto ver crescer a injustiça, de tanto ver agigantarem-se os poderes nas mãos dos maus, o homem chega a desanimar-se da virtude, a rir-se da honra e a ter vergonha de ser honesto". Creio que Davi nos mostra o caminho certo: levar nossas demandas ao Senhor, obter dele o alento e o encorajamento para fazer a nossa parte. Se você deseja ser parte do remédio e não da doença deste mundo, é sinal que o Espírito Santo está agindo poderosamente em sua vida. Davi reclama e clama ao Senhor, e ele foi um instrumento de Deus em sua geração. Tinha uma brilhante capacidade de revisitar seu coração e, quando encontrava orgulho, rapidamente se quebrantava, afinal não podia ser parte da doença, mas da cura. Um coração firmado no orgulho quase sempre será parte da doença. Outrossim pequenos lampejos de humildade vão gerando vida e contagiando pessoas a viverem o que nasceram para ser — filhos amados do Senhor — e formando o sentimento de pertencimento à grande família de Deus.

Uma ave interessante é a garça. Imagine uma agora mesmo — branca com penas limpas, pernas bem compridas, quase imóvel, numa região pantanosa esperando a oportunidade para pescar. A graça da garça é não se sujar no pântano. Conosco deve ser assim; vemos e sabemos da sujeira deste mundo, estamos inseridos nele, mas nossa missão é pescar homens neste pântano, cumprindo o chamado que o Senhor nos fez, contudo sem nos sujarmos, sem nos perdermos no meio de tanta maldade. Preserve seu coração. Cumpra sua missão com a graça da garça.

21 DE JANEIRO

NÃO FUJA

No Senhor me refugio. Como então vocês podem dizer-me: "Fuja como um pássaro para os montes"? Vejam! Os ímpios preparam os seus arcos; colocam as flechas contra as cordas para das sombras as atirarem nos retos de coração. Quando os fundamentos estão sendo destruídos, que pode fazer o justo?

SALMO 11:1-3

Você consegue imaginar um momento de sua vida em que você está passando por uma grande dificuldade e por uma terrível perseguição, então recorre aos seus amigos buscando conselho e percebe que recebeu o conselho errado? Estudiosos sugerem que o início desse salmo retrata mais ou menos isso. Davi estava sendo caçado por Saul, e seus amigos sugeriram que ele fugisse como um pássaro para os montes. Sabemos que Davi não seguiu esse conselho, pelo contrário, ele o questiona e responde sustentando sua coragem e confiança no Senhor. Os homens podem dar conselhos errados. É importante protegermos o nosso coração do medo, afinal, dominados pelo medo, nem precisamos de conselhos errados para fugir da luta e das dificuldades. Quando um conselho errado encontra uma fé corajosa no coração de alguém temente a Deus, é desprezado. Os amigos de Davi tinham motivos legítimos para querer protegê-lo, mas não há proteção maior do que confiar e enfrentar corajosamente as batalhas com o Senhor a nossa frente.

Se Deus já falou com você a respeito de algo, não procure outra resposta. Às vezes, procuramos conselhos para encontrar o conforto dos homens e até para legitimar o nosso medo. É importante seguirmos o que Deus fala conosco e jamais fugir de um propósito que Ele tem para nós, por mais difícil que pareça. Deus nos dará o livramento!

MINHAS REFLEXÕES

ELIANDRO VIANA

22 DE JANEIRO

NÃO HÁ GUERRA PELO TRONO

O Senhor está no seu santo templo; o Senhor tem o seu trono nos céus. Seus olhos observam; seus olhos examinam os filhos dos homens. O Senhor prova o justo, mas o ímpio e a quem ama a injustiça, a sua alma odeia. Sobre os ímpios ele fará chover brasas ardentes e enxofre incandescente; vento ressecante é o que terão. Pois o Senhor é justo, e ama a justiça; os retos verão a sua face.

SALMO 11:4-7

MINHAS REFLEXÕES

Não há guerra pelo trono dos Céus. Deus reina soberano. Davi confiava em Deus e descansava nos atributos do Senhor, que são apresentados nesses versos. Ele é onisciente e onipresente, o que significa que Ele sabe de todas as coisas e está presente em todos os lugares. Permita-me fazer uma pergunta: quem você é quando ninguém está olhando? Quando achamos que ninguém está vendo, Deus está vendo. Uma coisa é certa: Deus odeia o pecado, mas ama você e quer você andando na luz e não em trevas. A confiança nos atributos de Deus geram em nós uma vida de temor e o desejo de agradar o Senhor em todas as esferas da nossa vida.

Deus não muda e não tem sombra de variação. Podemos confiar no Senhor! Andar por fé crendo no cuidado do divino sobre a nossa vida exige um exercício constante de alinhar nossa mente e coração ao que diz a Palavra de Deus. Somos muito tentados a oscilar quando passamos por dificuldades. Nas horas em que somos provados, precisamos alimentar nossa mente e coração com o que a Palavra de Deus nos diz e assim descansar. Viva o dia de hoje com a noção de que sua vida está na presença do Senhor, que Ele o ama e está a seu favor, e tudo que você fizer faça para a glória do Senhor.

23 DE JANEIRO

EDIÇÃO E REDENÇÃO

Salva-nos, Senhor! Já não há quem seja fiel; já não se confia em ninguém entre os homens. Cada um mente ao seu próximo; seus lábios bajuladores falam com segundas intenções. Que o Senhor corte todos os lábios bajuladores e toda língua arrogante dos que dizem: "Venceremos graças à nossa língua; somos donos dos nossos lábios! Quem é senhor sobre nós?"

SALMO 12:1-4

Temos razões para esperar respostas graciosas do Senhor para nossas orações. Temos razões para tributar honra a Deus e andar honestamente diante dos homens. E essas razões não estão baseadas no fluxo da vida terrena, afinal, na perspectiva do pecado, tudo vai mal. Tais razões estão estabelecidas no caráter de Deus e Seus desígnios para nós. Fico pensando no esforço que Davi tinha de fazer após a apurada análise de conjuntura a sua volta — retornar à paz interior sem contaminar seu coração com o desespero e ser asfixiado pela angústia e ansiedade. Os olhos de Davi percebem o pecado em larga escala e diante do pecado não há o que agradecer, mas lamentar. Ao que me parece, uma pequenina oração é salvaguarda da esperança de uma transformação do cenário presente diante dos olhos de Davi: "Salva-nos Senhor". A despeito da conjuntura do momento, a despeito de todos os "contras" possíveis, temos os "prós", que vêm do Céu para nós quando oramos e cremos que Deus nos responde.

Para todos os lados que olhamos, percebemos os efeitos do pecado no mundo. Tudo precisa ser editado. As tentativas de edição são incansáveis, mas incapazes de gerar a transformação esperada. É importante pensar que não é uma edição que o mundo precisa, mas de redenção. Não dá para tentar editar os efeitos do pecado em nós. Precisamos ser redimidos pela graça de Deus manifesta em Jesus.

MINHAS REFLEXÕES

ELIANDRO VIANA

DEUS SE LEVANTA DO TRONO

"Por causa da opressão do necessitado e do gemido do pobre, agora me levantarei", diz o Senhor. *"Eu lhes darei a segurança que tanto anseiam." As palavras do* Senhor *são puras, são como prata purificada num forno, sete vezes refinada.* Senhor, *tu nos guardarás seguros, e dessa gente nos protegerás para sempre. Os ímpios andam altivos por toda parte, quando a corrupção é exaltada entre os homens.* SALMO 12:5-8

Sou leitor ávido do livro dos salmos desde que aprendi a ler e sempre fui encorajado por meus pais a lê-lo, que também gostam muito desse livro da Bíblia. E o verso 5 do Salmo 12 um dos mais lindos que toca o meu coração e que, além da versão descrita no início, gostaria de destacar a versão da *Bíblia A Mensagem*, que ficou assim: "Nos barracos dos pobres, nas ruas escuras, onde gemem os desabrigados, Deus diz: Basta! Estou a caminho para curar a dor no coração dos abatidos". O Senhor nosso Deus se sente tão profundamente provocado com a opressão dos pobres e o gemido dos necessitados, que se levanta para intervir e atender. Deus ouve gemidos e se irrita com a injustiça que Seus filhos sofrem. Ele está sensível às necessidades dos Seus filhos e filhas. Deus se move na direção dos Seus quando enfrentam injustiças e se sentem oprimidos. Ele vem socorrer e pôr a salvo aqueles que nele esperam!

Penso que Deus se levantando do Seu trono também diz respeito a nós nos levantarmos para servir àqueles que precisam de manifestações práticas do amor. Deus se levanta, mobilizando Seus filhos para promover a paz, o amor e a esperança, principalmente para socorrer aqueles que gemem, sofrendo com a injustiça e com a opressão da maldade das trevas e do pecado humano. Levante-se também e seja um instrumento do cuidado e do amor de Deus na vida de quem sofre e geme. Seja uma voz de esperança, seja a voz de quem não tem, seja a resposta da oração de alguém!

ILUMINA MEUS OLHOS

Até quando, Senhor? Para sempre te esquecerás de mim? Até quando esconderás de mim o teu rosto? Até quando terei inquietações e tristeza no coração dia após dia? Até quando o meu inimigo triunfará sobre mim? Olha para mim e responde, Senhor, meu Deus. Ilumina os meus olhos, do contrário dormirei o sono da morte...

SALMO 13:1-3

Um clamor é o suor de uma alma cansada. Uma oração é a respiração do pulmão espiritual. Quando nos falta o ar da esperança e da paz, esse pulmão fica desesperadamente à procura de alento. Ainda não inventaram respirador artificial para o pulmão espiritual. Nada nos aproxima tanto de Deus quanto a tribulação. Charles Spurgeon, o príncipe dos pregadores, escrevendo sobre esse salmo, faz a divisão dele em três partes: 1) A pergunta da ansiedade; 2) O rogo da oração e 3) O canto da fé. Ah, como seria bom se todo momento de ansiedade nos levasse à oração! O fardo seria bem mais leve. O meio mais eficaz de encurtar os períodos de ansiedade e preocupação é a oração. Ela é a conexão com a paz interior. Ela é o meio de ajustar a bússola do coração. Ela é a forma de recebermos a orientação dos Céus para nossos dias na Terra.

A oração abre nossos olhos. Quando nossos olhos só enxergam problemas, nos tornamos um grande problema para nós mesmos. É pela oração que Deus tira as vendas de nossos olhos e nos mostra Sua santa providência e Seu trabalhar em nós. É através da oração que nossos olhos brilham e são iluminados com a chama divina. Pela oração, Deus vai ministrando ao nosso coração sobre as bagagens desnecessárias que estamos carregando e de que precisamos nos livrar. Que Deus ilumine seus olhos e você veja ao seu redor as santas providências que Ele já preparou para você neste dia!

MINHAS REFLEXÕES

26 DE JANEIRO

HUMANIDADE, HUMILDADE E A MAJESTADE

Os meus inimigos dirão: "Eu o venci", e os meus adversários festejarão o meu fracasso. Eu, porém, confio em teu amor; o meu coração exulta em tua salvação. Quero cantar ao Senhor pelo bem que me tem feito. SALMO 13:4-6

MINHAS REFLEXÕES

O ego no centro de nossa vida provoca uma autotortura que nos oprime dentro de nós mesmos, maximizando os problemas, causando isolamento, roubando a fé e a esperança. O ego tortura tanto o relacionamento consigo mesmo quanto com os outros e destrói qualquer tentativa de relacionamento com Deus. O orgulho antecipa a ruína, mas a humildade é coroada de vitória. Todo problema enfrentado com orgulho é maximizado, e todo problema enfrentado com humildade é minimizado. Quando vamos altivos combater o nosso combate, o ego vai a nossa frente, e a probabilidade de nos darmos mal é gigantesca e de entristecermos a Deus é certa. Quando vamos para cima dos nossos gigantes reconhecendo nossa humanidade e agindo com humildade, Deus vai a nossa frente e garante a nossa vitória! Quando confiamos no amor e manifestamos nossa dependência por meio do clamor, somos agraciados com o favor do Senhor!

Os salmos revelam tanto a nossa brutal humanidade e fragilidade quanto a grandeza e a majestade do nosso Deus! Ora vemos um salmista envolto em sua própria ansiedade e vulnerabilidade, ora vemos Deus manifestando Sua graça e poder para acudir aquele que clama. O encontro da fraqueza humana com a majestade de Deus acontece de forma maravilhosa nos momentos de humildade, quebrantamento e oração. É quando a derrota se transforma em vitória. É nessa experiência que se acende a esperança e se firma a perseverança. Siga esse caminho e você sempre desfrutará do cuidado do Senhor.

27 DE JANEIRO

ATEU TEÓRICO E ATEU PRÁTICO

Diz o tolo em seu coração: "Deus não existe". Corromperam-se e cometeram atos detestáveis; não há ninguém que faça o bem. O Senhor olha dos céus para os filhos dos homens, para ver se há alguém que tenha entendimento, alguém que busque a Deus. Todos se desviaram, igualmente se corromperam; não há ninguém que faça o bem, não há nem um sequer. SALMO 14:1-3

A tolice e a sabedoria são temas recorrentes não só nos escritos de Provérbios e Eclesiastes, mas em vários outros livros e também nos salmos. Se você procurar o significado de "tolo" no dicionário, além de todos os significados e adjetivos similares — Quem é bobo; pessoa que não é esperta. Desprovido de inteligência, de instrução e conhecimento; ignorante. Que tende a ser ingênuo ou facilmente enganado; simplório. Ausência de nexo; falta de significação; absurdo etc. —, você também encontrará um significado interessante: "Tipo de sepultura pré-histórica". Metaforizando este significado, parece-me que a tolice é também um tipo de sepultura da razão e do bom senso nos dias de hoje. Geralmente o ateu chega à conclusão de que não há Deus por meio das evidências da maldade e do sofrimento presente no mundo; um olhar pessimista da realidade que despreza o conhecimento de Deus, Sua bondade e Seu poder presentes no mundo por meio das coisas criadas e Sua graça e misericórdia manifestas na redenção da humanidade por meio de Jesus Cristo, Seu Filho.

Um coração vazio, uma crença vazia, afetam o intelecto gerando tolice e se desdobram em atos carregados de corrupção. O cristianismo, infelizmente, contém o que se chama de "ateu prático". O ateu prático é uma pessoa que teoricamente acredita na existência de Deus, mas conduz a sua vida como se Ele não existisse. Acredita em Deus como um cristão, mas age como um ateu. A vida de alguém que anda no pecado é a vida de um ateu prático. Afaste-se da tolice, creia em Deus e viva aquilo em que você crê.

MINHAS REFLEXÕES

ELIANDRO VIANA

O REMÉDIO

*Olhem! Estão tomados de pavor!
Pois Deus está presente no meio dos justos.* SALMO 14:5

Jesus nos encoraja a não temer os malfeitores que nada podem contra nossa alma e a viver em santo temor diante do nosso Deus no texto de Mateus 10:28: "Não tenham medo dos que matam o corpo, mas não podem matar a alma. Antes, tenham medo daquele que pode destruir tanto a alma como o corpo no inferno". O medo, a culpa e a ganância alimentam a religião vazia e são uma espécie de cativeiro da alma. Viver dominado por esses três algozes é uma experiência angustiante e sofrida, além de expor a vida facilmente à manipulação do mal e do vão discurso religioso.

Faça uma varredura em seu coração e, se encontrar fragmentos de medo, culpa e ganância, achegue-se com confiança diante do trono da graça de Deus, conforme o texto de Hebreus 4:16: "Aproximemo-nos do trono da graça com toda a confiança, a fim de recebermos misericórdia e encontrarmos graça que nos ajude no momento da necessidade". Para o seu medo, Deus tem como remédio o amor — "No amor não há medo; pelo contrário o perfeito amor expulsa o medo, porque o medo supõe castigo. Aquele que tem medo não está aperfeiçoado no amor" (1 JOÃO 4:18). Para a sua culpa, Deus tem como remédio o perdão — "Se confessarmos os nossos pecados, ele é fiel e justo para perdoar os nossos pecados e nos purificar de toda injustiça" (1 JOÃO 1:9). Para a sua ganância, Deus tem como remédio a provisão e satisfação — "Os que querem ficar ricos caem em tentação, em armadilhas e em muitos desejos descontrolados e nocivos, que levam os homens a mergulharem na ruína e na destruição, pois o amor ao dinheiro é raiz de todos os males. Algumas pessoas, por cobiçarem o dinheiro, desviaram-se da fé e se atormentaram a si mesmas com muitos sofrimentos." (1 TIMÓTEO 6:9,10). Deus tem para você uma vida livre, abençoada e abundante!

29 DE JANEIRO

CARREGADORES DA ARCA

> Senhor, *quem habitará no teu santuário?*
> *Quem poderá morar no teu santo monte?*
> *Aquele que é íntegro em sua conduta e pratica o que*
> *é justo, que de coração fala a verdade...*
> SALMO 15:1,2

Uma pergunta preocupada e sincera, piedosa e temente: "Senhor, quem habitará no teu santuário?". O versículo 1 começa com a pergunta e os demais versos vão respondendo. Estudiosos dizem que esse salmo e o 24 foram escritos no contexto da remoção da arca da aliança para o monte santo de Sião. Os encarregados desse serviço eram os levitas, conforme o texto de 1 Crônicas 15:2: "Então Davi disse: 'Somente os levitas poderão carregar a arca de Deus, pois o Senhor os escolheu para transportarem a arca de Deus e para ficarem sempre ao seu serviço'". Davi olhava para aquele instante; o Espírito Santo, que o inspirava, olhava para além daquele momento, saltando o abismo do tempo e chegando até nós, desafiando-nos à conduta de quem carrega a arca da aliança, que agora é Jesus Cristo, o mediador da nova aliança.

Podemos refazer a pergunta para os nossos dias. Como deve ser o perfil do cristão? Ele precisa ser direito, íntegro em sua conduta (gente torta não anda no prumo e não honra a Deus); fala a verdade que está clara em sua consciência e intelecto temperado com a mansidão de um coração amoroso; não empresta dinheiro visando lucro; não aceita nenhum tipo de propina e tem muito cuidado com o que fala. Neste ponto, vale encorajar a leitura de alguns versos de Tiago 1:26; 3:5,6 e 3:8, que podem ampliar nossa reflexão sobre o cuidado que devemos ter com a língua. Cuide-se hoje e em todos os dias de sua vida para ser um digno "carregador da arca".

MINHAS REFLEXÕES

SALMO DOURADO

*Senhor, tu és a minha porção e o meu cálice;
és tu que garantes o meu futuro.* SALMO 16:5

Leia todo o Salmo 16. Esse salmo é conhecido pelos estudiosos como Salmo Dourado, ou A Joia de Davi.

Seguindo esse pensamento de que este é um salmo dourado, podemos aproveitar a proposta de um autor chamado Canon Dale, que, em uma de suas obras, estabeleceu temas para cada versículo do Salmo 16. Pincei algumas ideias e complemento da seguinte forma:

Verso 1 – A procura do ouro. A verdadeira riqueza está em encontrar o Senhor, entregar-se a Ele e confiar nele.

Versos 2 e 3 – A posse do ouro. Uma vida justificada pela fé em Cristo, que desfruta da herança como coerdeiro de Jesus, vivendo em amor e comunhão com Deus e com seus irmãos, pertencendo à família do Senhor.

Verso 4 e 5 – A prova do ouro. Uma vida de fidelidade provada na adversidade e fundamentada na eternidade.

Verso 6 – A apreciação ou valorização do ouro. A vida de um filho que se alegra do quão agradável é desfrutar do cuidado do Pai e reconhece o valor de sua herança.

Verso 7 – A utilização do ouro. Uma vida que busca a rica instrução e conselhos do Senhor e os coloca em prática no seu dia a dia.

Versos 9 e 10 – A somatória e o cálculo do ouro. Uma vida abastecida com toda provisão e cuidado do Senhor. Alegria e prazer na ressurreição para a glória do Senhor.

Verso 11 – O aperfeiçoamento do ouro. A fidelidade ao Senhor herdará a coroa da vida eterna.

Viva uma vida de ouro!

31 DE JANEIRO

OS NOTÁVEIS

Quanto aos fiéis que há na terra, eles é que são os notáveis em quem está todo o meu prazer. SALMO 16:3

Você já teve a alegria de conhecer alguém tão agradável que é capaz de passar horas e horas na companhia dessa pessoa? É abraçado e confortado por suas palavras que você não pensa em encerrar o assunto. É enriquecido com suas histórias e testemunhos que você sonha um dia protagonizar algo parecido. Você conhece alguém assim? Você sonha em ser alguém assim?

Gosto da maneira como a Nova Tradução na Linguagem de Hoje apresenta esse verso: "Como são admiráveis as pessoas que se dedicam a Deus! O meu maior prazer é estar na companhia delas". Pessoas dedicadas a Deus são admiráveis! Pessoas que servem a Deus com um coração íntegro e uma vida inspiradora, quando estão ao nosso lado, parecem fazer o tempo parar e, quando percebemos que as horas se foram, olhamos com a esperança de que ela ainda tenha um tempinho para nós. Um verdadeiro deleite estar com alguém que nos inspira com sua vida e testemunho cristão. Também fiquei impressionado com a tradução desse verso na *Bíblia A Mensagem*: "Todos cujas vidas são de Deus… são meus amigos do peito". Se há alguém que de fato é um amigo verdadeiro, esse é aquele que tem uma vida contagiada e contagiante pela sua profunda amizade com o Senhor.

Como o mundo precisa de pessoas assim! Como Deus gostaria que todos os Seus filhos, aqueles que confessam Cristo como Senhor e Salvador, tenham uma vida enquadrada no verso 3 do Salmo 16. Não é à toa que esse salmo é conhecido como salmo dourado, afinal ele fala da grandeza do nosso Deus e fala também de pessoas que valem ouro. Faça uma oração agora mesmo: "Deus, coloca pessoas assim no meu caminho e faz de mim alguém assim".

MINHAS REFLEXÕES

1º DE FEVEREIRO

GPS DIVINO

Pela palavra dos teus lábios eu evitei os caminhos do violento. SALMO 17:4

MINHAS REFLEXÕES

Antigamente, ao dirigir por uma localidade desconhecida, era necessário recorrer aos mapas, pontos de referência e informações coletadas no decorrer da viagem. Nos dias atuais, devido às facilidades que a tecnologia nos trouxe, não precisamos mais ficar pedindo ajuda no meio do caminho para conseguir chegar ao nosso destino. O GPS calcula o melhor caminho, traça a rota e nos direciona em toda jornada. Trajetos que apresentam dificuldades são evitados, somos alertados quanto a acidentes e radares e assim vamos seguindo a voz do GPS que narra a direção a ser tomada. Na jornada da vida, muitas vezes erramos o trajeto, pois somos guiados pelo desejo do nosso enganoso coração e nos encontramos em situações que gostaríamos de ter evitado. O salmista declara que, para não percorrer caminhos perigosos, ele se guiou pelas palavras dos lábios de Deus. Essas palavras são o direcionamento correto para nossa vida; se seguirmos Suas orientações, não nos colocaremos em caminhos errados.

Neste dia, seja guiado pela palavra de Seus lábios, evitando assim a exposição ao pecado, dores, frustrações, discussões, inimizades e tudo mais que a natureza humana ocasiona em nossa história. Entregar a Deus a direção da nossa vida é a decisão mais acertada, pois, enquanto só conseguimos enxergar o que está ao nosso redor, Ele conhece todo o percurso. Deus sabe onde começou nossa jornada e das dificuldades que haverá pela frente; Ele nos desviará dos acidentes e nos alertará sobre o caminho a seguir. O Pai nos garante que chegaremos em segurança ao nosso destino eterno. Não se exponha a trajetos perigosos! Que a voz do GPS da sua vida seja a doce voz do Mestre.

2 DE FEVEREIRO

MENINA DOS OLHOS

Protege-me como à menina dos teus olhos; esconde-me à sombra das tuas asas.
SALMO 17:8

Os olhos são membros de um dos cinco sentidos. Através deles podemos perceber o mundo ao nosso redor. Devido à sua fragilidade, a presença do menor cisco neles gera grande desconforto e avisa ao cérebro a necessidade urgente da sua remoção. Não é de estranhar que o Criador, em Sua sabedoria, tenha colocado os olhos em uma posição segura, pois nenhum outro membro do nosso corpo é tão fielmente protegido. A menina dos olhos está cercada pelos ossos da cabeça, pálpebras, cílios e sobrancelhas, e, sempre que percebemos qualquer situação de perigo, rapidamente através dos reflexos buscamos mantê-la a salvo. A proteção de Deus sobre nossa vida é semelhante ao nosso cuidado com os olhos. Ele entende nossa fragilidade diante das situações da vida e como somos cegados quando os problemas se levantam, não conseguindo enxergar uma saída. Quando a visão fica embaçada, um colírio pode ajudar na limpeza, e assim podemos enxergar melhor. O Senhor Deus nos limpa para que nossa visão seja ampliada e desta maneira possamos visualizar de forma mais clara Sua vontade para a nossa vida.

Neste dia, preste atenção em como você cuida, protege e age rapidamente para preservar a integridade dos seus olhos e sinta como Deus cuida você. O cuidado e a proteção divina estão sobre sua vida de maneira sólida e forte como os ossos da cabeça, rápida como o piscar das pálpebras, suave como os cílios que impedem que a poeira gere cegueira e eficiente como as sobrancelhas que fazem uma barreira contra o suor da testa. Descanse protegido pelo Pai. Você é a menina dos Seus olhos.

MINHAS REFLEXÕES

ABNER BAHR

3 DE FEVEREIRO

DEUS É...

Eu te amo, ó Senhor, minha força. O Senhor é a minha rocha, a minha fortaleza e o meu libertador; o meu Deus é o meu rochedo, em quem me refugio. Ele é o meu escudo e o poder que me salva, a minha torre alta. Clamo ao Senhor, que é digno de louvor, e estou salvo dos meus inimigos.
SALMO 18:1-3

MINHAS REFLEXÕES

O rei Davi, após ser salvo dos seus inimigos, inicia esse salmo nominando tudo o que Deus significa para ele. Davi consegue olhar os grandes feitos do Pai em seu favor e tributar a Ele as suas conquistas. Charles H. Spurgeon disse que cada pessoa deveria observar, ao longo de sua vida, a maravilhosa bondade e providência de Deus e então dedicar-se a escrever um modesto relato das misericórdias divinas, para que as futuras gerações sejam consoladas e inspiradas. Com certeza nesses testemunhos pessoais conheceríamos Deus de várias maneiras, pois cada um o conhece de acordo com suas experiências. Deus, na Sua multiforme graça, é apresentado nas Escrituras Sagradas com diferentes nomes, cada um representando uma característica, ação, milagre ou intervenção em favor de Seu povo: *El Shaddai* — Deus Todo-poderoso; Jeová *Rafá* — o Senhor cura; Jeová *Jireh* — o Senhor proverá; Jeová *Shalom* — o Senhor é paz, entre vários outros.

Na atual fase que você está vivendo, por qual nome você o conhece? Talvez seja: Deus é refúgio, Deus é minha prosperidade, Deus é restauração... Quem sabe "o Deus do impossível" ou simplesmente "Papai". O clamor do seu coração é a maneira que você almeja conhecê-lo.

Divulgue, comente com alguém, escreva e até mesmo compartilhe nas redes sociais: DEUS É... Assim você testemunhará uma das maneiras como o Autor da vida pode ser conhecido.

4 DE FEVEREIRO

EFEITO DA ORAÇÃO

Na minha aflição clamei ao SENHOR; gritei por socorro ao meu Deus. Do seu templo ele ouviu a minha voz; meu grito chegou à sua presença, aos seus ouvidos. A terra tremeu e agitou-se, e os fundamentos dos montes se abalaram; estremeceram porque ele se irou. Das suas narinas subiu fumaça; da sua boca saíram brasas vivas e fogo consumidor. Ele abriu os céus e desceu; nuvens escuras estavam sob os seus pés.
SALMO 18:6-9

O que acontece quando oramos? Muitas vezes não sabemos, porque os resultados não são visíveis no mundo natural no tempo em que nós esperamos. Mas o fato é que nenhuma oração é nula; todas as orações sacodem o mundo espiritual. O salmista descreve acontecimentos grandiosos quando sua oração chega até os ouvidos de Deus. Isso demonstra que, quando Deus se move em nosso favor, abala todas as coisas que estão ao redor. Nas Escrituras Sagradas vemos que o efeito da oração rompeu correntes, sacudiu casas, fez o Sol parar, abriu portas de prisões e expulsou demônios. Em um período de guerra em meados do século 16, a rainha da Escócia, Maria Stuart, disse: "Eu temo mais as orações de John Knox [N.E.: 1514–1572. Pregador escocês.] do que os exércitos de 10 mil homens contra nós". Aqueles que conhecem o poder da oração ficam intimidados por joelhos dobrados, olhos úmidos e um clamor que chega ao trono da graça de Deus. Como está escrito em Tiago 5:16: "A oração de um justo é poderosa e eficaz."

Qual é o motivo da sua oração no dia de hoje? Saiba que, mesmo que seus olhos naturais não possam contemplar, o mundo espiritual sofre os efeitos da sua súplica. Tenha fé e aguarde com paciência no Senhor, pois chegará o momento oportuno quando os céus se abrirão, e Deus descerá com o peso de Sua glória para agir poderosamente na sua vida.

MINHAS REFLEXÕES

5 DE FEVEREIRO

RECOMPENSAS

Ao fiel te revelas fiel, ao irrepreensível te revelas irrepreensível, ao puro te revelas puro, mas com o perverso reages à altura. Salvas os que são humildes, mas humilhas os de olhos altivos.
SALMO 18:25-27

Deus é amor! Essa é uma das verdades bíblicas mais aceita por todos nós, pois expressa a essência de Deus, que conforta nosso coração. Descansamos tranquilos na certeza de que não importa o que aconteça, independentemente das nossas atitudes, Ele continua nos amando. Alguns se utilizam dessa prerrogativa de Deus para viver segundo os desejos do seu coração, mas o que não lembram, e também não gostam muito, é que Deus, além de ser amor, é justiça. Ele é justo e por isso nos julga de maneira correta sem considerar culpado o inocente. Deus não imita nossa maneira de viver, mas nós é que somos moldados para sermos semelhantes a Jesus. Se somos fiéis, Deus se revela fiel; se somos irrepreensíveis e puros, Ele se mostra da mesma forma porque são Suas características, não nossas. Mas, quando nossa conduta não condiz com a essência de Deus, Ele exerce Sua justiça; não se torna perverso com o perverso, porém o repreende.

Segundo a sua conduta, quais são as recompensas que você merece? Ninguém planta tomates e colhe rabanetes; esse conceito da semeadura é extremamente simples. Nossa colheita depende da semente que lançamos. Somos recompensados de acordo com a maneira que conduzimos a nossa vida. Que neste dia seus esforços sejam para se tornar semelhante a Jesus e poder desfrutar as recompensas que Deus tem para lhe dar segundo a sua conduta.

MINHAS REFLEXÕES

INFINITO E PESSOAL

Os céus declaram a glória de Deus; o firmamento proclama a obra das suas mãos. Um dia fala disso a outro dia; uma noite o revela a outra noite. Sem discurso nem palavras, não se ouve a sua voz. Mas a sua voz ressoa por toda a terra, e as suas palavras, até os confins do mundo. Nos céus ele armou uma tenda para o sol...

SALMO 19:1-4

A grandeza de Deus é expressa em Seus atributos de infinitude e imensidão. Esses atributos declaram que Deus não tem limites de espaço ou tempo, por isso tentar descrever Sua magnitude seria tolice. Parafraseando o frei espanhol Luís de Granada: "Se todas as criaturas fossem escritores e toda água do mar se tornasse tinta, então, o mundo se encheria de livros, os escritores se cansariam e o mar se esgotaria, e mesmo assim não conseguiriam descrever o tamanho de Deus". Realmente não existe possibilidade e nem vocabulário humano que possa expressar o poder, glória e majestade do Deus eterno, e talvez por isso o salmista utiliza a imensidão dos céus e os astros celestes para fazer menção à grandeza e obra de Deus. O que mais surpreende não é a imensidão da glória de Deus, mas saber que esse Deus tão tremendo se importa com seres tão limitados como eu e você. Lucas 12:7 diz que Ele sabe a quantidade de fios de cabelo que estão em nossa cabeça. Uau! Que Deus é esse que é infinito e pessoal ao mesmo tempo, criou planetas e estrelas, mede os céus com os palmos e as águas dos mares com a concha da mão e, ao mesmo tempo, nos conhece tão bem que sabe o motivo pelo qual choramos em nosso travesseiro.

Saiba que no dia de hoje você está diante do supremo Senhor, que sabe o nome de todas as estrelas do firmamento, mas também sabe dos seus desafios e preocupações. Seja invadido pela paz ao saber que o Criador, que rege todo o Universo, não perdeu o comando da sua história, pois Ele é infinito e pessoal.

ABNER BAHR

7 DE FEVEREIRO

RÃ NA PANELA

Quem pode discernir os próprios erros? Absolve-me dos que desconheço! Também guarda o teu servo dos pecados intencionais; que eles não me dominem! Então serei íntegro, inocente de grande transgressão. Que as palavras da minha boca e a meditação do meu coração sejam agradáveis a ti, Senhor, minha Rocha e meu Resgatador!

SALMO 19:12-14

A sabedoria popular diz que se colocarmos uma rã em uma panela com água fria e levarmos ao fogo, esse animal morrerá sem perceber, pois não se dará conta quando a água ferver, devido ao fato de esse processo ser gradativo. Podemos entender que esse anfíbio está envolto em uma situação ruim, que causa dor e morte, mas não consegue se dar conta disso. Da mesma forma o ser humano, em seu estado natural de pecado, não percebe o ambiente hostil e perigoso ao seu redor e caminha para a destruição de olhos vendados. Existem pecados que são evidentes e aparentes, no entanto, outros são ocultos e até mesmo desconhecidos, por isso são cometidos sem nós percebermos. A súplica por discernimento e proteção dos pecados faz parte da oração de um coração sincero e desejoso de ser fiel a Deus, pois pela nossa própria força somos incapazes de vencer algumas batalhas e, como diz o salmista, discernir os próprios erros.

Neste dia, clame ao Senhor para protegê-lo dos pecados visíveis que afrontam você, mas não esqueça de pedir discernimento para vencer as transgressões que você nem sabe que comete. Permita que a Palavra de Deus inunde sua vida e fortaleça seus passos, assim as palavras da sua boca e o meditar do seu coração serão agradáveis diante dele, e sua conduta será irrepreensível e íntegra.

VISUALIZADO E RESPONDIDO

Que o Senhor te responda no tempo da angústia; o nome do Deus de Jacó te proteja! Do santuário te envie auxílio e de Sião te dê apoio. Lembre-se de todas as tuas ofertas e aceite os teus holocaustos. Conceda-te o desejo do teu coração e leve a efeito todos os teus planos. Saudaremos a tua vitória com gritos de alegria e ergueremos as nossas bandeiras em nome do nosso Deus. Que o Senhor atenda todos os teus pedidos!

SALMO 20:1-5

Talvez uma das situações que mais gerem ansiedade é enviar uma mensagem urgente que é visualizada, mas não respondida. Visualizar e não responder passa a impressão de que a pessoa está dizendo: "Não me importo com você", e, mesmo que isso não seja verbalizado, pode ser decepcionante. Amamos aqueles que prontamente nos respondem, e essa prática pode render longas conversas com trocas de mensagens infindáveis. Devemos render graças, pois temos um Deus que não nos deixa sem respostas. Cada mensagem que enviamos a Ele através das orações são sabiamente respondidas no tempo oportuno. É necessário compreender que as respostas nem sempre são o que gostaríamos de ouvir, mas, com certeza, são o melhor para nossa vida.

Quais são os seus planos? Qual é o seu pedido? Quais são os sonhos que brotam da sua alma? Saiba que suas mensagens urgentes não ficarão sem respostas; o próprio Deus Eterno se encarrega de conceder o desejo do seu coração. Nenhuma oração, clamor ou súplica se perderá e cairá no esquecimento. Todas as suas mensagens enviadas aos Céus são visualizadas e respondidas.

MINHAS REFLEXÕES

9 DE FEVEREIRO

CONFIANÇA NO INVISÍVEL

Alguns confiam em carros e outros em cavalos, mas nós confiamos no nome do Senhor, o nosso Deus. Eles vacilam e caem, mas nós nos erguemos e estamos firmes. Senhor, concede vitória ao rei! Responde-nos quando clamamos! SALMO 20:7-9

MINHAS REFLEXÕES

Os carros de guerra e cavalos eram o maior poderio bélico dos poderosos exércitos do mundo antigo. A imponência dos seus carros e a robustez dos seus cavalos maravilhavam os olhos e davam confiança aos povos, pois, ao adentrar no campo de batalha, o estrondo causado por essa força militar intimidava seus inimigos. Isso era a visível representação da força de uma nação. Todos nós temos a tendência de buscarmos segurança em algo que é visível, palpável ou naquilo que podemos mensurar. Nossa confiança pode estar alicerçada em uma boa condição financeira, uma formação acadêmica, bens materiais, amizades e tantas outras coisas que os olhos contemplam. Precisamos entender que todas as coisas desta vida são mutáveis. Aquilo que hoje parece seguro amanhã pode não significar muita coisa. Os inimigos de Israel se levantaram contra eles orgulhos de seu armamento, mas Davi mostra que, enquanto os adversários tinham sua segurança naquilo que era visível, o povo de Deus depositava sua confiança no invisível e saíam vitoriosos.

Este é o dia para você confiar no Deus invisível, mas real, e parar de se assegurar no que é aparente. O que temos pode até ser imponente e saltar aos olhos, mas fracassa, vacila e cai. A força do nosso braço se cansa, o dinheiro acaba, a empresa nos dispensa, os relacionamentos nos frustram, mas o Deus Todo-poderoso permanece imutável e nos garante a vitória. Confie nele e deixe Ele vencer as batalhas por você.

10 DE FEVEREIRO

VALIOSOS PRESENTES

O rei se alegra na tua força, ó Senhor! Como é grande a sua exultação pelas vitórias que lhe dás! Tu lhe concedeste o desejo do seu coração e não lhe rejeitaste o pedido dos seus lábios. Tu o recebeste dando-lhe ricas bênçãos, e em sua cabeça puseste uma coroa de ouro puro. Ele te pediu vida, e tu lhe deste! Vida longa e duradoura. SALMO 21:1-4

Como é prazeroso receber presentes. Nosso coração se alegra e sentimo-nos amados por saber que alguém se importou conosco. Muitas vezes são pequenos presentes, uma simples "lembrancinha" como costumamos dizer, mas ficamos constrangidos por saber que aquela pessoa dedicou tempo e, quem sabe, algum esforço para nos fazer sorrir. Quando Deus presenteia Seus filhos, a bênção vai além daquilo que pedimos ou sonhamos, pois nossos anseios são pequenos se comparados àquilo que Ele tem para nos oferecer. Toda vez que somos presenteados, devemos, por educação, verbalizar nossa gratidão, porque, se nosso coração for ingrato, estaremos desmerecendo o que nos foi entregue, e muito provavelmente quem nos presenteou não o fará novamente. O salmista fala de si próprio exultando pelas vitórias que o Senhor lhe havia concedido; por isso ele louva a Deus tributando a Ele as ricas bênçãos recebidas.

No dia de hoje, olhe ao seu redor e aprecie os valiosos presentes que o Pai Eterno lhe deu: o dom da vida, a saúde, o ar que enche seus pulmões, uma linda família, a paz nos relacionamentos, a provisão e o cuidado dentro do lar. Eles são tão valiosos que o dinheiro não é capaz de comprar, mas muitas vezes não damos o devido valor e consideramos essas dádivas como se fossem apenas "lembrancinhas" sem importância. Os presentes que recebemos dos Céus são tão preciosos como coroas de ouro puro sobre nossas cabeças. Exalte a Deus por isso.

MINHAS REFLEXÕES

FIDELIDADE IMUTÁVEL

Pelas vitórias que lhe deste, grande é a sua glória; de esplendor e majestade o cobriste. Fizeste dele uma grande bênção para sempre e lhe deste a alegria da tua presença. O rei confia no Senhor: por causa da fidelidade do Altíssimo ele não será abalado. SALMO 21:5-7

A cultura popular afirma que o cachorro é o melhor amigo do homem. Esse entendimento é embasado no fato de o cão ser um companheiro fiel, e, não importa o que aconteça, ele ficará sempre ao lado de seu dono. Talvez alguns nomeiem o amigo canino como o melhor amigo porque não conhecem o Deus Eterno e toda a Sua fidelidade; Ele, sim, é o amigo mais chegado. Longe de querer comparar Deus com um cãozinho, mas a fidelidade divina excede tudo o que podemos imaginar, pois ela é imutável. Fidelidade pode ser comparada à estabilidade, pois não se move, não se abala, não muda por mais que as circunstâncias ao redor oscilem; o que é estável permanece. Deus permanece fiel a nós apesar de muitas vezes falharmos em nossa confiança e relacionamento com Ele. Em 2 Timóteo 2:13 está escrito: "...se somos infiéis, ele permanece fiel, pois não pode negar-se a si mesmo". Um dos atributos divinos é a fidelidade, e as ações de Deus não são contrárias à Sua natureza.

Podemos desfrutar das bênçãos porque Ele é fiel, descansamos seguros porque Ele é fiel, cremos nas promessas de Deus porque Ele é fiel. Se você está se sentindo sozinho, lembre-se de que Cristo disse que estaria conosco todos os dias. Se está ansioso, a Bíblia diz para lançar sobre o Senhor toda sua ansiedade (1 PEDRO 5:7). Toda palavra que Deus prometeu a você se cumprirá porque Ele é fiel. Neste dia, perceba nas pequenas coisas a fidelidade imutável do Pai em sua vida.

12 DE FEVEREIRO

DEUS TRABALHA NO SILÊNCIO

Meu Deus! Meu Deus! Por que me abandonaste? Por que estás tão longe de salvar-me, tão longe dos meus gritos de angústia? Meu Deus! Eu clamo de dia, mas não respondes; de noite, e não recebo alívio! Tu, porém, és o Santo, és rei, és o louvor de Israel. Em ti os nossos antepassados puseram a sua confiança; confiaram, e os livraste. Clamaram a ti, e foram libertos; em ti confiaram, e não se decepcionaram. SALMO 22:1-5

Vemos na Bíblia, no decorrer da história do povo de Deus, alguns momentos em que Ele ficou em silêncio. Em nossa compreensão humana, não cabe a ideia de um Deus calado, afinal, as Escrituras descrevem a fala, o direcionamento, a intervenção e a voz do Todo-poderoso como de muitas águas. Mas o fato é que o silêncio de Deus não é em vão. Existe um propósito, um processo pelo qual precisamos passar. O salmista escreve de maneira profética, pois o seu lamento foi repetido, cerca de 10 séculos depois, por Jesus no momento em que estava agonizando na cruz. O Salvador sentiu-se abandonado, mas aquele não era o momento da intervenção divina, pois para que a salvação fosse consumada, era necessária a morte de Cristo Jesus. Sem morte não existiria o milagre da ressurreição. Se Deus interviesse na crucificação, não haveria o triunfo sobre a morte. Deus só fica em silêncio quando existe um processo pelo qual precisamos passar para crescer.

Deus está em silêncio para você? Qual é o clamor que Deus não está respondendo? Procure entender qual processo é inevitável enfrentar. Deus trabalha no silêncio. Enquanto você pensa que Ele está distante, é o momento em que Ele está mais perto sustentando-o para suportar o processo que o fará mais forte. Existe uma canção que diz: "Ainda que eu não veja Deus está trabalhando". Neste dia, suplique, clame a Deus, mas também o adore, pois Deus não para; Ele continua trabalhando na sua vida mesmo no silêncio.

MINHAS REFLEXÕES

ABNER BAHR

13 DE FEVEREIRO

MOTIVO DE LOUVOR

*De ti vem o tema do meu louvor na grande assembleia;
na presença dos que te temem cumprirei os meus votos.*
SALMO 22:25

MINHAS REFLEXÕES

Os membros do Exército Brasileiro que, no exercício de suas funções, destacaram-se com atos de heroísmo, feitos ou serviços que merecem méritos são honrados com uma condecoração chamada "Medalha de Louvor". É comum ouvirmos um comentarista esportivo dizer que determinado time ou atleta foi campeão com louvor, ou até mesmo um professor referindo-se à um aluno que concluiu o curso com louvor. Louvar é fazer menção dos atos dignos de honra, feitos grandiosos e desempenho notório. Por isso louvamos a Deus, porque o louvor refere-se aos feitos e às grandes coisas que fez o Senhor por nós. Quando nossas expressões são direcionadas a Deus, costumamos dar o mesmo significado ao louvor e à adoração, mas eles têm uma diferença quanto ao foco. Adoramos a Deus pelo que Ele é: Deus é amor, Deus é lindo, Deus é misericordioso, Deus é eterno, e a lista dos motivos de adoração é extensa. Mas, quando o louvamos, fazemos isso pelo que Ele fez: Deus abriu o mar Vermelho, libertou Seu povo, livrou Daniel na cova dos leões etc. Louvamos a Deus porque Ele mudou a nossa história, restaurou nossa família, trouxe libertação e hoje podemos ser livres do jugo do pecado.

Ao olharmos para nossa história, com certeza nos lembraremos de um milagre, um grande feito, uma porta aberta, um livramento proporcionado por Deus. Aprecie os motivos que você tem para louvar ao Criador. Não importa se os seus motivos são pequenos ou grandes, o importante é testemunhar Seus feitos em nosso favor. No dia de hoje, renda louvores, exalte o grandioso Deus por tudo que Ele fez e que ainda fará na sua vida.

14 DE FEVEREIRO

GOVERNO DO CÉU

Todos os confins da terra se lembrarão e se voltarão para o Senhor*, e todas as famílias das nações se prostrarão diante dele, pois do* Senhor *é o reino; ele governa as nações.* SALMO 22:27,28

É muito comum vermos a população insatisfeita com os governos. As reclamações vão de buracos nas ruas da cidade à falta de medicamentos nos postos de saúde. É função dos governantes proporcionar bem-estar aos cidadãos através de investimentos, benfeitorias e manutenções, mas, por mais esforçados que sejam, os governos terrenos são incapazes de satisfazer o anseio da alma humana. A plena satisfação só acontece quando Deus assume o governo de nossas vidas, quando entregamos a Ele tudo que somos, sem restrições. O Criador governa todo o universo, toda a criação, povos e nações se rendem ao Seu senhorio, mas Deus está interessado em governar sua vida. Quando você se deixar governar pelo Autor da vida, Ele consertará a sua alma quebrada, fechará os buracos no seu caráter e aplicará o remédio divino para curar suas dores. Deus Pai é um governador impecável.

Sua vida está desgovernada? Você não sabe para onde está indo? Deixe o governo da sua história nas mãos do Senhor, não tente assumir novamente a direção, pois nós não somos bons governantes de nós mesmos. Somos facilmente enganados pelos nossos desejos e ludibriados por este mundo. Decida hoje parar de se autogovernar e deixe o Eterno exercer o governo do Céu na sua vida.

MINHAS REFLEXÕES

15 DE FEVEREIRO

O SENHOR É O MEU PASTOR

*O Senhor é o meu pastor;
de nada terei falta.* SALMO 23:1

A figura de um pastor de ovelhas é muito popular na cultura judaica, assim como em qualquer outro ambiente campestre. O pastor é responsável por alimentar, proteger e guiar o rebanho, e sem ele as ovelhas se tornam presas fáceis para os astutos devoradores. As ovelhas são animais dóceis e se tornam ainda mais vulneráveis devido à limitação em sua visão; por esse fato são orientadas pela voz inconfundível de seu pastor. No evangelho de João, Jesus diz: "As minhas ovelhas ouvem a minha voz; eu as conheço, e elas me seguem" (10:27). O pastor não caminha atrás do rebanho, mas vai à frente dando os comandos, que são prontamente ouvidos e seguidos. Para preservar a integridade de suas ovelhas, um bom pastor coloca sua própria vida em risco, e a entrega, se for preciso, visando o bem-estar do rebanho. No Antigo Testamento, um jovem pastor chamado Davi entrou em luta corporal com um leão e um urso para livrar suas ovelhas do voraz predador. Jesus foi além: deu Sua própria vida enfrentando as forças do inferno para poupar a nossa vida.

O Senhor é o meu pastor, isto é, um pastor pessoal que caminha a nossa frente, e nós seguimos os Seus passos, ouvindo o som da Sua voz, pois onde Ele caminhar estaremos seguros e livres de caminhos escorregadios em que nossos pés podem vacilar. As ovelhas feridas, Ele traz ao colo, trata suas machucaduras e coloca novamente no rebanho para serem fortalecidas. Neste dia, não dê ouvidos a tantas vozes que tentam confundi-lo. Direcione seus ouvidos para o Bom Pastor porque dele virá o direcionamento, descanse em Seus braços e sinta a proteção do aprisco, pois Ele estará sempre à porta zelando por sua vida.

16 DE FEVEREIRO

ABASTECIDOS

*O Senhor é o meu pastor;
de nada terei falta.* SALMO 23:1

No devocional anterior, vimos que o pastor caminha à frente do rebanho enquanto suas ovelhas o ouvem e o seguem. As ovelhas que acompanham o ritmo dos passos do pastor são as que estão próximas a Ele e por isso são as primeiras as serem acudidas, cuidadas e abastecidas. Já as ovelhas que relaxam no caminho, se cansam e vão ficando para trás distanciando-se do pastor, e por vezes se perdem, pois de longe fica difícil ouvir a sua voz. O rebanho pode sempre desfrutar da fartura oferecida pelo amoroso pastor, que se responsabiliza por suprir as suas necessidades. O capítulo 6 do evangelho de Mateus relata o cuidado atencioso de Deus não deixando Seus filhos passarem por nenhuma necessidade. Deus cuida dos Seus, e aqueles que o amam e o obedecem não terão falta de nada. O alimento que diariamente está sobre sua mesa é prova do cuidado de Deus. Por mais que as dificuldades se apresentem, creia que o Bom Pastor tem cuidado de você.

Se estamos nele, herdamos o Céu e temos acesso a tesouros infindáveis. Theodosia A. Howard disse que "quando nos unimos a Ele, temos direito de fazer uso de todas as Suas riquezas". Como ter falta de algo com acesso às riquezas eternas? Aproprie-se dessa verdade e creia que os armários serão abastecidos pelo Céu, e sua vida será testemunho da provisão divina. Qual a sua necessidade para este dia? Entregue nas mãos do Bom Pastor, entre na sua casa e declare: "O Senhor é o meu pastor; de nada terei falta! O Senhor é o meu pastor, e serei abastecido de bênçãos celestiais!".

17 DE FEVEREIRO

LUGAR DE DESCANSO

Em verdes pastagens me faz repousar e me conduz a águas tranquilas. SALMO 23:2

MINHAS REFLEXÕES

Sempre que leio esse versículo, minha mente me leva a esta linda paisagem: imensos campos que os olhos perdem de vista, com viçosas gramíneas verdejantes que, de tão fofas, dá vontade de deitar e ficar olhando o céu azul sentindo uma suave brisa lambiscar o rosto. Uau! Você também conseguiu sentir isso? Ao fechar os olhos, dá para ouvir uma leve correnteza de águas límpidas, transparentes e frescas que podem ser acessadas a qualquer momento que a boca estiver seca, ou até mesmo para um mergulho relaxante. Quem não gostaria de ter um lugar assim para poder, de vez em quando, reabastecer a alma? Como é bom usar a imaginação a fim de tentar fugir para um lugar de descanso em meio a uma rotina tão corrida e desgastante. Mas o que Deus tem a nos oferecer não é uma mera ilusão criada pela nossa mente criativa; Ele próprio é nosso descanso e é muito superior a qualquer tentativa de imaginar um lugar perfeito para descansar.

Quais são as pressões que sufocam você? Qual o nível do seu cansaço? Trabalho, família, finanças, cobranças, metas, relatórios, clientes, noites mal dormidas. Muitas coisas acabam nos sufocando e tiram de nós a capacidade de encontrar em Deus o descanso. No dia de hoje, mesmo em meio aos seus afazeres, descanse em Deus, sinta a grama verde debaixo dos seus pés e a canção das águas correndo no leito do rio. Esse é o cuidado do Senhor, um lugar de descanso para sua alma.

18 DE FEVEREIRO

RECUPERANDO AS FORÇAS

*...restaura-me o vigor. Guia-me nas veredas da justiça
por amor do seu nome.*

SALMO 23:3

Quando fazemos uma longa viagem, algumas paradas são necessárias para esticar as pernas. Por mais que as lindas paisagens no entretenham e a música do rádio nos embale, as horas dentro do veículo são desgastantes. Nosso corpo cansa e clama por uma parada, nem que seja breve, para oxigenar a mente e fazer circular o sangue. Uns minutos ajudam a nos recompor e voltarmos revigorados para a estrada para terminar a jornada. Por vezes faz-se necessário revisar alguns itens do carro para prosseguir em segurança. Deus é o Senhor da nossa estrada. Quando estamos firmados nele, trilhamos uma trajetória reta diante dos homens, pois Seu caminho é justo e nele não existem atalhos. Por mais que seja recompensador, fatigamo-nos na jornada com Cristo e sentimos o peso de sermos Seus discípulos. Ele reacende a alma apagada, limpa a alma suja e fortalece a alma que fraqueja.

Será que no dia de hoje não é necessário dar uma parada? Deus traz o refrigério para sua alma e gera vigor para você continuar na estrada. Se está difícil continuar, deixe o Senhor acalentar seu coração. Pare! Respire! "Estique as pernas". Sempre que necessário, revise sua vida, pois a maneira que você conduz a sua existência pode trazer jugo ou suavizar a caminhada. Sinta-se renovado pelo novo fôlego de Deus e não se distancie do caminho de justiça traçado pelo Criador. Ele é refúgio, inspiração, fôlego e refrigério para sua alma.

MINHAS REFLEXÕES

ABNER BAHR

NADA A TEMER

Mesmo quando eu andar por um vale de trevas e morte, não temerei perigo algum, pois tu estás comigo; a tua vara e o teu cajado me protegem.

SALMO 23:4

É notável a coragem de uma criança quando está acompanhada de seu pai. As ameaças ao redor se desfazem quando se está segurando nas mãos daquele que nunca a abandonará. O sentimento que invade o coração infantil é de que "nada vai me acontecer, porque meu pai me protege de tudo que é perigoso", por isso não há nada a temer. Conforme 1 Coríntios 15:26, "O último inimigo a ser destruído é a morte" e talvez por isso seja um dos mais temidos. Mas aqueles que aceitaram Jesus já passaram da morte para a vida eterna, e por isso não precisam mais temer este inimigo que tanto assusta a humanidade. Se o mais terrível dos medos não nos causa mais espanto, não devemos ficar atemorizados por coisa alguma. A vara e o cajado do Senhor nos servem de consolo, porque são instrumentos pastoris que servem tanto para correção como defesa, e ambos nos livram da morte. Quando somos corrigidos com a vara, voltamos para a vontade de Deus e evitamos a morte; quando somos defendidos com o cajado, aquele que queria ceifar nossa vida é afugentado pela autoridade do Bom Pastor.

Neste dia, caminhe segurando nas mãos do bondoso Pai e todos os temores serão dissipados, nenhuma sombra será capaz de atemorizar sua alma. Sujeite-se à vara e ao cajado, esteja debaixo da correção e defesa do Pastor eterno e seja liberto de todo medo que assola o seu coração. Não existe nada a temer enquanto o Todo-poderoso estiver ao seu lado.

20 DE FEVEREIRO

BANQUETE

*Preparas um banquete para mim à vista dos meus inimigos.
Tu me honras, ungindo a minha cabeça com óleo
e fazendo transbordar o meu cálice.*

SALMO 23:5

Banquetes são símbolos de honrarias. Ser convidado para um banquete é um privilégio que poucos podem desfrutar. O Senhor nos convida à mesa onde uma plateia se alvoroça ao redor sem nada poder fazer. O inimigo da nossa alma intenta contra nós palavras de difamação, dardos inflamados e tentativas, sem sucesso, de nos atingir. Não é de se admirar que, ao sermos fiéis a Deus, tenhamos inimigos, uma vez que o próprio Jesus alertou dizendo que o mundo nos odiaria, porque antes a Ele odiaram (JOÃO 15:18). Quando nos sentamos à mesa para partilhar uma refeição, não estamos em posição de combate; poderia se tornar uma ameaça degustar um banquete com os inimigos em torno da mesa vociferando, prontos para o ataque. Mas banqueteamos tranquilos sem nada nos alcançar, porque conosco nesse banquete está o Eterno que nos honra diante de todos os presentes. Ele entorna sobre nós a unção fresca derramando sobre nossa vida mais do que podemos suportar, por isso transbordamos.

Hoje é dia de celebrar com honrarias as benevolências do Criador. Talvez você ainda não tenha se apercebido, ou se sinta esquecido, deixado de lado dessa grande festividade. Não é verdade. O próprio Deus o convida para se achegar a uma mesa posta com iguarias do Céu para o seu deleite. Sente-se à mesa, reconforte-se junto ao Anfitrião desse banquete e não dê ouvidos aos ferozes acusadores que nada podem fazer, a não ser assistir a sua vida transbordando de alegria, paz e bênçãos sem fim.

MINHAS REFLEXÕES

ABNER BAHR

21 DE FEVEREIRO

NOSSOS SEGUIDORES

Sei que a bondade e a fidelidade me acompanharão todos os dias da minha vida, e voltarei à casa do Senhor enquanto eu viver. SALMO 23:6

Aqueles que utilizam as redes sociais estão repletos de seguidores. São milhares de pessoas que nem ao menos conhecemos boa parte delas. São seguidores aleatórios que se avolumam e inflam o ego daqueles que se sentem populares apenas por tê-los em seu *feed*. A palavra de Deus nos afirma que, quando temos o Senhor como nosso pastor, além de desfrutar de todo cuidado, descanso e proteção, também agregamos seguidores que nos acompanharão todos os dias de nossa vida. A bondade e a misericórdia do Senhor se tornam seguidoras daqueles que amam a Deus e vivem de acordo com Sua vontade. Todos os dias somos tratados com bondade pelo Pai e, por mais que sejamos maus, nossa maldade não altera Sua natureza perfeitamente boa. Ele nos abençoa porque é bom, proporciona-nos habitação eterna em Sua casa porque Ele é bom. Da mesma forma a misericórdia do Senhor é dispensada sobre a nossa vida diariamente, e é por ela que podemos nos achegar a um Deus tão puro, mesmo que sejamos falhos. A prova disso é que em Lamentações 3:22 diz: "As misericórdias do Senhor são a causa de não sermos consumidos porque as suas misericórdias não têm fim…" (ARA).

Podemos ser seguidos por inúmeras pessoas, mas nada como sermos seguidos pela bondade e misericórdia de Deus. Elas não nos acompanham para bisbilhotar nossas postagens nas redes sociais, mas, sim, para serem agentes de ligação entre nós e o Pai Eterno. Neste dia, agradeça pela misericórdia do Senhor, pois ela faz com que nós, pecadores, tenhamos acesso a Sua santidade, e também desfrute de cada pequena expressão da bondade de Deus que pode vir revestida de simples gestos de cuidado.

22 DE FEVEREIRO

DONO DE TUDO

Do Senhor é a terra e tudo o que nela existe, o mundo e os que nele vivem; pois foi ele quem fundou-a sobre os mares e firmou-a sobre as águas.
SALMO 24:1,2

Certa vez, ouvi uma história sobre um senhor feudal, rico proprietário de muitas terras. Ao estender os olhos pelas vastas montanhas, campos e florestas, até onde os olhos de seus súditos pudessem enxergar, tudo a ele pertencia. Quando alguém atravessava as suas terras, era necessário agradecer a ele por permitir transitar em seus campos. Ao construir uma casa, era preciso expressar gratidão ao senhor feudal, pois as terras lhe pertenciam. Ao retirar madeira da floresta, beber a água do riacho ou apreciar o lindo voo da gaivota, todos se alegravam com corações gratos ao dono daquela região. Gratidão e adoração são hábitos que precisamos exercitar, pois do Senhor são todas as coisas, nada nos pertence. Até mesmo as coisas que consideramos nossas são apenas emprestadas para nós. Tudo, extremamente tudo, pertence a Ele. A água que bebemos é dele; o alimento colhido no campo é dele também; até mesmo nossa própria vida é dele, e, quando tudo aqui nesta Terra se findar, a vida retornará para Ele.

Quando olhamos para a Terra e tudo o que nela existe, vemos a manifestação do poder de Deus, porque um grande autor sempre assina sua obra. Ele se apresenta e se faz conhecido através da criação. Sua criatividade, inspiração, bom humor e amor estão presentes em tudo que Ele fez. Agora, pare um instante! Respire fundo e deixe o ar lentamente entrar em suas narinas... pode soltar. Adore ao Senhor e agradeça, pois este ar que encheu seus pulmões é dele. Ele é o dono de tudo.

MINHAS REFLEXÕES

23 DE FEVEREIRO

MÃOS E CORAÇÃO

Quem poderá subir o monte do Senhor? Quem poderá entrar no seu Santo Lugar? Aquele que tem as mãos limpas e o coração puro, que não recorre aos ídolos nem jura por deuses falsos.
SALMO 24:3,4

Não é qualquer pessoa que consegue escalar uma montanha. Só chegam no pico aqueles que estão preparados física e psicologicamente para essa aventura. O treinamento leva tempo, e a persistência é essencial para ter sucesso na escalada. Isso demonstra que é preciso muito mais do que boa vontade para subir ao monte do Senhor, pois o acesso não é nada fácil. Mateus 7:14 diz: "Como é estreita a porta, e apertado o caminho que leva à vida! São poucos os que a encontram". Igualmente, o salmista utiliza como referência o Santo Lugar para demonstrar a peculiaridade do ambiente sagrado. Hebreus 12:14 diz: "...sem santidade ninguém verá o Senhor". Os dois questionamentos demonstram que é necessário um processo e um preparo para estar diante do Santo Deus. Assim como ninguém comparece a uma reunião com uma autoridade constituída de pijama e pantufa, da mesma forma não se pode apresentar diante do Senhor sem observar requisitos imprescindíveis. As mãos e coração são examinados e são eles que permitem ou bloqueiam o acesso ao Pai. Mãos representam as obras, os feitos e atitudes, e o coração representa a essência da vida. Mãos limpas e coração puro são itens necessários para um encontro celestial.

Examine hoje as obras das suas mãos, isto é, suas atitudes. Santifique a maneira como você trabalha, negocia e trata sua família. Purifique seu coração e rejeite pensamentos que são contrários à vontade de Deus. Tenha mãos e coração aprovados e receba livre acesso à Sala do Trono.

24 DE FEVEREIRO

SEM DECEPÇÕES

Nenhum dos que esperam em ti ficará decepcionado; decepcionados ficarão aqueles que, sem motivo, agem traiçoeiramente.

SALMO 25:3

Creio que seria difícil enumerar todas as vezes que fomos decepcionados no decorrer da nossa vida. Uma decepção é gerada quando uma expectativa não é atendida. Frustramo-nos por esperar muito de alguém que não tem nada a oferecer, ou até mesmo por gerar uma expectativa errada, isto é, a pessoa até tem algo a nos oferecer, mas não é aquilo que gostaríamos de receber. Talvez não esperar nada de ninguém seria uma maneira de nos protegermos da decepção, porém isso é praticamente impossível, porque os relacionamentos são movidos pela relação de dar e receber. Geralmente as maiores decepções acontecem com pessoas próximas a nós uma vez que são essas em quem depositamos maior confiança. Amigos, familiares, chefes, líderes espirituais, todos que estabelecemos vínculos, em algum momento nos decepcionarão, pois são falhos e limitados e com certeza não conseguirão suprir todas as nossas expectativas.

Precisamos direcionar nossa vida para o Senhor, porque, quando lançamos sobre Ele nossos anseios, temos certeza de que não seremos decepcionados; o Senhor atende além daquilo que esperamos. Tiago 1:17 diz: "Toda boa dádiva e todo dom perfeito vêm do alto...", então, não tenha medo de esperar em Deus e saiba que dele virá o melhor para sua vida, pois, em toda a história, o Senhor nunca frustrou o Seu povo. Qual a sua expectativa em relação a Deus? O que você tem esperado dele? Neste dia, gere expectativas naquilo que Deus pode lhe proporcionar e não tenha medo porque essa espera será sem decepções.

MINHAS REFLEXÕES

ABNER BAHR

25 DE FEVEREIRO

DECISÕES CERTAS

Quem é o homem que teme o Senhor?
Ele o instruirá no caminho que deve seguir.
Viverá em prosperidade, e os seus descendentes
herdarão a terra. SALMO 25:12-13

MINHAS REFLEXÕES

Você consegue lembrar quantas decisões equivocadas já fez na vida? Por que optamos por trilhar caminhos ruins? Por que nos arrependemos da direção que nossa vida tomou? O que acontece é que nossas decisões são movidas pela ansiedade, são tomadas de acordo com nosso coração, com nossas paixões e avaliadas de acordo com o momento de vida que estamos atravessando. Por desconhecermos as implicações do caminho, arrependemo-nos no meio dele quando percebemos que tomamos a decisão errada. Muitas vezes é tarde para voltar atrás, e nesse trajeto já desperdiçamos tempo, esforço e quem sabe até dinheiro. Devemos recorrer a Deus em todas as tomadas de decisões, pois a Palavra nos garante que, se somos tementes a Ele, podemos contar com a instrução divina para mostrar o caminho, assim não assumimos o risco de optarmos por algo que esteja fora da vontade do Pai.

O Senhor nos garante repousar na prosperidade, isto é, descansar em meio às bênçãos quando nossa vida é instruída pela vontade dele. Escolher o caminho segundo a direção de Deus deixará um legado para as futuras gerações, porque existe uma promessa de herança para nossa descendência. O Pai está interessado em suas escolhas, pois serão elas que levarão você ao futuro maravilhoso que Ele planejou. Não tome decisões hoje nem escolha caminhos para percorrer sem antes buscar em Deus a confirmação.

26 DE FEVEREIRO

CONFIDENTES

O Senhor confia os seus segredos aos que o temem, e os leva a conhecer a sua aliança.

SALMO 25:14

Que grande privilégio ser confidente de Deus, para quem Ele revela os segredos do Seu coração! É extremamente agradável amigos nos confiarem os seus segredos, pois acharam em nós alguém digno e honrado a ponto de abrir as intimidades da alma. Quanto mais ser íntimo de Deus e ser depósito dos Seus segredos, os quais não são revelados a qualquer um! Os segredos celestiais não são compreensíveis para pessoas carnais, pois os pensamentos elevados do Eterno são discernidos apenas espiritualmente. Acessamos os segredos divinos nos tornando amigos de Deus, e isso é desenvolvido através de uma vida de devoção e total entrega a Ele. Thomas Watson disse que "caminhar com Deus é a melhor forma de conhecer a mente de Deus; amigos que caminham juntos comunicam seus segredos um ao outro". Homens que viveram em um relacionamento estreito com o Criador souberam de antemão os acontecimentos que afetariam a história. Gênesis 18:17 descreve o momento quando Deus estava prestes as destruir as cidades de Sodoma e Gomorra e diz: "Não vou esconder de Abraão o que pretendo fazer" (NTLH).

Quer acessar os segredos do Pai? Ser confidente dos planos eternos de Deus? Caminhe com Ele todos os dias, e, como amigos que compartilham seus projetos de vida no decorrer do percurso, você compreenderá a vontade do Autor da vida e segredos que não são revelados a todos, mas apenas aos que caminham lado a lado com Ele. Hoje é o dia de subir o nível de relacionamento e amizade com Deus e ter acesso a notícias frescas vindas do trono da graça.

MINHAS REFLEXÕES

ABNER BAHR

27 DE FEVEREIRO

INTEIRO

Faze-me justiça, Senhor, pois tenho vivido com integridade. Tenho confiado no Senhor, sem vacilar. Sonda-me, Senhor, e prova-me, examina o meu coração e a minha mente; pois o teu amor está sempre diante de mim, e continuamente sigo a tua verdade. SALMO 26:1-3

Ninguém paga o ingresso do cinema para assistir a metade do filme. Com certeza ficaríamos extremamente irritados se ao pedirmos um lanche, o garçom trouxesse apenas um pedaço do cheeseburger; da mesma forma, quando compramos um par de sapatos, esperamos que dentro da caixa estejam os dois calçados. Assim como gostamos das coisas por completo, quando dedicamos nossa vida ao Senhor, não podemos entregar apenas uma parte dela. Apenas com a inteireza da vida nas mãos do Mestre poderemos nos satisfazer nele. Integridade significa completo, inteiro, sem falta de nada, mas também expressa caráter ilibado, justo, ético e honrado. Charles H. Spurgeon disse: "Quando o pequeno pássaro em meu peito canta uma canção jubilosa, não me importa se mil corujas piem do lado de fora." Isso significa que quando vivemos em integridade não temos do que nos envergonhar; mesmo que as calúnias se levantem, temos paz com nossa consciência.

Viva com integridade, seja inteiro em todas as áreas da sua vida. Jesus, na cruz, não ficou meio morto; assim como Ele se deu por inteiro, Ele anseia ver integridade em nós. Não ofereça apenas "pedaços" de você para a família; no trabalho, não se esforce pela metade, não seja meio confiável com os amigos, não se torne um cristão "meia-boca". Hoje é um belo dia para começar a ser inteiro.

28 DE FEVEREIRO

O PRAZER DA PRESENÇA

Eu amo, Senhor, o lugar da tua habitação, onde a tua glória habita.

SALMO 26:8

Nada é mais prazeroso que estar junto de quem amamos. Não precisa ser nenhuma ocasião especial, não é necessário um grande banquete ou uma pomposa festa; ansiamos estar juntos na simplicidade, apenas desfrutando do prazer da presença. Somos seres relacionais, isto é, criados para o relacionamento. Não conseguimos viver isolados e solitários, precisamos ter pessoas em nossa volta, viver em comunidade, mas nenhuma companhia humana substitui a presença divina. Ao entregarmos nossa vida a Cristo, tornamo-nos filhos de Deus, e, como filhos, nossa alma anseia estar onde Ele está, desfrutando da presença do Pai, sentindo Seu calor, envolvidos pelo Seu amor e proteção. Os verdadeiros filhos amam a casa do Pai, pois na casa paterna tem tudo que um filho necessita: provisão, cuidado e ensino. Ali, na habitação do Senhor, revela-se a vontade de Deus, o direcionamento que emana do Céu, e a manifestação do poder do alto é evidente na adoração em comunidade.

Você consegue sentir a presença de Deus com você? Mateus 1:23, referindo-se ao nascimento de Jesus, diz que "...o chamarão Emanuel, que significa 'Deus conosco'". Isso quer dizer que Deus está presente em todo tempo em nossa vida, mas precisamos da comunhão dos santos, pois é ali que habita a glória de Deus. Aqueles que já sentiram a presença majestosa do Pai não têm prazer nas coisas deste mundo, porque Deus é suficiente. Expresse seu amor a Deus hoje, clame por Sua presença gloriosa nos afazeres do seu dia e se deleite em ter essa doce companhia.

MINHAS REFLEXÕES

O SEGURO NÃO MORREU DE VELHO

Pois no dia da adversidade ele me guardará protegido em sua habitação; no seu tabernáculo me esconderá e me porá em segurança sobre um rochedo. SALMO 27:5

Sentir-se seguro por confiar em Deus gera um amor e uma adoração ainda mais profundos pelo Pai, e Ele, amoroso como é, trata Seus filhos com cuidado e proteção diferenciados. Esse cântico nos ensina, porém, que essa confiança corajosa está firmada na certeza de um plano redentor. Então, quem tem Luz e Salvação não precisa temer nada nem ninguém. O homem cresce em sua espiritualidade quando iluminado pelo Espírito e recebe livramento do mal, da morte, e, por aplicação espiritual, salvação da alma.

Uma expressão ainda mais íntima de confiança é feita quando, assim como o salmista, temos o desejo de "viver na casa do SENHOR" (v.4). Não se trata apenas de uma simples estada, como alguém que está só de passagem; nem ficar ali somente por um tempo, como o servo que não permanece na casa de seu senhor todo o tempo. É um desejo de estar ali todos os dias de sua vida, assim como os filhos habitam com o Pai. Esses momentos de comunhão nos permitem desfrutar da beleza do Senhor "e buscar sua orientação no seu templo" (v.4), não apenas para vê-lo, mas para falar com Ele e ouvi-lo falar.

Nada pode oferecer maior segurança do que estar junto à Fonte do Poder, descansando "à sombra do Onipotente" (SALMO 91:1) como em uma fortaleza segura, "sobre um rochedo" (SALMO 27:5), um lugar de refúgio muito acima do vale onde estão os inimigos. Estamos certos de que o louvor a Deus seja a grande alegria da eternidade, então já devemos considerar isso como algo importante em nosso tempo. Há verdadeira alegria no serviço e adoração a Deus, pois no nome do Senhor, podemos estar continuamente alegres e seguros na Sua justiça.

2 DE MARÇO

CRER E ESPERAR

Apesar disso, esta certeza eu tenho: viverei até ver a bondade do Senhor na terra.
SALMO 27:13

Em meio às aflições da vida, chega um momento em que necessitamos buscar e até mesmo clamar pelo Senhor. O indivíduo que busca é aquele que está desenvolvendo a sua espiritualidade. Desde que chamado a buscar a face de Deus, o poeta do Salmo 27 aceitou ansiosamente o convite e passou a agir da maneira que agradou ao Pai, pois, na verdade, buscar a face de um rei envolve a ideia de buscar seu favor e proteção.

Antigamente, nos Estados Unidos, era costume registrar nascimentos, batismo e mortes nas páginas iniciais da Bíblia da família. Um membro que caísse em desgraça teria seu nome apagado, por um pai ou mãe frustrados. Um progenitor pode apagar o nome de sua lista, até mesmo de um filho outrora amado, mas Deus definitivamente não age dessa maneira. Por mais que seja entristecedor sofrer a rejeição ou o abandono dos pais, ou de quem quer que seja, o Pai está sempre pronto para acolher. A tristeza é controlada pela confiança, que produz a paciência de depositar a esperança em Deus.

Só quem conhece e está alinhado com a vontade de Deus pode esperar para receber resposta oportuna às suas orações. Muitas vezes uma exultação de louvor se mostra como evidência de uma resposta ouvida interna ou externamente, porém, o salmista se mostra suportando tudo só com a sua fé, como nós deveríamos fazer. Uma fé resistente e firme o suficiente para todos os dias contemplarmos a bondade do Pai, pois Sua bondade é o antídoto para o temor em meio às tribulações. Vamos esperar no Senhor. Ele nos fortalecerá!

MINHAS REFLEXÕES

ELENILSON SOUZA

3 DE MARÇO

ROCHA É SEGURANÇA

A ti eu clamo, Senhor, minha Rocha...
SALMO 28:1

A Rocha é um símbolo de Deus e aponta suas características protetoras e de refúgio. Deus é a Rocha, o lugar de fortaleza e proteção, a estabilidade e a segurança da fé do cristão. O verdadeiro filho de Deus tem como objetivo central da sua oração a questão se Ele está ouvindo e se responderá. Você não dará o real valor a sua oração até que esteja certo de que ela alcançou os ouvidos e o coração de Deus, pois Ele só atende com graça as orações verdadeiras e sinceras.

Nossa oração muitas vezes parece ecoar no vazio, e Deus parece estar em absoluto silêncio. Não tenha medo e não se desespere, pois Ele não está indiferente à sua situação e não o abandonará à própria sorte, pelo contrário, sempre se fará presente intervindo e estendendo a Sua mão a todo aquele que o buscar de coração. É nessa hora que nosso clamor precisa se intensificar a ponto de implorarmos ao Pai Sua ajuda, e assim levantarmos nossas mãos suplicando o Seu favor, como um gesto de quem quer alcançar a vontade de Deus, ou então, intercedendo pelo poder dos Céus sobre outras pessoas. Mas tenha certeza de que Ele ouve e, como Pai bondoso que é, sempre dará aos Seus filhos o melhor. O mundo não sabe, mas a oração pode realizar muito mais do que se possa imaginar; não faz ideia também do poderoso agir de Deus e de tudo aquilo que Ele é capaz de fazer pelos Seus.

Hoje é tempo de buscar a Deus, recorrer à Rocha eterna e inabalável, erguendo as mãos aos Céus em busca da Sua vontade, ou então, prostrando-nos em rendição e submissão total ao Seu querer. Lugares altos alcançamos quando de joelhos estamos.

4 DE MARÇO

O RESULTADO É LOUVOR

Bendito seja o Senhor, pois ouviu as minhas súplicas.
SALMO 28:6

Esse é o sentimento que toma conta de nós quando Deus nos ouve. Há uma mudança dramática no nosso comportamento, e passamos do clamor da necessidade para o choro de alegria e louvor; esquecemo-nos do desespero e passamos a bendizer ao Senhor. Todo tempo é tempo de ser grato a Deus, sabendo que é preciso ser capaz de agradecer, estando ou não em tempos de paz e prosperidade, inteiramente à parte das circunstâncias e das tribulações que nos assediam. Nosso louvor dá testemunho da nossa confiança em Deus, por isso nosso coração se enche de alegria. Como resultado de todas essas experiências e recebendo os livramentos de Deus, teremos mais fé, seremos mais capazes e mais felizes e estaremos louvando e adorando ainda mais. Não basta pedir, receber e depois não mostrar um coração grato. John Robert Paterson Sclater disse: "Deixemos que os lábios desempenhem o seu papel". E essa alegria transborda de tal maneira que nos alegramos até mesmo ao intercedermos pelos outros. Este salmo nos ensina a recorrermos ao nosso Pastor pedindo Sua bênção, cuidado e proteção e que nos conduza em todo o tempo.

Algo notável que observamos é que nesse salmo, como em tantos outros em que o tema de lamentação é ressaltado, frequentemente o resultado é louvor e ação de graças. Isso nos ensina que esse clamor deve ser fruto mais da confiança e fé do que da autocompaixão e do sofrimento pessoal. É a compreensão de que Deus está presente e que nada nem ninguém pode nos separar do Seu amor. Sobretudo, aprendemos que, no plano de Deus, o sofrimento e a aflição não são o fim, e que Ele tem livramento e provisão para todos que o buscam. Acima de tudo, deve-se buscar a Deus em primeiro lugar, e não as coisas que Ele pode dar.

MINHAS REFLEXÕES

5 DE MARÇO

GLÓRIA NAS ALTURAS

Atribuam ao Senhor, ó seres celestiais, atribuam ao Senhor glória e força. Atribuam ao Senhor a glória que o seu nome merece, adorem o Senhor no esplendor do seu santuário. SALMO 29:1,2

Davi nos convoca para prestarmos culto a Deus. Não devemos atribuir nenhuma glória a nós mesmos, mas reconhecer que em Deus está toda honra, glória e louvor, nele estão todos os atributos da natureza divina, Ele é poderoso e, em essência, amor. Estar consciente da presença de Deus na natureza pode parecer algo fácil, como realmente é, principalmente em uma experiência de uma noite calma de céu estrelado. Aqui, porém, experimenta-se essa presença com a fúria e o barulho da tempestade. Suas palavras recriam literalmente o choque e a reverberação, o estrondo e a explosão do trovão e do relâmpago. Aqui, a voz de Deus se apresenta assim — poderosa e cheia de majestade; vem do alto e supera todos os outros sons, inspira reverência, derrubando nossa autoconfiança e gerando certa instabilidade. Mas esse mesmo Deus, tendo emitido uma voz acima de todos e causado temor, aproxima-nos dele e habita em nós. O mover de Deus é misterioso, e assim Ele realiza Suas maravilhas. Cavalga sobre o mar tempestuoso como quem caminha suavemente em meio a uma brisa.

Muitas vezes em nossa vida, podemos estar diante de uma manifestação de Deus como essa, mas podemos também ter a certeza de Sua companhia sempre presente. A proteção também vem do alto, bem como a provisão e a luz de um novo dia. Basta lembrar que o relâmpago que vem junto com o trovão pode representar a iluminação que vem junto com a Palavra de Deus, poderosa como uma dinamite; ela é "o poder de Deus para a salvação de todo aquele que crê" (ROMANOS 1:16). Hoje é dia de dar toda honra e glória a Deus com nossa vida, entregar-lhe tudo o que temos e somos, reconhecendo que nele está todo o domínio e poder, afinal Ele está rigorosamente no controle!

Marco

6 DE MARÇO

PAZ NA TERRA

*O Senhor dá força ao seu povo;
o Senhor dá a seu povo a bênção da paz.* SALMO 29:11

Depois de toda tempestade vem a bonança; a cada nova manhã o Senhor renova Suas misericórdias. Diante do esplendor da voz de Deus, podemos responder como Davi dando um grande brado de "Glória!". Essa é a resposta com submissão e humildade, mas também de alegria e compreensão de que Deus é o Rei de tudo e de todos, observando atentamente a tudo o que acontece na Terra. A mente humana pode estar atraída e perturbada pelo estrondo da tempestade, mas o Senhor nos chama a atenção na paz predominante no Céu. As dificuldades e situações complicadas da vida muito se assemelham a essas tormentas, trazendo nuvens escuras, barulho e até o medo da ira de Deus. Vale lembrar, portanto, que os juízos de Deus também trazem limpeza e restauração, e não apenas susto e temor. Assim como Ele controla toda a natureza, também tem o controle sobre a vida humana, sempre disposto a fazer o bem e nos conceder a calma que se instaura todas as vezes que as tempestades vão embora. Nossa experiência com Deus não acaba em tempestade; acima do estrondo e da escuridão das nuvens, Deus reina soberano com paz e majestade.

Que privilégio glorioso estar sob o cuidado e proteção de Deus quando Ele manifesta Sua vontade: dar força e conceder a bênção, mas as recebemos em unidade, pois somos um único povo, e Ele o único Senhor. Suas experiências com Deus precisam também ser compartilhadas para, assim como Davi, inspirar outros a buscarem o Senhor dando a Ele sempre toda honra, glória e louvor. Sua resposta virá acompanhada de força e bênçãos sem medida. Não se esqueça, porém, de que a maior de todas as bênçãos e a maior e mais plena manifestação do Pai foi enviar Seu Filho por nós. "Glória a Deus nas alturas, e paz na Terra!" (LUCAS 2:14)

MINHAS REFLEXÕES

7 DE MARÇO

A VIDA DÁ VOLTAS

*...o choro pode persistir uma noite,
mas de manhã irrompe a alegria.*
SALMO 30:5

Só a fé pode cantar: Glória a ti por toda a graça que eu ainda não provei! A gratidão é uma atitude que certamente agrada o coração de Deus, muito mais quando temos o conhecimento da providência de Deus em todas as experiências da vida, sejam boas ou más. Por vezes, a confiança nos bens e nas circunstâncias favoráveis nos ensinam que podemos ser pegos de surpresa por mudanças bruscas e indesejadas. Quando clamamos pela ajuda do Senhor, mesmo que estejamos no "fundo do poço", Ele nos puxa pra cima e nos concede um novo começo e novas oportunidades. Precisamos sempre ter em mente que somos totalmente dependentes da graça de Deus. Mesmo que a conclusão seja de que a ira de Deus nos alcançou, ela representa o instrumento que gera mudança de pensamentos e atitudes. Todos os juízos de Deus são atos de amor. Mesmo que pareçam ser destruidores, eles são na verdade uma terapia divina que produzem o bem.

Quando a esperança está em Deus, a tristeza que aparece como consequência do sofrimento e das situações ruins é como aquele viajante que busca um abrigo, uma hospedagem temporária, mas que, na manhã seguinte bem cedo, precisa prosseguir viagem. Depois de um dia inteiro de provações e lutas, a noite chega e com ela o temor; a escuridão produz dor e solidão, mas, quando amanhece, a luz do amor de Deus expulsa a noite de tristeza e sombras. A noite em que os olhos choram dá lugar para um novo dia de alegria. Agora seguros, não tememos o mal; estamos guardados pela fé em Jesus. Não duvidamos mais do Seu amor leal, pois em Seu caminho Ele nos conduz!

8 DE MARÇO

ORAÇÃO É REMÉDIO

Ouve, Senhor, e tem misericórdia de mim;
Senhor, sê tu o meu auxílio.

SALMO 30:10

De uma coisa podemos ter certeza: Deus não está alheio. O que faz separação entre nós e o Senhor é o pecado, porém, a súplica confiante na graça alcança Seu coração. Dessa forma, acima das tempestades da vida e do céu escuro e encoberto, até a mais tranquila e sussurrada voz de uma oração pode ser ouvida. Não depende de convicção intelectual nem de merecimento; essa oração deve buscar a misericórdia de Deus, mesmo porque não merecemos aquilo que pedimos, seja o que for. A lição de vida descrita aqui por Davi mostra como é vão buscar ajuda dos homens, mas é inteiramente nosso direito buscar o Senhor, que é sempre capaz de ajudar quando ninguém mais pode. Algumas vezes temos que enfrentar problemas que parecem ser maiores do que nós, para que então deixemos tudo aos cuidados de Deus em oração.

O entusiasmo da adoração, depois que tudo passa, parece se alinhar de alguma forma com a urgência da oração nos tempos de dificuldade. Ou seja, a prontidão em adorar está em conformidade com a presteza do clamor. Deus transforma o choro em riso e nos dá canções de louvor, expressões de amor e gratidão ao Pai. O nosso desejo agora é de continuar exultando ao Senhor e buscando novas vitórias a cada dia. É claro que nunca vamos agradecer o bastante, mas nossa confiança estará cada vez mais aumentada à medida que nos lembramos dos sucessos passados. O resultado final é louvor e gratidão para sempre, como expressão que caracteriza a vida de quem confia e espera pelo Senhor, tendo nos lábios uma oração que inclui a súplica, a confissão, o testemunho e louvor. Nenhum perigo mais causará temor porque o Senhor não nos abandonará; protegidos com Seu amor, Ele guiará nossa vida.

MINHAS REFLEXÕES

ELENILSON SOUZA

CONVERSA AO PÉ DO OUVIDO

Inclina os teus ouvidos para mim, vem livrar-me depressa! Sê minha rocha de refúgio, uma fortaleza poderosa para me salvar. SALMO 31:2

Davi está clamando novamente por livramento, direção e salvação e declara que o Senhor é justiça, refúgio e fortaleza. Ainda que dividido nos sentimentos, ora confiante, ora com medo, continuou clamando. É dessa forma que devemos confiar na vitória em Deus, clamando sempre pelo seu cuidado e proteção, não importando o tempo ou as circunstâncias ao nosso redor. Nesse aspecto a oração vai surgir não apenas como clamor, mas também como um testemunho de todos os livramentos já vividos e a firme confiança no Deus que a tudo sustenta. Afinal, sendo um Pai amoroso, Ele se inclina para ouvir Seus filhos e livrá-los de seus temores.

Muitas vezes podemos nos sentir presos como um animal na rede do caçador, ou um pássaro apanhado na arapuca, que certamente morreria se ficasse ali por muito tempo, e é por isso que a oração é atitude urgente, para buscar em Deus a solução e o livramento. Entregar nas mãos de Deus nosso espírito, significa aqui dizer que nossa existência e vitalidade estão sob o cuidado de Deus e indicam a fé que nutre confiança plena na capacidade divina de guardar e salvar. Confie na misericórdia do Todo-poderoso, que pode fazer com que todas as coisas cooperem para o bem, e já comece a se alegrar pela certeza dos livramentos. O pecador é capturado pelas armadilhas do diabo, tornando-se limitado, solitário e escravizado, mas os que creem e esperam no Senhor são postos em um lugar amplo de liberdade e livramento. Você está seguro na Rocha e livre para amar, louvar e adorar a Deus em espírito e em verdade.

Peça a Deus que conduza você em meio à escuridão das aflições, mantendo firmes os seus pés. Talvez você não veja todo o caminho; o próximo passo já será o bastante.

10 DE MARÇO

ABRINDO O JOGO

Mas eu confio em ti, Senhor, e digo: "Tu és o meu Deus".
O meu futuro está nas tuas mãos... SALMO 31:14,15

No momento em que somos confrontados por situações que nos oprimem e entristecidos pelas aflições, precisamos clamar ao Senhor não apenas por Sua justiça, mas também baseados em Sua misericórdia. Muitas vezes perguntamos por que as coisas devem ser assim, com tantas lutas, enquanto outros ao nosso redor vivem sem qualquer preocupação, mesmo estando errados e distantes de Deus. Por vezes, somos forçados a depender apenas da fé, mesmo não tendo nenhuma evidência clara de que exista algo melhor, preparado e esperando por nós.

Todos os nossos dias e todas as mudanças que surgirem nesse caminho estão nas mãos do Senhor. Afinal, mudanças são necessárias e acabam revelando os vários aspectos do caráter cristão, se são firmes e perseverantes ou não; contudo, a natureza de Deus não muda. O comportamento então que deve caracterizar você é de adoração verdadeira e corajosa em tempos de perseguição; submissão e satisfação em tempos de escassez e sofrimento; zelo e esperança nos tempos de trabalho e plena atividade. Deus virá com Sua luz que expressa Seu amor e simboliza a direção para o caminho quando parece só haver escuridão e não sabemos nem mesmo como dar o próximo passo. A bênção de Deus o alcançará, e você será guardado pelo Pai. O Seu rosto resplandecerá sobre você concedendo graça e o Senhor se voltará para você e lhe dará paz.

Coloque em detalhes diante do Pai a sua angústia, pois é nesse momento que você encontrará em Seus braços o alívio e a paz. Peça ao Senhor para que Ele ensine você a suportar as lutas da alma, a resistir diante das dúvidas e a ter paciência com a oração ainda não respondida. Quando todos os outros recursos falharem, o poder de Deus certamente estará lá disponível e ao seu alcance. Dependa dele!

MINHAS REFLEXÕES

ELENILSON SOUZA

11 DE MARÇO

LIVRAMENTOS

Como é grande a tua bondade, que reservaste para aqueles que te temem, e que, à vista dos homens, concedes àqueles que se refugiam em ti! SALMO 31:19

Quando o clamor a Deus diante de situações tristes e opressoras é atendido, entendemos, então, que Ele está sempre agindo. Resta-nos agradecer pelas bênçãos e pelos livramentos daqueles que nos oprimem com julgamentos impiedosos, carregados de calúnia e preconceitos. Outra situação é quando, independentemente das circunstâncias e da falta de esperança, pode-se ver a mão misericordiosa do Senhor consolar, ajudar a suportar a dor e conceder paciência até que venha o alívio do sofrimento. Pode ocorrer também que, diante de tantos problemas e sem refletir muito, cheguemos a conclusões erradas, mas Deus nos livra e nos faz enxergar que o cenário não é tão desesperador quanto pensamos, não deixando que ocorra a queda diante do que sequer existe. Afinal, muitas vezes foram apenas ideias precipitadas.

Em tempos difíceis e de situações problemáticas, existe a certeza do livramento, sempre eficaz e oportuno, quando o Senhor resgata do abatimento e do desânimo. Para alguns ele chega logo; para outros, pode demorar um pouco mais. Porém, cedo ou tarde, ao passar por lutas e perseguição, o sentimento de falta de amparo produz cansaço e o desejo de desistir. É nesse momento que a esperança em Deus age revigorante e fortalecedora, o amor do Pai sustenta e dá um novo ânimo. Em meio a tantas situações de dor, veja a mão de Deus agindo em seu favor e dando-lhe livramento. Se você estiver com seu coração ligado ao Senhor, seus olhos estarão atentos ao Seu agir. Esteja sempre em oração, fique atento às Suas respostas e que o seu maior desejo seja o de discernir a ação, a bondade e a vontade do Pai se cumprindo em seu viver.

12 DE MARÇO

OSTEOPOROSE ESPIRITUAL

Enquanto eu mantinha escondido os meus pecados, o meu corpo definhava de tanto gemer.

SALMO 32:3

Neste salmo, Davi tem o seu coração pesado pela culpa por seus pecados perante Deus. Contudo, tem certeza de ser ouvido e perdoado. Quero encorajá-lo a não se acostumar ou esconder seu pecado, mas confessá-lo ao Senhor e abandoná-lo, para experimentar a alegria da comunhão plena com o Pai. Haverá paz no espírito e alegria em louvar a Deus, porque essa é a promessa de Jesus quando disse: "...e vocês encontrarão descanso para suas almas" (MATEUS 11:29). Admitir um erro pode ser doloroso por causa da vergonha e do medo da punição, mas o que parece perda na verdade é ganho. O Pai não faz ameaças nem terrorismo espiritual, exigindo pagamentos ou execução de tarefas para se obter o perdão; pelo contrário, ao invés da pressão da culpa, tem-se a bênção da confissão.

Se você já se perguntou por que Deus está em silêncio, lembre-se de que Ele também pode estar se queixando pelo tempo que você não fala com Ele. O pecado não admitido e confessado não é perdoado. Daí podem decorrer os transtornos psicossomáticos, que, na conclusão de Davi, envelheceram os ossos dele causando uma osteoporose espiritual. Quando o Santo Espírito traz um arrependimento sincero, não existe tentativa de esconder ou encobrir o pecado e a culpa; a confissão e o perdão se realizam em perfeita sincronia. A confissão não se trata de pagamento de promessas, nem de palavras vazias, mas, sim, uma atitude do coração que reconhece ser pecador. O pecado esconde você de Deus, mas, quando há confissão, a comunhão é restabelecida e se desfruta da plenitude da proteção e do cuidado do Pai. Lembre que, se você está perturbado pela culpa, o que lhe trará alegria pode estar apenas a uma oração de distância.

MINHAS REFLEXÕES

ELENILSON SOUZA

13 DE MARÇO

DIREÇÃO DIVINA

Eu o instruirei e o ensinarei no caminho que você deve seguir; eu o aconselharei e cuidarei de você.
SALMO 32:8

MINHAS REFLEXÕES

Passar pela estrada da confissão faz com que a fé seja fortalecida com base na direção que Deus dá. Estando agora com Ele no comando, o processo de restauração se inicia trazendo de volta o bem-estar, porque o pecado guardado em silêncio gera uma grande agonia, expressa por gritos da alma que fazem sofrer diariamente, mostrando que a vida está em um rumo muito diferente do que o Pai gostaria. Nunca é tarde demais para buscar a Deus em confissão, pelo contrário, quando essa atitude é tomada, o sentimento de perdão é real, o peso da culpa é tirado, bem como todos os efeitos dela na vida, fazendo que, junto com o perdão, venham também o conforto e o bem-estar.

Além disso, o perdão tira a tristeza e restaura a alegria que pode ser retribuída a Deus com cantos de louvor que o exaltam e o glorificam pela obra de libertação. Com a comunhão restaurada, a direção divina se estabelece de modo que a condução é gentil e amável, e não forçada, obrigada, como quem puxa um animal teimoso que só pode ser controlado à força. Essa direção é que ajustará a rota e o conduzirá em um novo e vivo caminho, diferente daqueles que não conhecem a Palavra de Deus, são desobedientes e se afastam de Deus. O singular em toda essa maneira de agir é que a instrução e a direção que guiarão para uma vida cada vez mais santificada são uma disposição favorável do próprio Deus, tomando pela mão, mostrando o caminho certo através da revelação de Sua Palavra que é luz, lâmpada e bússola.

14 DE MARÇO

VAMOS LOUVAR!

*Cantem de alegria ao Senhor, vocês que são justos;
aos que são retos fica bem louvá-lo.*

SALMO 33:1

Como é bom louvar ao Senhor e bendizer o Seu santo nome, render a Ele graças reconhecendo que a Ele pertencem a honra, a glória e o louvor! Só quem pode ter essa atitude são aqueles que se alegram pelo relacionamento que desfrutam com o Pai e pelo amor e zelo pela Sua Palavra. É algo natural e esperado que alguém que obedeça a Deus entregue a Ele o seu louvor, primeiro pela alegria de saber que é parte do Seu povo, mas também porque isso faz muito bem. Não nos faltam razões para louvarmos ao Senhor, e nesse salmo somos inspirados a isso por motivos bastante especiais. O primeiro deles está relacionado à Palavra de Deus, que por si só já é digna de toda aceitação, mas especialmente pelas características que a diferenciam: integridade, verdade, equilíbrio, justiça, amor, entre outras. Essa Palavra é poderosa e capaz de trazer à existência o mundo e tudo o que nele existe. Outro motivo para o louvor está relacionado ao primeiro, pois Deus não só apenas é o criador, mas também o sustentador de tudo e todos, conduzindo-os debaixo de Seus propósitos. Deus está com Seus olhos voltados para toda a obra de Sua criação, governando com justiça e amor e é capaz de ver muito além do que podemos imaginar. Ele sonda e conhece os corações.

Hoje você está sendo encorajado a dedicar a Deus o seu melhor louvor, derramar a sua vida e seu coração na presença do Pai, que tudo governa e sustenta com a força do Seu poder e com amor incondicional. Ele é criador, sustentador e capaz de cuidar e proteger a todos a quem escolheu como propriedade exclusiva. Você faz parte desse povo e é feliz por ter Deus como Senhor. Vamos louvar!

MINHAS REFLEXÕES

15 DE MARÇO

CONFIANÇA GERA ALIANÇA

*Esteja sobre nós o teu amor, Senhor,
como está em ti a nossa esperança.*
SALMO 33:22

MINHAS REFLEXÕES

Temos muitas razões para louvar e adorar a Deus. Há tantos motivos para cantar e render a Ele louvor, pois temos uma eterna aliança que, mesmo sendo provada, nunca se perde. Precisamos declarar nossa confiança no Senhor todo dia, esperar a todo momento pela Sua misericórdia e contar com a proteção e os livramentos que nos alcançam, mesmo quando não os vemos. Deus sempre está pronto para sustentar e fortalecer o Seu povo sendo fiel protetor, como um verdadeiro escudo. Quando se reconhece o cuidado do Pai, não há outro sentimento que não seja a alegria e a confiança verdadeira no Deus que é digno e santo.

Sermos capazes de compreender o que Deus é, não somente durante toda a eternidade, mas também na vida de cada um de nós, deve nos levar a ter confiança plena e completa nele. Devemos sempre esperar por Ele, por Seu cuidado e ter no coração a alegria de louvar e adorar o Seu nome todos os dias. Se soubermos esperar e confiar, encontraremos razão para esperar, e é esse o tipo de esperança que nos dá salvação. Você pode chegar hoje a essa conclusão: reafirmar a fé no Senhor demonstrando isso enquanto aguarda na esperança do livramento, alegrando-se na confiança, clamando pela Sua misericórdia e repousando seguro nos Seus braços de amor. Deus é fiel e jamais deixará de zelar pela Sua palavra para cumpri-la. Sua eterna aliança permanecerá inabalável, cabendo a nós, como Seu povo, adorarmos a Ele não por obrigação ou apenas em busca de tudo o que Ele pode dar, mas essencialmente como uma clara evidência do entusiasmo que vem da convicção de Seu amor e fidelidade.

Marco

16 DE MARÇO

O TODO-PODEROSO DEUS

Toda a terra tema o Senhor;
tremam diante dele todos os habitantes do mundo.
SALMO 33:8

As Escrituras revelam que Deus é Todo-poderoso, soberano e conhecedor de todas as coisas. Nada pode se comparar ao Seu poder, que realiza tudo da forma como desejar, e não há ninguém que o possa impedir. O louvor a Deus também deve ser entregue com base nas características que evidenciam Seu ilimitado poder e que são amplamente declaradas nas Escrituras. Uma delas é: Deus é o criador do Universo, que, em toda sua imensidão e diversidade, teve como fonte Sua vontade e iniciativa. Basta nos lembrarmos do céu com todas as suas estrelas, o mar, a terra, as montanhas, as plantas e os animais criados pelo poder de Sua palavra que, do nada, trouxe essas coisas à existência. O Seu poder ainda se estende colocando essas coisas debaixo de Seu absoluto controle durante toda a história, submetendo a Ele o poder político e militar de todas as nações. Deus pode tudo, vê tudo e conhece tudo, inclusive o nosso coração; nada lhe passa desapercebido. Ele criou a humanidade, fez planos para cada um de nós, e, quanto mais alinhado você estiver ao Seu propósito, mais feliz e plena será sua vida.

Por fim, o cuidado que o Pai tem com todos os que se refugiam em Seu esconderijo é mais um atributo que revela Seu infinito poder. Essa segurança produz louvor ao Seu nome, fortalece a fé e nos faz alvos dos livramentos e da preservação da vida, mesmo nos momentos mais conturbados da história, como um escudo forte de proteção. Com certeza, não há nada nem ninguém que nos traga maior segurança e proteção e ninguém a quem possamos recorrer senão o nosso Deus. Hoje você pode experimentar e declarar a alegria de ter Deus, o Todo-poderoso, como Senhor.

MINHAS REFLEXÕES

ELENILSON SOUZA

DEUS É BOM O TEMPO TODO

*Bendirei o S*ENHOR *o tempo todo! Os meus lábios sempre o louvarão. Provem, e vejam como o S*ENHOR *é bom. Como é feliz o homem que nele se refugia!*
SALMO 34:1,8

MINHAS REFLEXÕES

O amor de Deus é tão perfeito que nos inspira a louvá-lo em todo o tempo e em todas as ocasiões, porque esse amor nos alcança continuamente de várias maneiras. Por esse motivo quero, desde já, encorajar você a louvar Deus frequente e incessantemente, não apenas de maneira ocasional. Nossos dias são repletos de todos os tipos de assolações e temores, doenças físicas e emocionais, porém, Deus se importa com cada uma delas e nos auxilia em qualquer que seja a situação. Pode até ser que haja em você um sentimento de não saber pelo que orar ou como pedir a ajuda do Senhor, mas saiba que o seu intercessor é o Santo Espírito, e, dessa forma, você será ouvido.

Já diz o ditado: "Se conselho fosse bom, não se dava, vendia-se", mas você precisa convidar a todos para experimentarem a bondade do Senhor. Eles precisam saber como é feliz aquele que encontra abrigo e segurança em Deus.

Se por algum motivo, no entanto, você está com o coração angustiado, abalado por alguma perda, ou envergonhado por causa de algum erro que cometeu, essa atitude de louvor o aproximará de Deus, do Seu cuidado e proteção, ainda que você esteja em meio ao sofrimento. O Pai sempre o acolherá, ajudará e protegerá todas as vezes em que você o buscar, "porque qualquer um que deseja se aproximar de Deus deve crer que ele existe e que se preocupa o bastante para atender aos que o procuram" (HEBREUS 11:6 – A MENSAGEM).

Proclame, creia nessa verdade e sinta-se seguro sob o cuidado do Pai sabendo que nada vai faltar e aproveite para declarar: "O Senhor é o meu Pastor!".

18 DE MARÇO

AMOR DE MÃO DUPLA (PARTE 1)

Os olhos do Senhor voltam-se para os justos e os seus ouvidos estão atentos ao seu grito de socorro.

SALMO 34:15

Ao contrário de todo e qualquer tipo de relacionamento que se conheça, a relação de Deus, o Pai, com Seus filhos supera todos; é inigualável. Ele nos ama, não porque somos amáveis, mas porque Sua essência é o amor. Amor de mão dupla significa que haverá atuações diferenciadas nessa relação; coisas que Deus faz por nós e em nós, e também aquelas que cabe a nós, como filhos, fazermos. É claro que diante de nossas capacidades limitadas, deveremos contar com a graça superabundante de Deus.

Ouvir e atender as nossas orações é uma das mais belas e carinhosas realizações do Pai, pois é muito comum não sabermos exatamente o que pedir, nem como pedir. Fica claro nesse momento que, se não fosse o Senhor para intervir, teríamos sido derrotados já na primeira situação difícil. Junto a isso vem a Sua proteção, como uma sentinela fazendo a ronda ao nosso redor ou mesmo como um muro alto e fortificado se colocando a nossa volta. Diante das injustiças daqueles que nos oprimem, Deus se coloca à nossa frente e toma para si as nossas dores colocando-se contra os nossos inimigos. Tanto amor chega a nos constranger porque sabemos que não somos merecedores, mas mesmo assim o Pai permanece junto de nós, dando força aos que estão abatidos e derramando Sua graça e misericórdia. Você precisa buscar também hoje a proximidade e a comunhão com Deus, pois Ele, além de permitir ser encontrado, vai ao encontro de todos os que lhe entregam o coração em arrependimento e dependência do Seu amor e salvação.

MINHAS REFLEXÕES

ELENILSON SOUZA

AMOR DE MÃO DUPLA (PARTE 2)

Bendirei o Senhor o tempo todo!
Os meus lábios sempre o louvarão.
SALMO 34:1

Como alvos do imensurável amor do Pai, sentimo-nos impelidos a lhe retribuir, mesmo sabendo de nossa pequenez e limitação, mas contando sempre com a Sua ternura e graça. Tendo isso em mente e buscando a todo tempo um relacionamento com Deus cada vez mais profundo, ter um coração grato e louvá-lo pela Sua bondade se torna algo primordial. Esse louvor vai alcançar ainda maiores proporções na medida em que se tornar também um testemunho público para mostrar a todos que só Deus é digno de ser adorado. Tão abençoador quanto louvar a Deus pela Sua bondade é poder usufruir de todos os Seus benefícios, e é por esse motivo que o salmista convida a todos a provar e ver "como o Senhor é bom" (v.8). Você é a Bíblia que o mundo vai ler, e nela precisam encontrar o ensino e o encorajamento para temerem a Deus, viverem para Ele e servir-lhe sempre.

Tudo isso, por fim, não terá nenhuma validade ou importância se não estiver acompanhado pela santificação, que é o processo de luta incansável contra o pecado, busca pela direção do Santo Espírito para todas as decisões da vida e obediência a Deus estando sempre atento à Sua Palavra. Portanto, para que você tenha um relacionamento repleto das bênçãos do Senhor e possa honrá-lo por meio delas, esse amor de mão dupla deve estar fundamentado na bondade e cuidado do Pai, bem como na submissão de toda sua vida a Deus.

20 DE MARÇO

VOCÊS VÃO VER!

Todo o meu ser exclamará: "Quem se compara a ti, Senhor? Tu livras os necessitados daqueles que são mais poderosos do que eles, livras os necessitados e os pobres daqueles que os exploram."

SALMO 35:10

Por vezes momentos de angústia nos fazem pensar que Deus não vai responder às nossas orações. Não se trata de falta de esperança, pois sabemos que Ele dará livramento. Porém, nesse instante o alívio da dor do perigo e da tristeza ainda não chegou. Esse é o tempo em que a oração deve ser usada como arma ainda mais atuante em busca das respostas e soluções que Deus certamente trará.

O que mais entristece é que essas aflições podem ter as mais diversas fontes que são como verdadeiros inimigos de nossa alma. A presença salvadora do nosso Deus então é como a figura de um forte guerreiro que expulsa os inimigos fazendo-os fugir depressa. Como escreve o salmista, esses inimigos são como "palha ao vento" (v.5), que, sob a força de um anjo soprando como um vendaval, empurra todos os obstáculos e tira tudo o que estiver no caminho. Por um instante, pode até ser que eles consigam escapar, porém mais adiante Deus preparará um caminho bem complicado para eles atravessarem, cheio de espinhos, atoleiro, ou o que for. O certo é que estaremos livres de suas armadilhas.

Prepare-se para cantar de alegria e festejar os livramentos do Senhor. Todas as ciladas e armadilhas serão frustradas, e você terá muitos motivos para agradecer. Ainda que pareça estar demorando ou não tenha chegado efetivamente o alívio ou a resposta, antecipe-se com o louvor porque certamente a resposta já está a caminho.

MINHAS REFLEXÕES

21 DE MARÇO

VOU FALAR PARA O MEU PAI!

*Defende-me, S*ENHOR*, dos que me acusam;*
luta contra os que lutam comigo.
SALMO 35:1

Seria menos pior se os inimigos fossem os únicos a nos causar aborrecimento. A dor se torna ainda mais intensa quando as afrontas partem dos próprios amigos com falsas acusações, calúnias e até mesmo falando de coisas que nunca fizemos e situações que jamais aconteceram. São aqueles que por várias vezes ajudamos e socorremos, por quem intercedemos quando passaram por enfermidades, choramos e jejuamos. Que tristeza, então, descobrir que são esses que nos trazem maior desgosto e um sentimento de revolta quando ouvimos suas palavras caluniosas e atitudes de traição! Infelizmente é comum que as pessoas que agem dessa forma não tenham motivos claros para isso, mas o ódio que carregam no coração faz com que precisem descarregar suas mágoas em alguém para se sentirem aliviados. Mantenha seu coração sincero, buscando a Deus em oração, com fé e certeza de que o livramento virá. Não seja contaminado por essas situações, confie na bondade e justiça do Pai, tendo sempre uma boa disposição para com todos, indistintamente, pois sua oração nunca é inaudível ao Senhor, nem mesmo sua insistência será menosprezada.

Continue chamando pelo Pai, converse com Ele e abra seu coração. Você se sentirá alegre ao perceber Sua intervenção ao seu favor, cantará louvores e ainda inspirará outras pessoas a fazerem o mesmo. Lembre-se de que você faz parte de uma grande família de Deus que se junta a você em oração e louvor, mantendo assim cada coração alegre e agradecido pelas bênçãos e livramentos do Pai.

MINHAS REFLEXÕES

Marco

22 DE MARÇO

ALEGRIA E SORRISO

Senhor, meu Deus, tu és justo; faze-me justiça para que eles não se alegrem à minha custa.

SALMOS 35:24

Quando o livramento vem, é hora de cantar, louvar e se alegrar ainda mais. Os inimigos, com seus ataques, suas acusações e injúrias, caíram em suas próprias armadilhas, e nosso Deus fez justiça; Ele viu as verdades dos fatos, não permitiu que a injustiça prevalecesse e esteve sempre por perto atuando com Seu poder e graça. Essa alegria e o riso não são por causa da derrota que alcançou os inimigos, mas pelo fato de que Deus não permite que os maus se alegrem com seus planos de destruição enquanto Seus filhos padecem e choram. Diferentemente dos inimigos que usam palavras apenas para caluniar, da sua boca deve brotar o louvor e a gratidão todos os dias, buscando a todo momento uma nova razão para continuar em adoração por tudo o que Deus vai continuar fazendo, lembrando sempre de render a Ele toda honra, glória e louvor.

Como se pode ver nesse salmo, Davi não foi o único a enfrentar situações tão complicadas e tristes durante toda a sua vida, e podemos aprender nos dias de hoje com o seu exemplo. A injustiça também nos alcança, e ficamos descontentes ao sermos retribuídos com mal por aqueles a quem só fizemos o bem. Nesse momento, porém, mantenha sua fé fortalecida e alimentada com todos os outros livramentos com que Deus alcançou você, trazendo à memória tudo aquilo que vai produzir confiança e esperança no Senhor. Pode ser que você ainda não esteja compreendendo os planos de Deus, mas nessa caminhada tenha certeza de que Ele estará lá no final mostrando Seu cuidado e amor e dando a você mais um novo motivo para se alegrar e sorrir!

MINHAS REFLEXÕES

CONTRASTES

Há no meu íntimo um oráculo a respeito da maldade do ímpio: Aos seus olhos é inútil temer a Deus. O teu amor, Senhor, chega até os céus; a tua fidelidade até as nuvens. SALMO 36:1,5

Quando colocados lado a lado, o homem pecador e o Deus santo, evidentemente se encontrarão grandes e profundos contrastes. A fraqueza e a ignorância humana perdem todo o sentido diante da misericórdia, retidão e juízo de Deus, que fazem parte de Sua essência — o amor. Outros contrastes podem ser citados, como, por exemplo, a falta de escrúpulos naquilo que o pecador faz; ele não tem medo de nada nem ninguém. Não é alguém confiável, e seus padrões de ética e moral não são conduzidos pela verdade, nem possuem o temor do Senhor, e seu caráter está carregado de injustiça. O pecador, além de tudo isso, ainda pensa que está agindo corretamente e exalta suas atitudes como quem dá parabéns a alguém que faz algo bom e bem feito. Por outro lado, o amor do Senhor "chega até os céus; a tua fidelidade até as nuvens" (v.5). Deus transborda justiça, e ela é tão "firme como as montanhas" (v.6) e tão profunda como o mar. O relacionamento com o pecador é destruidor, mas estar em comunhão com o Pai traz segurança e proteção. O ímpio não pode fazer nada de bom ou trazer o bem a quem quer que seja, pois seus pensamentos são sempre baseados em seus próprios interesses. O bem do Senhor e Seu auxílio estão sempre à nossa disposição de forma abundante.

Deixe de confiar na força e na sabedoria que o homem acredita ter e não tenha mais decepções. Deposite sua confiança e esperança em Deus, que renova a cada manhã Sua misericórdia sobre você. Se as pessoas não são confiáveis, Deus é fonte de toda confiança; onde existem ciladas, o Pai protege e cuida; se fizerem algo de mau a você, Deus vai derramar Sua bondade infinita. Fique do lado do Pai e viva a vida plena e abundante que Ele tem para você.

24 DE MARÇO

O DELÍRIO DO PECADO

Há no meu íntimo um oráculo a respeito da maldade do ímpio: Aos seus olhos é inútil temer a Deus. Ele se acha tão importante, que não percebe nem rejeita o seu pecado.

SALMO 36:1,2

No fundo do coração do homem ímpio, sussurra uma voz que o instiga a pecar, porque ele acredita que não há nada que o faça ter medo; tem em mente apenas a impunidade e a irreverência. Aos seus olhos, Deus não vai se preocupar nem interferir naquilo que ele faz, acreditando que suas ações estão camufladas, sendo incapaz de admitir seu erro e suas culpa. Suas palavras são sempre de engano e falsidade, perdeu toda e qualquer tentativa de fazer o bem e gasta seu tempo maquinando o mal.

Tudo isso não passa de delírio, porque a vida plena de alegria é estar com o Senhor desfrutando das águas vivas que fluem do Seu ser e caminho, sob a luz de Sua Palavra. A comunhão e o relacionamento próximo com o Pai trazem grandes benefícios e a oportunidade de experimentar as coisas belas de Deus na forma como elas realmente são, sem simulação ou camuflagem. Não há mérito algum em recebermos a riqueza da vida e da luz do Senhor. Elas são características essenciais e imutáveis derramadas sobre todos que o amam e lhe obedecem.

Que este seja o dia em que você verá a generosidade de Deus em contraste com a pobreza da natureza humana pecaminosa. Você tem à sua disposição a Água da Vida e a Luz do Mundo, para desfrutar de uma vida guiada pelos propósitos de Deus, cuidado e protegido pela Sua presença.

MINHAS REFLEXÕES

FÉ EM DEUS

Confie no Senhor e faça o bem... SALMO 37:3

O sucesso dos que não temem a Deus e a abastança com que desfrutam da vida, na verdade, não são tão belos assim como parecem ser. É verdade que a prosperidade dos ímpios, em contrapartida ao que parece ser o sofrimento injusto dos que temem a Deus, gera algum incômodo no coração. Por vezes, vemo-nos desafiando o entendimento da soberania de Deus, bem como de Sua providência e retribuição.

A exemplo de Davi, devemos ter a coragem de viver na dependência de Deus e confiar nele, pois estará sempre pronto para conceder os desejos do coração daqueles que o amam e realizar em sua vida Sua vontade sempre boa, perfeita e agradável. Podemos, sim, admirar o sucesso dos ímpios, mas não os invejar, nem ficarmos irados ou tristes por isso. Tenha por certo que Deus conhece todos os dias daqueles que andam em integridade e retidão, e eles nunca se sentirão abandonados nem desapontados, mas terão provisão sempre presente e receberão uma herança duradoura. A sua parte consiste em manter-se generoso e sincero, estando pronto a compartilhar o que é seu com generosidade, pois a bênção de Deus, ou a falta dela, é determinada pelo comportamento. Não busque caminhar sozinho, mas peça para que o Senhor escolha o melhor para você, e, mesmo que você caia, Ele estará sempre pronto para levantar e proteger você. Precisamos lembrar que a vitória de todos os que amam a Deus é certa e a promessa, inabalável; e o mais importante é manter sua fé firme no Senhor confiando sempre no Seu amor e graça, sabendo que você ainda não viveu o suficiente para ver tudo o que Deus fará antes que chegue o fim.

26 DE MARÇO

EXORTAÇÕES

Não se aborreça...Confie no Senhor... SALMO 37:1,3

Junto com a problemática que envolve a prosperidade dos ímpios e a adversidade dos justos, há várias exortações para quem está em sofrimento e aflição, bem como deveres para os que temem a Deus, tanto positivos quanto negativos, dependo da motivação de cada um deles. O conjunto de exortações parte do seguinte princípio: não fique zangado! Quando você fixa sua mente no sucesso dos ímpios, a ira vem e junto com ela o ressentimento. Aquele que busca obedecer à vontade de Deus verá até mesmo os mais íntimos dos seus desejos atendidos pela Sua bondade. O desgosto e a destruição estão aguardando os ímpios, afinal o mal jamais prospera verdadeiramente. A quantidade de bens que uma pessoa tem não pode servir como base de sua índole ou avaliar o seu caráter. Existe uma herança eterna à espera dos servos de Deus, mas também um cuidado e proteção constantes.

Diferentemente dos que não temem a Deus, tenha sempre uma palavra de sabedoria para compartilhar que seja fruto da meditação na Palavra de Deus, a qual planta essas verdades no coração, guia os passos e depois é repartida com todos os que precisarem. Lanço aqui o desafio do exercício da paciência e o controle da ansiedade na medida em que você coloca em Deus a sua esperança, obedecendo sempre tudo o que Ele diz. Preste atenção na vida dos filhos de Deus e no final que está preparado para eles; será um final de bem-estar e felicidade. A origem da salvação é o Senhor. O Pai é refúgio e proteção em meio às aflições; Ele sustenta e socorre. Se você buscar abrigo e segurança no Senhor, verá o motivo por que Ele dá a você os livramentos e a salvação.

MINHAS REFLEXÕES

27 DE MARÇO

FECHANDO AS BRECHAS

Entregue o seu caminho ao Senhor; confie nele, e ele agirá. SALMO 37:5

MINHAS REFLEXÕES

O contexto desse salmo é muito interessante tendo em vista que ele nos leva a extrair ensinamentos através da vida dos ímpios, ou seja, daqueles que não temem a Deus. Essas lições são preciosas no sentido de nos proteger de sofrimentos e conflitos que trazem mágoas ao coração, sentimentos ruins que representam as brechas a serem fechadas para que uma raiz de amargura não cresça e produza ainda mais tristezas e frustações. Quando se olha para os ímpios e se observa o seu sucesso, é preciso tomar cuidado com o sentimento de inveja, que pode fazer crescer a corrupção e a fraude, pois muitas vezes essa prosperidade é resultado de atos ilícitos e que também desagradam a Deus. De maneira ainda mais séria, é necessário ter cautela quanto à ira, que deve ser abandonada, para que ela não cause terríveis males na vida. É possível que também haja no coração a insatisfação por causa das posses humildes e a ingratidão pela provisão dada por Deus, podendo gerar o sentimento de ambição e cobiça. E isso faz com que, como consequência quase natural, o egoísmo também crie raízes no coração; afinal, todo egoísmo é sempre ganancioso.

É certo que todos os que não temem a Deus receberão recompensa por tudo o que fizeram. Portanto, confie no Senhor e procure fazer sempre o bem, entregando sua vida a Ele, firmado na esperança de que, a seu tempo, Ele agirá. Não fique preocupado se em algum momento os recursos não forem suficientes para trazer total alegria e paz, mas lembre-se de que a verdadeira paz e alegria estão alicerçadas no amor do Pai que nunca acaba. Seja generoso e busque na Palavra a direção para tudo, estando sempre alerta para fechar todas as brechas que comprometerem o sucesso da caminhada com o Senhor.

28 DE MARÇO

NO SOFRIMENTO, ORE!

Senhor, não me abandones! Não fiques longe de mim, ó meu Deus! Apressa-te a ajudar-me, Senhor, meu Salvador! SALMO 38:21,22

Quando lemos nesse salmo o relato que Davi faz sobre os seus sentimentos, observamos como foi dolorosa repreensão de Deus. Como o escritor aos Hebreus nos lembra, no momento em que a correção é aplicada, não há nenhuma alegria, ao contrário, há tristeza.

Por causa de decepções passadas, você se afastou de Deus ao pecar, não apenas pela sujeira que isso representa diante da santidade de Deus, mas também pela esperança de que você possa voltar a ser amado como antes. Você pode acabar concluindo erroneamente que, tendo em vista que a comunhão foi rompida pelo pecado, se entregará ainda mais profundamente ao erro e à falta arrependimento e contrição. Essa postura é inútil, além de errada, porque o amor do Pai é infinito e incondicional; não há nada que você possa fazer para que Ele o ame menos.

Você pode se sentir ferido, fraco e com uma forte dor no coração, mas, se já experimentou a disciplina de Deus, sabe o quanto ela foi adequada e oportuna. Então, quando estiver sofrendo, ore! Não se esconda. Corra para o Pai e experimente o consolo e o afeto dos Seus braços. Quando tiver cometido algum erro e entristecido a Deus ou mesmo estando fraco espiritualmente se sentir como se estivesse à beira de um abismo, ore! Clame por misericórdia e salvação; busque-o de todo o coração, com todas as suas forças e não oculte os seus pecados, porque Deus é misericordioso e poderoso para perdoar, purificar e livrar de toda injustiça.

A maior de todas as esperanças que um filho pode ter é de que o Pai sempre está de braços abertos esperando sua volta. Esqueça o que ficou para trás, o pecado, a dor e o sofrimento; busque a Deus, junte suas forças e ore!

MINHAS REFLEXÕES

ELENILSON SOUZA

29 DE MARÇO

CONTRASTE ENTRE AS CONSEQUÊNCIAS

Senhor, em ti espero;
Tu me responderás, ó Senhor meu Deus!
SALMO 38:15

Há um ensinamento muito grande nesse salmo de Davi no momento em que ele vive o contraste entre as consequências do seu pecado e a esperança que possuía no perdão e no alívio de sua dor pela culpa. Somos conhecedores de nossas falhas, e parece ser realmente necessária e merecida a punição que recebemos como consequência dos nossos atos, mas igualmente verdadeira deve ser a confiança de que o Pai vai tratar sempre tudo com carinho e amor. Diante das mais diversas situações de sofrimento e dor pelo pecado, nos momentos em que o desespero afeta as emoções e o comportamento, podemos encontrar esperança no cuidado e perdão do Senhor.

Essa esperança tem como base a certeza de que nossas orações serão ouvidas e que Deus atenderá a cada um de nossos pedidos segundo Sua soberania e vontade. A aliança que foi estabelecida por Deus com os Seus filhos é eterna e não pode ser rompida. Ele conhece todos detalhes mais profundos do nosso ser, tanto as virtudes, como as impurezas, e, independentemente de quaisquer que sejam, Ele continua sendo Deus fiel. Sua presença é uma constante em nosso dia a dia, fazendo de nós Sua habitação em Espírito. Nunca é demais lembrar que essa esperança está no Deus soberano, eterno e onisciente, que é capaz de observar e perscrutar cada situação individualmente, dando um tratamento singular e específico a cada uma. Não permita que as decepções afastem você de Deus, tampouco pense que os seus pecados são grandes demais e que por isso Ele vai deixar de amar você. Tenha a certeza de que o Pai não despreza um coração contrito e arrependido e está sempre de braços abertos para o acolher.

30 DE MARÇO

PERSPECTIVA

Mas agora, Senhor, que hei de esperar?
Minha esperança está em ti.
SALMO 39:7

"E agora?" Com certeza você já deve ter feito essa pergunta diante de uma frustração e estava à beira de perder a confiança na bondade de Deus. Davi nos ensina nesse salmo que, apesar de tudo, devemos ter a nossa expectativa no Senhor. De certa forma até podemos ficar aborrecidos por não termos todas as respostas que esperamos de Deus, mas isso não pode ser motivo para murmuração, principalmente diante de pessoas que não temem a Deus, porque certamente elas usarão essas palavras para alimentar a falta de fé e a perversão do coração delas. Você pode pensar que é a própria desordem quem está escrevendo a história, mas lembre-se de que é do Criador a responsabilidade e competência para escrever e sustentar tudo e todos. Da mesma forma como Davi pediu para saber o dia da sua morte (v.4), precisamos pedir a Deus que nos conceda a correta perspectiva do quanto a vida é curta, e de que nossos olhos precisam estar focados na eternidade, porque a vida, e tudo o que acontece durante o seu breve percurso, durará muito pouco tempo, afinal, a vida de cada ser humano não passa de um sopro (v.5,11).

"E agora, qual é a minha expectativa? Não é o Senhor? Minha substância está Contigo" (Tradução da Septuaginta). Torna-se possível suportar a espera com base nessa perspectiva, sabendo que a nossa curta jornada de vida é tempo suficiente para Deus nos alcançar com Suas bênçãos e cuidado. Espere para ver o que Ele vai escrever nos próximos capítulos dessa história e certamente, antes que tudo chegue ao fim, motivos para se alegrar não vão faltar!

MINHAS REFLEXÕES

ELENILSON SOUZA

31 DE MARÇO

COMO AGIR EM MEIO À CRISE

Ouve a minha oração, Senhor; escuta o meu grito de socorro; não sejas indiferente ao meu lamento. Pois sou para ti um estrangeiro, como foram todos os meus antepassados. SALMO 39:12

Quando o mundo parece desabar e ao redor são há tragédias e situações de crise, como devemos nos comportar? Como manter uma postura que não apenas nos dê tranquilidade e paz de espírito, mas também sirva de inspiração para outras pessoas? Davi nos aponta algumas atitudes que, se colocadas em prática, serão ferramentas poderosas para enfrentar os desafios da vida, como a reclamação e a queixa, porque são umas das primeiras iniciativas que abrirão as portas para que todas as outras ações ganhem ainda mais força. É fato que muitas pessoas se acham no direito de murmurar porque não enxergam Deus no controle de todas as coisas e como sendo incapaz de impedir que coisas ruins aconteçam. Agindo dessa forma, aqueles que já não acreditam em Deus terão justificativa para aumentar sua incredulidade e rebeldia. Mas é preciso também reconhecer que a vida humana é muito curta e que a nossa maior e mais vitoriosa esperança é a vida ao lado do Pai na eternidade. Nesse tempo, o nosso propósito maior é o de buscarmos a santificação, a purificação da vida e entendermos que até mesmo os momentos difíceis e de dor são oportunidades que temos de nos tornarmos pessoas melhores.

Acima de tudo, curve-se diante de Deus em oração ao invés de se inclinar a murmurações e buscas incansáveis de soluções humanas, porque elas, via de regra, representam apenas o sentimento de altivez e autossuficiência que não agradam ao Senhor; afinal o que o Pai espera, é que Seus filhos creiam e esperem por Ele, por Seu cuidado e amor. Aproveite esse tempo para proclamar a mensagem da cruz, exaltar a soberania de Deus e testemunhar as bênçãos de hoje e as que ainda estão por vir.

1º DE ABRIL

A ESPERANÇA NÃO DECEPCIONA

Coloquei toda minha esperança no Senhor; ele se inclinou para mim e ouviu o meu grito de socorro. SALMO 40:1

O Salmo 40 é muito precioso e derrama em nosso coração uma porção muito rica de inspiração. A palavra hebraica traduzida por esperança, também pode ser traduzida por paciência ou confiança. Esperança e paciência são dois substantivos que, a partir desse salmo, são carregados de significado.

Muitas vezes buscamos nos firmar em coisas palpáveis e visíveis. Confiamos em um bom emprego, boa condição financeira, nossas próprias habilidades, isto é, confiamos na força do nosso próprio braço. Mas tudo isso não é suficiente quando somos surpreendidos por crises que nos desestabilizam, e vemos tudo desabar em pouco tempo. Nossa esperança deve estar alicerçada em Deus, pois tudo que temos nesta vida é passageiro e instável; somente Deus é imutável e nele nossa esperança nunca terá fim. Aliás, é muito provável que você já tenha ouvido: "A esperança é a última que morre". Na verdade, já houve morte: Cristo Jesus se entregou à morte, para vivermos com a certeza de que a nossa esperança não é uma espécie de sentimento, mas um destino profético conquistado por Ele para nós. E como afirma o apóstolo Paulo: "E a esperança não nos decepciona, porque Deus derramou seu amor em nossos corações, por meio do Espírito Santo que ele nos concedeu" (ROMANOS 5:5).

Uma mente doente nos ludibria. Quando somos abalados pelos obstáculos da vida, nossa mente adoece e a esperança vai sendo sufocada. É tempo de renovar sua mente e ter avivada em seu coração a esperança. Lembro-me de mais um verso que faz meu coração vibrar e possivelmente pode inspirar você: "Alegrem-se na esperança, sejam pacientes na tribulação, perseverem na oração" (ROMANOS 12:12).

MINHAS REFLEXÕES

ELIANDRO VIANA

2 DE ABRIL

PACIÊNCIA, A CIÊNCIA DA PAZ

Coloquei toda minha esperança no SENHOR;
ele se inclinou para mim e ouviu o meu grito de socorro. SALMO 40:1

MINHAS REFLEXÕES

Na versão bíblica *A Mensagem*, o verso 1 do Salmo 40 aparece desta forma: "Eu esperei, esperei e esperei pelo Eterno. Finalmente, ele olhou para mim; finalmente, ele me ouviu". A repetição inicial sugere que a esperança tem duas irmãs: a paciência e a perseverança. Quem não tem esperança não espera com paciência, nem persevera. Paciência é artigo de luxo no mundo onde tudo é de imediato. Parar, ler e orar se tornam desafios cada vez mais difíceis no mundo onde tudo é *"pra ontem"*. Todos podemos nos tornar pessoas fora do comum por dedicar tempo para renovar a esperança através da leitura, refletindo e orando. Que alegria é compartilhar deste tempo e cooperar para que cada um siga nutrindo sua vida espiritual por meio do devocional!

Gosto de fazer um trocadilho com a palavra paciência, encontrando na sua forma oral duas palavras: paz e ciência. Paciência é a ciência da paz. Uma pessoa paciente transmite paz, contagia com a paz, dá segurança com a paz, mostra assertividade com a paz. Ela não perde a paz em meio a um problema. Com calma e serenidade, ela encontra a melhor maneira de solucioná-lo. Já os esbaforidos da vida, de alma agitada, saem correndo, precipitam-se e, para tentar solucionar um problema, acabam criando muitos outros. Que você fique no Salmo 40 e não lhe faltem a esperança e a paciência.

3 DE ABRIL

JÁ FUI PÓ, HOJE SOU VASO

"...ele se inclinou para mim e ouviu o meu grito de socorro. Ele me tirou de um poço de destruição, de um atoleiro de lama; pôs os meus pés sobre uma rocha e firmou-me num local seguro. Pôs um novo cântico na minha boca, um hino de louvor ao nosso Deus. Muitos verão isso e temerão, e confiarão no Senhor."

SALMO 40:1-3

Você já percebeu que, quando você clama a Deus com fé e esperança, Ele se inclina para socorrê-lo? Não é lindo isso? Deus se inclina na direção de Seus filhos quando eles clamam. Ele ouve e intervém. Davi diz que Deus o tirou "de um poço de destruição, de um atoleiro de lama" (v.2). O Deus que nos formou do pó da terra, sabe muito bem como nos tirar do poço de destruição e do atoleiro de lama e nos transformar em um vaso para servir como instrumento dele e para a glória dele! Não é à toa que o profeta Jeremias, em sua mensagem profética ao povo de Israel, usa a metáfora de um oleiro para descrever o trabalhar de Deus.

Do atoleiro de lama à rocha. Por mais que o atoleiro queira segurar você, Deus é poderoso para tirá-lo desta prisão. Davi fala como alguém sem forças para sair daquele lugar, mas ele clamou ao Senhor! O segredo para sair do atoleiro que prende a sua vida é suplicar ao Senhor e logo você estará sobre a Rocha, que é Cristo, o nosso lugar seguro! Ao invés de choro e o lamento saírem dos nossos lábios, nós cantaremos! Deus colocou um novo cântico na boca de Davi e faz o mesmo conosco! O tempo de chorar passou, e o tempo de cantar chegou! Todo o trabalhar de Deus na sua vida despertará a fé de muitos que verão isso, e temerão ao Senhor, confiando suas vidas aos Seus cuidados.

MINHAS REFLEXÕES

ELIANDRO VIANA

4 DE ABRIL

CANTAR E CONTAR AS MARAVILHAS DE DEUS

Como é feliz o homem que põe no Senhor *a sua confiança, e não vai atrás dos orgulhosos, dos que se afastam para seguir deuses falsos!* Senhor *meu Deus! Quantas maravilhas tens feito! Não se pode relatar os planos que preparaste para nós! Eu queria proclamá-los e anunciá-los, mas são por demais numerosos!*

SALMO 40:4,5

MINHAS REFLEXÕES

O salmista nos faz lembrar de um conselho do apóstolo Paulo sobre os inimigos da cruz de Cristo: "Quanto a estes, o seu destino é a perdição, o seu deus é o estômago e têm orgulho do que é vergonhoso; eles só pensam nas coisas terrenas" (FILIPENSES 3:19). Nesse salmo, Davi nos alerta acerca daqueles que são orgulhosos e se afastam para seguir falsos deuses. Paulo diz que aqueles que recusam a jornada com Cristo e todos os desafios que ela apresenta são pessoas cujo próprio ventre é o seu deus. O ápice do egoísmo é quando seus interesses, desejos, ideias e opiniões estão tão centrados em si mesmo e fechados para o outro, que a própria pessoa se torna deus para ela, às vezes até invertendo a lógica da criação: Deus nos fez à Sua imagem e semelhança, mas a pessoa no pecado cria um deus à sua imagem e semelhança. Quanto a estes, Davi e Paulo nos alertam a não seguir os seus passos, e sim a colocar Deus no centro da nossa vida.

Com a vida centrada em Deus, confiando nele, podemos desfrutar e nos fascinar com as maravilhas que Ele pode efetuar em nós e por meio de nós! O profeta Isaías diz que Jesus é o Maravilhoso Conselheiro (9:6). Ele realiza em nós maravilhas por meio do que Sua Palavra opera dentro e fora de nós. Davi expressa que é impossível relatar o que Deus já planejou para nós! Desfrute hoje das maravilhas de Deus na sua vida pessoal, profissional, emocional e espiritual!

Abril

5 DE ABRIL

AÇÃO E REAÇÃO

Como é feliz aquele que se interessa pelo pobre! O Senhor o livra em tempos de adversidade. O Senhor o protegerá e preservará a sua vida; ele o fará feliz na terra e não o entregará ao desejo dos seus inimigos. O Senhor o susterá em seu leito de enfermidade, e da doença o restaurará. SALMO 41:1-3

"Há maior felicidade em dar do que em receber" (ATOS 20:35). Dar não é uma questão de quanto dinheiro temos nas mãos, mas de quanto amor temos no coração. No início do capítulo 3 de Atos, vemos o relato em que Pedro e João estavam a caminho do templo orar e foram abordados por um aleijado de nascença que lhes pediu esmola, ao que eles responderam: "Não tenho prata nem ouro, mas o que tenho, isto lhe dou. Em nome de Jesus Cristo, o Nazareno, ande" (v.6). Não precisamos de mais dinheiro para fazer algo para quem precisa; precisamos de mais amor e poder do Espírito Santo. Lendo o início do Salmo 41, vemos o quanto somos abençoados quando abençoamos alguém necessitado. A primeira frase é a ação: "Como é feliz aquele que se interessa pelo pobre!" (v.1). O que o texto afirma a seguir é a reação divina à nossa ação: "O Senhor o protegerá e preservará a sua vida; ele o fará feliz na terra e não o entregará ao desejo dos seus inimigos. O Senhor o susterá em seu leito de enfermidade, e da doença o restaurará" (vv.2,3). Ficou claro que uma ação de amor ao próximo desencadeia uma reação de cuidado, proteção e provisão do Senhor sobre a nossa vida.

O tempo de ser feliz e experimentar os desdobramentos do cuidado do Senhor sobre a sua vida é agora! Leia e creia no princípio bíblico e desfrute dele.

MINHAS REFLEXÕES

ELIANDRO VIANA

6 DE ABRIL

FERIDA FECHADA, MINISTÉRIO ABERTO

*Até o meu melhor amigo, em quem eu confiava e que partilhava do meu pão, voltou-se contra mim. Mas, tu, S*ENHOR*, tem misericórdia de mim; levanta-me, para que eu lhes retribua. Sei que me queres bem, pois o meu inimigo não triunfa sobre mim. Por causa da minha integridade me susténs e me pões na tua presença para sempre.*
SALMO 41:9-12

MINHAS REFLEXÕES

A amargura de uma traição se transforma na doçura do perdão quando entendemos definitivamente o que é ser cristão. Os estudiosos afirmam que, além do salmo descrever a realidade de Davi e do povo de Israel, também retrata profeticamente a traição que Jesus sofreria. Há muitas pessoas totalmente estagnadas e bloqueadas na vida, justamente pelo fato de terem sido cruelmente traídas. Permaneceram exatamente naquele "lugar existencial". Isso reverbera negativamente no dia a dia em seu comportamento e principalmente nos seus relacionamentos. Mas é necessário romper com isso o quanto antes, e hoje pode ser este dia!

A maneira como Jesus se comportou em relação a Judas nos mostra o caminho mais honrado a trilhar. Mais ainda: Cristo não só mostra o caminho, mas Ele é o próprio caminho. Não devemos permitir que o veneno no coração alheio contamine o nosso coração, muito menos beber veneno e esperar que faça mal a quem fez algo contra nós. Isso é irracional.

Permita que a doçura do perdão e do amor substitua a amargura da traição. Quando a ferida se fecha, o ministério de Deus se abre sobre sua vida. Consinta que o Espírito Santo de Deus cuide de seu coração ferido. Seja movido por Ele a perdoar como Jesus e veja como se abrirão diante de você um novo tempo e as novas possibilidade de Deus para sua vida.

7 DE ABRIL

O ANELO DA ALMA

Como a corça anseia por águas correntes, a minha alma anseia por ti, ó Deus. A minha alma tem sede de Deus, do Deus vivo. Quando poderei entrar para apresentar-me a Deus?

SALMO 42:1,2

Há um clamor na alma humana, seja de modo consciente ou inconsciente. O ser humano anseia pelo ser divino, pelo transcendente, pelo Eterno. Há um suspiro por encontrar alento nos braços do Criador e Pai. O homem foi criado para ter comunhão com Deus e glorificá-lo e, quando se desvia disso, uma doença crônica invade a alma e a existência, levando à completa perda de sentido da vida. O renomado escritor russo Fiódor Dostoiévski afirma que "há um vazio no homem do tamanho de Deus". Quando se sente esse vazio, somente Deus pode preenchê-lo e dar sentido à existência. Aqueles que querem solucioná-lo de outras formas só afundam em desatino, decepção e frustração.

A palavra "alma" em hebraico é *nefesh*, que, na concepção do hebreu, era algo que compreendia o insaciável do homem. Como a respiração que não pode cessar, como a alimentação que não pode faltar, como o coração que não pode parar, assim há um desejo ardente no homem que não encontra descanso enquanto não encontra Deus. Tanto é que o poeta diz a si mesmo por duas vezes no salmo: "Volta, minha alma, ao teu sossego..." (SALMO 116:7 ARA), como se por alguns momentos ele tivesse perdido o sentido da vida na ausência do relacionamento com Deus. Hoje, reavive seu relacionamento com o Pai por meio da oração e da Palavra e tenha sua alma saciada.

MINHAS REFLEXÕES

8 DE ABRIL

VAI FICAR TUDO BEM

Minhas lágrimas têm sido o meu alimento de dia e de noite, pois me perguntam o tempo todo: "Onde está o seu Deus?" Quando me lembro destas coisas, choro angustiado. Pois eu costumava ir com a multidão, conduzindo a procissão à casa de Deus, com cantos de alegria e de ação de graças entre a multidão que festejava. Por que você está assim tão triste, ó minha alma? Por que está assim tão perturbada dentro de mim? Ponha a sua esperança em Deus! Pois ainda o louvarei; ele é o meu Salvador e o meu Deus... SALMO 42:3-6

MINHAS REFLEXÕES

Atravessei a quarentena causada pelo COVID-19 com uma alma saudosa de estar com a comunidade de fé, contudo Deus trouxe Seus ensinamentos naquele tempo. Como pastor, atendi centenas de pessoas com o coração contrito por tudo que enfrentaram, e o que sustentou a mim e nosso ministério naqueles dias foram as palavras de esperança expressas na Bíblia e, de modo muito especial, nos salmos. O autor do Salmo 42 também tem uma alma saudosa dos ajuntamentos e das celebrações. Seu coração geme e chora, sua alma clama pela presença de Deus manifesta nas celebrações!

O isolamento é angustiante, a privação de estar com quem amamos e abraçar nossos entes queridos, amigos e irmãos se torna um mal à nossa alma. O abatimento veio ao salmista e virá a nós em vários momentos na jornada. Ele parece olhar no espelho e dizer: "Por que você está assim tão triste, ó minha alma? Por que está assim tão perturbada dentro de mim?" (v.5), como se quisesse buscar razões para seu desânimo e encorajar a si mesmo a superar sua dor e angústia. Em seguida, ele diz a si mesmo: "Ponha a sua esperança em Deus! Pois ainda o louvarei; ele é o meu Salvador e o meu Deus" (vv.5,6). Faça como o salmista, coloque a sua esperança no Senhor! O que você está enfrentando vai passar! Vai ficar tudo bem! Deus está cuidado de você!

Abril

9 DE ABRIL

SUA VIDA DE ORAÇÃO É SUA VIDA

Conceda-me o Senhor *o seu fiel amor de dia; de noite esteja comigo a sua canção. É a minha oração ao Deus que me dá vida. Direi a Deus, minha Rocha: "Por que te esqueceste de mim? Por que devo sair vagueando e pranteando, oprimido pelo inimigo?"*

SALMO 42:8,9

Neste belíssimo salmo, vemos Davi discutindo com sua alma e clamando ao Senhor. Fico pensando que, se discutíssemos mais conosco mesmos, talvez diminuiríamos as tensões nos relacionamentos interpessoais. Quantas discussões vãs e desgastantes são oriundas do fato de não refletirmos, não ponderarmos, não discutirmos um pouco conosco mesmos a respeito de nosso posicionamento e busca de coerência e humildade. Melhor seria sermos chamados de loucos por falar sozinhos, numa discussão com nossa alma, do que sermos precipitados e impulsivos e naufragar em conflitos relacionais. Além do debate com a alma, precisamos falar com Deus.

Homens e mulheres de Deus chegaram aonde chegaram porque superaram todos os seus desafios se aprofundando em uma vida de oração. Superaram seus medos e limitações, construindo seus caminhos sobre uma vida de oração. Honraram a Deus e fizeram grandes coisas para a glória do Senhor porque nutriram uma vida de oração. Raízes profundas na vida de oração geram frutos permanentes. Invista, insista, intensifique sua vida de oração, pois ela é sua vida!

MINHAS REFLEXÕES

10 DE ABRIL

FÉ CORAJOSA E ESPERANÇA VIGOROSA

Por que você está assim tão triste, ó minha alma? Por que está assim tão perturbada dentro de mim? Ponha a sua esperança em Deus! Pois ainda o louvarei; ele é o meu Salvador e o meu Deus.
SALMO 42:11

MINHAS REFLEXÕES

O salmista finaliza o Salmo 42 com expressões muito marcantes em sua poesia. A calma da alma está neste ato de pregar para si mesmo. Em minha experiência pastoral, tenho recordações preciosas de como foi exponencial o resultado de ministrar uma palavra que Deus primeiro falou a mim e tratou comigo. Se você gosta de falar e ensinar, lembre-se disto: você será muito mais efetivo tendo uma vida devocional profunda e substancial para ministrar aquilo que atingiu fortemente o seu coração. Deus deseja usar sua vida e até mesmo suas experiências dolorosas para inspirar e promover crescimento e cura na vida de muitas pessoas. Seja um instrumento de Deus onde Ele o colocou! Não espere estar tudo bem para abrir sua boca e falar do amor de Deus. Foi com a alma triste e abatida que o salmista nos ministrou de forma tão autêntica e abençoadora.

O salmo termina assim: "Ponha a sua esperança em Deus! Pois ainda o louvarei; ele é o meu Salvador e o meu Deus" (v.11). Sua esperança colocada em Deus garante a sua perseverança! Assegura também que você não está preso ao passado, mas confia que há algo novo de Deus no futuro esperando por você! O poeta bíblico estava evidentemente enfrentando dias difíceis, mas ele se alimenta de sua fé corajosa e sua vigorosa esperança de que Deus era o seu Senhor e Salvador, e isso se torna a alavanca que o impulsiona para o seu propósito. Olhe e corra para o que Deus já preparou para você no futuro!

11 DE ABRIL

O SABOR DAS LÁGRIMAS

Faze-me justiça, ó Deus, e defende a minha causa contra um povo infiel; livra-me dos homens traidores e perversos. Pois tu, ó Deus, és a minha fortaleza. Por que me rejeitaste? Por que devo sair vagueando e pranteando, oprimido pelo inimigo? Envia a tua luz e a tua verdade; elas me guiarão e me levarão ao teu santo monte, ao lugar onde habitas.

SALMO 43:1-3

Você sempre encontrará motivos para agradecer e sorrir quando contemplar o cuidado do Senhor Deus dispensado a você. Não há necessidade de andar choramingando. Não há necessidade de viver na autocomiseração, sempre com dó de si mesmo. Seja desafiado pelo Espírito Santo a perceber a provisão de Deus ao seu redor e renda ao Senhor ação de graças.

Uma vida temperada com o sabor das lágrimas de quebrantamento sempre sorrirá aos Céus pela fortaleza encontrada no Senhor. Ele acolhe os quebrantados e os protege. Creia nisso e levante o seu olhar. Enxugue as suas lágrimas. Levante as suas mãos e agradeça ao Senhor, pois Ele está agindo em sua vida hoje mesmo! Ele julga as suas causas! O Senhor nos defende e nos livra! O engano e a injustiça são como víboras gêmeas, que, por sua vez, já foram esmagas pelos atributos da justiça e da verdade do Senhor! A luz do Senhor brilhará no seu caminho, orientando-o e dando discernimento na tomada de decisões. Você não ficará confundido, pelo contrário, difundirá a direção da salvação a todos que cruzarem o seu caminho. Lembre-se, o Senhor Deus é a sua fortaleza!

MINHAS REFLEXÕES

12 DE ABRIL

MEU DEUS

Então irei ao altar de Deus, a Deus, a fonte da minha plena alegria. Com a harpa te louvarei, ó Deus, meu Deus! Por que você está assim tão triste, ó minha alma? Por que está assim tão perturbada dentro de mim? Ponha a sua esperança em Deus! Pois ainda o louvarei; ele é o meu Salvador e o meu Deus. SALMO 43:4,5

Se você ler com calma o Salmo 43, notará algo interessante: a expressão "minha", ou "meu", aparece cinco vezes.

1. Minha causa. Todos temos uma causa justa e legítima para apresentar ao nosso Deus. Ela é dinâmica. À medida que vencemos uma, nasce outra, e com confiança podemos descansar, pois o Senhor defende a nossa causa.

2. Minha fortaleza. Apesar de sermos abalados vez ou outra, temos uma fortaleza, que é o Senhor. Nosso Deus é a nossa fortaleza e nossa proteção.

3. Minha alegria. Deus é a nossa fonte inesgotável de alegria. C.S. Lewis disse que alegria é coisa séria no Céu. E devemos levar a sério o fato de que nossa vida deve ser repleta de alegria e satisfação no Senhor.

4. Minha alma. Aqui quero mencionar a segunda coisa interessante: o último versículo do Salmo 43 é idêntico ao último versículo do Salmo 42. E é justamente o versículo em que o salmista está repreendendo ele mesmo por seu abatimento e desânimo e discutindo com sua alma para renovar-se na esperança que vem do Senhor.

5. Meu Deus. Nosso Senhor é o nosso salvador pessoal. Ele é um Pai amoroso que cuida de nós e chama-nos pelo nome. Conhece-nos melhor do que ninguém. Podemos dizer: "Meu Deus, Meu Pai".

MINHAS REFLEXÕES

13 DE ABRIL

CONTE SUAS HISTÓRIAS COM A BÍBLIA

Com os nossos próprios ouvidos ouvimos, ó Deus; os nossos antepassados nos contaram os feitos que realizaste no tempo deles, nos dias da antiguidade. Com a tua própria mão expulsaste as nações para estabelecer os nossos antepassados; arruinaste povos e fizeste prosperar os nossos antepassados. SALMO 44:1,2

A fé vem por ouvir, e ouvir a palavra de Deus (cf. ROMANOS 10:17). Quão maravilhoso é ouvir a Palavra de Deus em forma de histórias vindas daqueles que amamos! Pais e filhos se conectam na alma quando se dedicam a contar as histórias da Bíblia, dos grandes feitos do Senhor e das experiências pessoais ao longo da jornada.

Nos tempos bíblicos, havia uma ferramenta de transmissão das Escrituras chamada "tradição oral", que era justamente a forma de comunicar os ensinos contidos na Palavra de Deus por meio da fala. Hoje há uma infinidade de ferramentas pelas quais podemos comunicar os valores e princípios bíblicos. No entanto, dentro do contexto familiar, contar as histórias *da* Bíblia e as nossas histórias *com* a Bíblia ainda continua sendo a melhor forma de edificação de nossos queridos familiares. Invista nisso e haverá repercussões para a eternidade.

Encorajo você a empenhar-se para ser facilitador de conversas em família, para compartilhar do que Deus tem falado e feito na sua vida no dia a dia. Hoje mesmo é uma oportunidade de ouvir o Senhor e transmitir a outros do que você ouviu. Como é edificante ouvir sobre testemunhos dos grandes feitos do Senhor na vida de nossos irmãos. Compartilhe num diálogo, numa ligação telefônica, grave um áudio, faça um vídeo ao vivo, use todos os recursos disponíveis para compartilhar o que Deus tem ministrado à sua vida.

MINHAS REFLEXÕES

ELIANDRO VIANA

14 DE ABRIL

FOI DEUS!

Não foi pela espada que conquistaram a terra, nem pela força do braço que alcançaram a vitória; foi pela tua mão direita, pelo teu braço, e pela luz do teu rosto, por causa do teu amor para com eles. És tu, meu Rei e meu Deus! Tu decretas vitórias para Jacó!
SALMO 44:3,4

MINHAS REFLEXÕES

Sabe aquela dorzinha de cabeça que passou depois que você tomou um analgésico? Foi Deus! Os meios podemos ser diversos, mas a razão é uma só: o nosso Deus. O salário no final do mês, os rendimentos e resultado das vendas, a comissão, tudo foi Deus. Parece-me que o salmista no Salmo 44 quer nos lembrar de que nós lutamos, nos esforçamos, nos dedicamos, mas no desfecho é o Senhor que é digno de honra e glória. Ele reforça isso nos versos 6,7 e 8: "Não confio em meu arco, minha espada não me concede a vitória; mas tu nos concedes a vitória sobre os nossos adversários e humilhas os que nos odeiam. Em Deus nos gloriamos o tempo todo, e louvaremos o teu nome para sempre". O que seria da nossa vida se não fossem a graça e a misericórdia do Senhor? Paulo responde essa pergunta no texto de Romanos 11:36: "Pois dele, por ele e para ele são todas as coisas. A ele seja a glória para sempre! Amém".

O salmista diz que tudo foi feito pela mão direita do Senhor. Ele fala também da luz do Seu rosto, a qual, refletindo em nossa face, atesta a todos que nossa vida é iluminada por Ele e que nossos feitos são a realização de Suas obras em nossas vidas. O salmista ainda ressalta: "...por causa do teu amor" (v.3). Deus nos presenteia com bênçãos que não merecemos. Isso é amor, isso é graça! Não somos abençoados porque somos bons; somos abençoados porque Ele é bom. O salmista encerra enaltecendo a majestade do Senhor e Seu favor para com Jacó, e assim é conosco. Ele reina em nossas vidas e Seu favor nos concede vitórias! Isso é pra hoje, isso é pra agora e isso é pra todos os nossos dias aqui.

15 DE ABRIL

NADA NOS SEPARARÁ DO AMOR DE DEUS

Se tivéssemos esquecido o nome do nosso Deus e tivéssemos estendido as nossas mãos a um deus estrangeiro, Deus não o teria descoberto? Pois ele conhece os segredos do coração! Contudo, por amor de ti enfrentamos a morte todos os dias; somos considerados como ovelhas destinadas ao matadouro. SALMO 44:20-22

O povo de Deus na história bíblica sempre flertou com certo grau de amnésia. Deus agia poderosamente, e pouco tempo depois eles esqueciam dos Seus feitos e se entregavam ao pecado e desobediência. Nós não somos tão diferentes deles. Temos a tendência pecaminosa de nos esquecermos de como Deus se revelou a nós em nossa jornada e de como Ele cuidou e agiu poderosamente nos momentos quando clamamos. Com a memória curta, a gratidão se esvai e dá lugar à murmuração e ao esfriamento espiritual. É importante orar e pedir ao Senhor que reavive a nossa memória e sonde o nosso coração, a fim de que, se encontrar algo desalinhado e obscuro, Ele retire de nós e nos conceda um coração puro e reto. Nossa integridade diante do Senhor e dos homens é nosso maior patrimônio.

O verso 22 do salmo de hoje é citado pelo apóstolo Paulo em um contexto extraordinário: "Quem nos separará do amor de Cristo? Será tribulação, ou angústia, ou perseguição, ou fome, ou nudez, ou perigo, ou espada? Como está escrito: 'Por amor de ti enfrentamos a morte todos os dias; somos considerados como ovelhas destinadas ao matadouro'. Mas, em todas estas coisas somos mais que vencedores, por meio daquele que nos amou" (ROMANOS 8:35-37). Paulo estava seguro do cuidado do Senhor e convicto de que nem crise mortal, nem as injustiças da vida, nem poderes sobre-humanos, nem o tempo, nem o espaço, nem criatura alguma, por mais que tente fazer algo, poderá nos separar do amor de Deus revelado em Cristo Jesus nosso Senhor. Firme sua vida sobre esse fundamento!

MINHAS REFLEXÕES

ELIANDRO VIANA

16 DE ABRIL

VIDA VIBRANTE

Com o coração vibrando de boas palavras recito os meus versos em honra do rei; seja a minha língua como a pena de um hábil escritor.

SALMO 45:1

MINHAS REFLEXÕES

Hoje é dia de vibrar com a manifestação de Deus em sua vida! Alimentar seu coração com a inspiração da poesia bíblica para contagiar as pessoas ao seu redor. Seu coração pode até estar como um violão encostado em algum canto, sem emitir nenhum som, mas Deus tomará sua vida e começará a dedilhar uma linda canção. E como o som das cordas que vibram pelo toque dos dedos, assim seu coração e sua alma vibrarão de alegria com o toque das mãos do Senhor. Não permita que resíduos de tristezas ou angústias de ontem afetem o dia de hoje. Este novo dia é um presente de Deus para você! Vibre e celebre a misericórdia do Senhor que já se renovou em sua vida ao romper deste dia! Lembre-se de que "onde abundou o pecado, superabundou a graça" de Deus (ROMANOS 5:20 ARA). Hoje é um dia superabundante. Creia e celebre isso. Adore ao Senhor por isso. Contagie as pessoas com isso.

O salmista encerra o verso com um clamor para que sua língua seja como a pena de um hábil escritor. Empreste esta pequena oração do salmista e faça-a com o santo desejo de que sua língua seja temperada com o Espírito Santo e a cada palavra dita o Céu vá se manifestando na Terra por meio de sua vida. Seja hoje, pelo agir do Espírito Santo em sua vida, um agente fluente e habilidoso da linguagem celestial para tocar e fazer vibrar o coração e a alma de pessoas ao seu redor.

17 DE ABRIL

REINO INABALÁVEL

O teu trono, ó Deus, subsiste para todo o sempre; cetro de justiça é o cetro do teu reino.

SALMO 45:6

Somos súditos de um Reino inabalável. A manifestação dos filhos de Deus tem como objetivo trazer o Reino em cada esfera de influência da sociedade. Onde você está influenciando, o reino está se estabelecendo. Onde o reino de Deus é implantado, vidas cativas pelo império das trevas são libertas e resgatadas. Isso é justamente o que Paulo fala em Colossenses 1:13,14: "Pois ele nos resgatou do domínio das trevas e nos transportou para o Reino do seu Filho amado, em quem temos a redenção, a saber, o perdão dos pecados".

Na oração há uma conexão entre o que Deus faz e o que você faz, e assim o reino de Deus vai se expandindo, o deus deste século sendo destronado e a cultura do Reino, consolidada. Jesus nos ensinou a pedirmos em nossas orações: "Venha o teu reino…" (MATEUS 6:10). Sobre sua vida há Céus abertos! O governo de Deus está sobre sua casa. Onde um súdito do Reino chega, o clarão da luz afasta a escuridão, as algemas são quebradas, escravos se tornam filhos livres, enfermos e doentes são sarados e as boas-novas da salvação são proclamadas!

Submeta-se, viva as melhores dimensões disso no seu arraial e seja um embaixador desse Reino onde você pisar. Ouse orar assim: "Senhor, tu estás no comando! Tu podes fazer tudo o que quiseres! Estabelece Tua plena vontade em mim e nos ambientes onde eu transito! Amém, amém e amém!". Onde o reino de Deus chegará hoje através de você?

MINHAS REFLEXÕES

O PERFUME DE UMA VIDA COM PROPÓSITOS

Amas a justiça e odeias a iniquidade; por isso Deus, o teu Deus, escolheu-te dentre os teus companheiros ungindo-te com óleo de alegria. Todas as tuas vestes exalam aroma de mirra, aloés e cássia; nos palácios adornados de marfim ressoam os instrumentos de corda que te alegram. SALMO 45:7,8

Deus escolheu você! Deus provou o Seu amor por você! Deus o redimiu! Perdoou seus pecados! Deus lhe deu uma nova vida! Ele cuidará de você todos os dias e tem uma missão para você! Essas são afirmações carregadas de significado e verdades categóricas que empoderam você para uma vida incrivelmente extraordinária! Qual o sentido de viver na mediocridade? Não faça isso!

Sua vida necessita ser perfumada pela fragrância do Céu. Por onde você passa, deixa um rastro de bondade e amor. O mal cheiro do pecado não pode fazer parte da sua vida. O cheiro do cadáver que morreu para o pecado não pode nos contaminar. Por onde passa um discípulo de Jesus, pessoas aspiram o arrebatador perfume e se inspiram numa vida que revela Cristo. O aroma suave e doce que um autêntico cristão exala desperta o desejo nas pessoas de conhecer o Senhor Jesus e ter esse mesmo aroma.

Deus separou você para essa missão. Viva o sobrenatural de Deus em Cristo Jesus e no Espírito Santo! Você não é melhor do que ninguém, pois você é único! Não viva de comparações, mas de revelações de Deus sobre o Seu propósito para você! Por meio da oração e da leitura da Palavra de Deus, crescemos no conhecimento daquilo que realmente importa em nossa existência: uma vida com propósitos revelados por Deus para nós. Seja um adorador em seu viver diário. Seja um missionário em todo o tempo. Seja um agende da comunhão entre todos. Seja um formador do caráter de Cristo na vida dos que andam com você. Viva para servir.

19 DE ABRIL

CORAÇÃO POETA

Deus é o nosso refúgio e a nossa fortaleza, auxílio sempre presente na adversidade. Por isso não temeremos, embora a terra trema e os montes afundem no coração do mar, embora estrondem as suas águas turbulentas e os montes sejam sacudidos pela sua fúria. SALMO 46:1-3

Aprendemos com os Salmos que a cada vitória uma canção do coração é oferecida a Deus, e a cada tribulação um clamor em poesia é dirigido a Ele. Fosse um coração dilatado de gratidão e alegria, ou apertado e diminuído na dor e na dificuldade, desse mesmo coração vertia poesia, temor e sabedoria. Dele saía adoração nas montanhas e nos vales, nos desertos e oásis. E a música da alma ecoava por gerações, que faziam das canções sua confissão de fé no Deus que tudo fez. Os poetas bíblicos exerciam a arte de não viverem cercados pelas circunstâncias, mas livres com um salmo na alma e nos lábios para assim entrarem no rol dos sábios. Poesia é sabedoria na linguagem do coração. Salmodiar é a beleza de viver na realeza da majestade divina com o coração e a boca sempre abertos para cantar e contar os grandes feitos do Rei.

Viva com um coração de salmista! Não é à toa que um deles foi chamado de homem segundo o coração de Deus. Cultive e conserve isso. Seja destemido, pois Deus sempre será seu lugar seguro, seu abrigo. Ele sempre estará com você. Embora tudo se vá, Ele estará ao seu lado em todas as horas. Faça da sua vida uma melodia que revele a cada dia que com Deus a vida é cheia de alegria e poesia.

MINHAS REFLEXÕES

ELIANDRO VIANA

20 DE ABRIL

O RIO QUE ALEGRA A CIDADE DE DEUS

*Há um rio cujos canais alegram a cidade de Deus, o Santo Lugar onde habita o Altíssimo. Deus nela está! Não será abalada! Deus vem em seu auxílio desde o romper da manhã. Nações se agitam, reinos se abalam; ele ergue a voz, e a terra se derrete. O S*ENHOR *dos Exércitos está conosco; o Deus de Jacó é a nossa torre segura.*

SALMO 46:4-7

MINHAS REFLEXÕES

Qualquer pedaço de terra na roça vale mais se tiver água. Quanto mais água, mais perspectiva, mais abastecimento e mais fertilidade. O poeta no Salmo 46 vislumbra uma cidade conectada pelo curso de um rio que a enriquecia e alegrava. O rio era um sinal natural do cuidado de Deus com aquela cidade. Quanto mais da presença de Deus em nossa vida, mais valor, mais riqueza, mais beleza, mais alegria. A perspectiva do cuidado de Deus muda tudo. Barreiras se rompem dentro de nós e adiante de nós. Essa fonte do cuidado de Deus que nos abastece também nos fortalece e nos prepara para qualquer desafio. Tudo floresce e frutifica com o rio cujas correntes alegram a cidade de Deus. Vida fértil, mente criativa, coração aprendiz, mãos habilidosas e alegria que jorra sorrisos. Assim é a vida cercada por esse rio de Deus.

Todas as coisas criadas são sinais do cuidado de Deus com você. Olhe à sua volta: tudo que você vê, se não for natural, foi manufaturado a partir de algo plantado por Deus na natureza. Você está cercado pelo Seu cuidado! Você nunca conseguirá fugir desse perene cuidado! Alegre-se por isso! A fruta que você mais gosta, Deus fez para atiçar o seu paladar e gerar aquele prazer maravilhoso, além de nutrir tão bem. Antes da fundação do mundo, Ele pensava em você, na fruta em que você teria prazer em comer e em como Ele solucionaria a questão do fruto proibido, que não deveria ter sido comido. A cada fruto doce que você saboreia pode perceber a prova do amor de Deus para com você.

21 DE ABRIL

MATÉRIA-PRIMA E OBRA-PRIMA

Batam palmas, vocês, todos os povos; aclamem a Deus com cantos de alegria. Pois o SENHOR Altíssimo é temível, é o grande Rei sobre toda a terra! Ele subjugou as nações ao nosso poder; os povos, colocou debaixo de nossos pés, e escolheu para nós a nossa herança, o orgulho de Jacó, a quem amou. SALMO 47:1-4

A matéria-prima da realidade é dura e difícil. Mas a obra-prima de Deus realizada em Cristo nos confere graça para sorrir até no meio das tribulações da vida. Da morte, Ele tira vida e por isso podemos celebrar, bater palmas e dedicar ao Senhor nossos versos e canções. Adorar nunca é demais! Aquele que na hora do desafio clamar sem dúvidas aclamará ao Senhor pelo triunfo conquistado.

O salmista fala sobre Deus fazer uma escolha com respeito a nossa herança. Nem sempre somos assertivos quando fazemos nossas escolhas, e o seríamos muito mais se deixássemos Deus escolher por nós. Ficar com aquilo que Deus escolheu sempre será a melhor opção. Lembre-se de que Deus não satisfaz os nossos caprichos, mas supre as nossas necessidades. Lembre-se também de que necessidades sentidas são diferentes de necessidades reais. Deus tem compromisso com nossas necessidades reais, e nisso Ele é o nosso pastor, e nada nos faltará. Ele não tem compromisso com as pseudonecessidades. Achamos que precisamos de muita coisa, mas muitas delas são fruto de um sofisma consumista ou pura vaidade. A maior provisão de Deus para nós é Cristo. A herança que Deus escolheu para nós em Cristo se aplica ao tempo e à eternidade: uma vida abundante na jornada pelo tempo, que se estende para sempre na eternidade com Ele. Desfrute de cada momento, firmado nos princípios de vida contidos na Palavra de Deus.

MINHAS REFLEXÕES

ELIANDRO VIANA

22 DE ABRIL

A REPETIÇÃO ESPANTA A PREGUIÇA

Ofereçam música a Deus, cantem louvores!
Ofereçam música ao nosso Rei, cantem louvores!
SALMO 47:6

Minha avó, dona Elza, já falecida, tinha o seu salmo predileto e repetidas vezes me pedia para ler para ela. E cada vez que eu lia, ela fazia uma expressão de satisfação ao ouvir aquelas palavras. O judeu usava a repetição para chamar a atenção sobre a importância do que estava dizendo ou escrevendo. Como Deus precisa repetir e repetir para nós, palavras que já devíamos ter aprendido a praticar! Já dizia uma expressão popular: "Água mole e pedra dura, tanto bate até que fura". Deus precisa bater na mesma tecla várias vezes até que aprendamos e coloquemos Seus ensinamentos bíblicos em prática. O que Deus precisa repetir para você hoje?

Para uma criança, repetir é divertido; para o adulto, um tédio. Mas lembre-se de que Jesus disse que o reino de Deus é daqueles que são como crianças. Se você ouvir a mesma mensagem, seja do seu pastor, seja em uma leitura ou de qualquer outro modo, tenha em mente que Deus pode estar repetindo-a e insistindo nela até que você a coloque em prática e seja aprovado. Faça com que a Palavra de Deus seja como a sua música preferida, que você ouve incansavelmente, e deixe que o Senhor repita as Suas palavras ao seu coração. Seja um bom aprendiz nas repetições, até que você se torne mestre delas. Quando Deus repetir Seus ensinamentos, eu me regozijarei, pois Ele me ama e está fazendo Sua Palavra chegar até mim como minha canção preferida. O que Deus precisa repetir para você hoje?

MINHAS REFLEXÕES

23 DE ABRIL

GRANDE É O SENHOR

Grande é o Senhor, e digno de todo louvor na cidade do nosso Deus. Seu santo monte, belo e majestoso, é a alegria da terra toda. Como as alturas do Zafom é o monte Sião, a cidade do grande Rei. Nas suas cidadelas Deus se revela como sua proteção.
SALMO 48:1-3

Você já deve ter ouvido alguma vez que a Palavra de Deus se renova a cada vez que é lida. Pois bem, isso tem muito a ver como nosso estado de espírito. Claro que a riqueza da Palavra de Deus é inquestionável. Um Deus tão gracioso se revela de forma tão plena, que nos cerca todos os dias, mesmo que nossa alma seja tão dinâmica e nossos sentimentos tão oscilantes. A cada dia a Palavra se renova quando encontra nossa alma e o nosso coração em movimento e em outro momento. O leque da Palavra é infinitamente amplo para tocar almas graciosas com corações que experimentam paixões muito temerárias.

Já cantou este Salmo 48 alguma vez? Pois é, ele se tornou música popular no meio da Igreja há anos. E a cada vez que se canta, encanta-se com a sua grandeza. Grande é o nosso Deus! Não há limites para Ele! Se você tem limitado a grandeza de Deus, você pode estar em pecado. Pecando por não crer que Ele pode tudo, que Seu amor é grande! E pecado vai nos apequenando, roubando de nós qualquer valor, destruindo tudo que com esforço foi construído e, por fim, o pecado mata. Paulo afirma em Romanos 6:23 que "...o salário do pecado é a morte...". Você está diante de Deus, Ele é grande, santo, amoroso e poderoso. Seus atributos revelam que Ele é sua proteção. Refugie-se nele.

MINHAS REFLEXÕES

24 DE ABRIL

LEALDADE E DESLEALDADE

Como já temos ouvido, agora também temos visto na cidade do Senhor dos Exércitos, na cidade de nosso Deus: Deus a preserva firme para sempre. No teu templo, ó Deus, meditamos em teu amor leal. Como o teu nome, ó Deus, o teu louvor alcança os confins da terra; a tua mão direita está cheia de justiça.

SALMO 48:8-10

A consciência nos perseguirá quando perseguirmos alguém. E quando formos perseguidos, Deus nos protegerá. Trocando em miúdos, Deus, que cuida de nós e nos protege, chamou-nos para cuidar dos que são perseguidos e não para perseguir. Sempre que alguém for perseguido e injustiçado, Deus fará de você um instrumento de Seu amor e justiça. Os poderes mundanos e espirituais sucumbirão diante da proteção do nosso Deus. Em Sua justiça e onipotência, Ele protege e guarda.

O poeta diz: "...meditamos em teu amor leal" (v.9). Como um Deus com esse amor leal ama, cuida e protege pessoas tão desleais? Bom, é possível que essa pergunta leve à meditação. Uma pessoa leal é alguém que é fiel e dedicado, em quem se pode confiar e que sempre cumpre as suas promessas. Olhe para você. Olhe para Deus. Olhe para o nível da sua lealdade. Observe a lealdade de Deus. Pare e pense por alguns instantes. Deus, em Sua lealdade, não fica comparando você a outros. Mesmo conhecendo plenamente você e suas limitações, Ele permanece leal. Clame para que a compreensão da lealdade do Senhor transforme cada mancha de deslealdade que há em seu coração e em seu caráter.

MINHAS REFLEXÕES

25 DE ABRIL

A LINGUAGEM DO CORAÇÃO

O monte Sião se alegra, as cidades de Judá exultam por causa das tuas decisões justas. Percorram Sião, contornando-a, contem as suas torres, observem bem as suas muralhas, examinem as suas cidadelas, para que vocês falem à próxima geração que este Deus é o nosso Deus para todo o sempre; ele será o nosso guia até o fim.
SALMO 48:11-14.

Observando a linguagem dos salmos, aprendemos o caminho de um relacionamento íntimo e fluido com Deus. A forma de falar com Deus é uma maneira de medir a profundidade do nosso relacionamento com Ele. Discursos religiosos cheios de clichês e repetições vazias não nos servem para nada. Não falamos com Deus a partir da performance, e sim a partir da linguagem do coração. Afinal nossa performance não o impressiona, mas Ele não despreza um coração contrito.

O autor do Salmo 48, nas palavras finais, aponta para três linguagens importantes. A primeira é uma linguagem da *fé*. "Fé é a certeza daquilo que esperamos e a prova das coisas que não vemos" (HEBREUS 11:1). Esta nos leva a um relacionamento de intimidade com Deus. Por isso chamamos Ele de *meu Deus* e meu Pai. É a ousadia da fé que rompe com a mentalidade religiosa e clama: "Aba Pai, paizinho querido". Já ouviu alguém fazer uma oração e ficou impressionado com a intimidade com que essa pessoa fala com Deus? Pois bem, é para ser assim. Isso também é fruto da fé. A segunda linguagem é da *esperança*. A expressão "desde agora e *para todo o sempre*" (v.14) nos remete à viva esperança. Não nutrimos apenas expectativas para hoje ou amanhã, mas para todo o sempre. Essa linguagem da esperança, que aprendemos na Bíblia, vai alfabetizando nossa alma e coração. E a terceira linguagem é da *submissão*. O salmista diz que Deus seria o seu "guia até o fim" (v.14). Uma submissão não condicionada ao tempo, mas à obediência em toda a jornada.

MINHAS REFLEXÕES

ELIANDRO VIANA

26 DE ABRIL

O QUE REALMENTE IMPORTA

Ouçam isto vocês, todos os povos; escutem, todos os que vivem neste mundo, gente do povo, homens importantes, ricos e pobres igualmente: A minha boca falará com sabedoria; a meditação do meu coração trará entendimento. SALMO 49:1-3

MINHAS REFLEXÕES

Esse salmo tem a peculiar característica de expor o desprezível caráter daqueles que confiam em sua riqueza. Gostaria de compartilhar sobre Alexandre Magno, considerado um dos maiores líderes da humanidade. Tornou-se rei da Macedônia aos 20 anos. Conquistou um império que se estendia dos Bálcãs à Índia, criando a maior e mais rica hegemonia da antiguidade. Em sua breve existência, não perdeu nenhuma batalha, a não ser a última: pela sua vida. E quem o derrotou foi um insignificante mosquito, que o picou e lhe impingiu uma febre que o levou em poucos dias à sepultura. Conta-se que, à beira da morte, Alexandre teria convocado seus generais para lhes fazer três pedidos: 1. Que seu caixão fosse transportado pelos melhores médicos da época; 2. que todos os tesouros conquistados (ouro, prata, pedras preciosas, etc.) fossem espalhados ao longo do percurso, até o seu túmulo e 3. que suas mãos fossem deixadas fora do caixão, à vista de todos, balançando no ar.

Admirado com desejos tão insólitos, um dos seus generais lhe perguntou o que queria dizer com isso, ao que Alexandre respondeu: 1. Quero que os médicos carreguem o meu caixão para demonstrar que eles não têm poder sobre a morte. 2. Quero que o chão seja coberto pelos meus tesouros para que todos entendam que os bens materiais aqui conquistados, também permanecem aqui. 3. Quero que minhas mãos balancem ao vento para que se veja que de mãos vazias viemos ao mundo e de mãos vazias partimos.

Vale a pena parar um pouco e pensar sobre o que realmente importa em nossa jornada nesta vida. Busque sabedoria para viver uma vida relevante.

Abril

27 DE ABRIL

INCLINAREI A MINHA VIDA A TI, Ó DEUS

Inclinarei os meus ouvidos a um provérbio; com a harpa exporei o meu enigma: Por que deverei temer quando vierem dias maus, quando inimigos traiçoeiros me cercarem, aqueles que confiam em seus bens e se gabam de suas muitas riquezas? Homem algum pode redimir seu irmão ou pagar a Deus o preço de sua vida, pois o resgate de uma vida não tem preço. Não há pagamento que o livre. SALMO 49:4-8

O poeta no Salmo 49 está decidido a levar-nos a uma reflexão profunda sobre a nossa existência. Ele chega a dizer nos primeiros versos que teria pensado sobre o enigma da vida e, com a ajuda da poesia e da música, havia encontrado respostas, as quais compartilha com firmeza. O trecho escolhido para este devocional começa com a palavra "inclinarei", um convite a acalmar o coração e a alma agitada para uma pausa à espera da sabedoria. Sabemos que nossa natureza carnal é inclinada ao pecado. Temos uma propensão a fazer o que é errado. Até mesmo o apóstolo Paulo em seu drama pessoal descreve essa triste inclinação dizendo: "Sei que nada de bom habita em mim, isto é, em minha carne. Porque tenho o desejo de fazer o que é bom, mas não consigo realizá-lo. Pois o que faço não é o bem que desejo, mas o mal que não quero fazer, esse eu continuo fazendo" (ROMANOS 7:18,19).

Há um desafiador exercício de *inclinar* nossa vida ao Senhor e à sabedoria de Sua Palavra. Uma vida submissa, rendida, inclinada é sinônimo de uma alma redimida pelo Senhor. Também é reflexo de uma mente e coração entregues e consagrados ao Senhor, e o resultado disso é um caráter santificado, uma vida transformada. Por isso, a importância de todos os dias nos *inclinarmos* neste tempo devocional, a fim de que nossa vida dignifique e honre ao Senhor e se afaste da *inclinação* carnal. Deus sustente você neste exercício diário!

MINHAS REFLEXÕES

28 DE ABRIL

O LEGADO

Pois todos podem ver que os sábios morrem, como perecem o tolo e o insensato e para outros deixam os seus bens. Seus túmulos serão suas moradas para sempre, suas habitações de geração em geração, ainda que tenham dado seus nomes a terras. O homem, mesmo que muito importante, não vive para sempre; é como os animais, que perecem. Este é o destino dos que confiam em si mesmos, e dos seus seguidores, que aprovam o que eles dizem.
SALMO 49:10-13

MINHAS REFLEXÕES

Deixar uma herança é importante; deixar um legado é indispensável. Uma herança consiste em bens materiais; um legado pode ir além desta compreensão e consiste em valores imateriais: honra, caráter e valores morais, uma missão que ultrapassa a própria existência. Deus nos deu uma missão que é maior que a nossa própria vida. Construir um legado cristão é enxergar para além do nosso túmulo, o desafio de sermos facilitadores das próximas gerações, para que sigam cumprindo essa grande missão. Não tem a ver com a pergunta: "Que mundo deixaremos para os nossos filhos?", e sim: "Que filhos deixaremos para o mundo?". Edificar prédios não é tão difícil; edificar vidas com a palavra pregada e ensinada é o que importa. Quais valores estamos construindo dentro das pessoas com as quais convivemos? Estamos gerando riquezas nos cofres ou nos corações? Cofres podem se esvaziar, mas o valor da vida redimida perpetuará pela eternidade.

Pode parecer estranho, mas às vezes fico pensando: *Quais são as histórias que contarão em nosso velório? Por quanto tempo o vento da nossa vida soprará no cata-vento das pessoas que conheceram nossa jornada?* Grandes homens e mulheres de Deus têm um testemunho tão relevante que, mesmo séculos após a sua morte, a vida deles ainda fala, inspira e edifica. O que será da nossa? Uma jornada de vida orientada pelo Céu deixa um legado digno na Terra.

Abril

29 DE ABRIL

SANTA CONVOCAÇÃO

Fala o Senhor, *o Deus supremo; convoca toda a terra, do nascente ao poente. Desde Sião, perfeita em beleza, Deus resplandece. Nosso Deus vem! Certamente não ficará calado! À sua frente vai um fogo devorador, e, ao seu redor, uma violenta tempestade. Ele convoca os altos céus e a terra, para o julgamento do seu povo...*
SALMO 50:1-4

O salmo de Asafe, seja ele o autor ou a ele dedicado, é uma santa convocação do Senhor da Terra e dos Céus destinada às nações. Deus, em Sua beleza, sabedoria, santidade, amor e justiça, governa sobre tudo e sobre todos. Somos convocados a comparecer todos os dias diante de Sua Majestade e também compareceremos no Grande Dia do Senhor. Em nosso dia a dia, somos chamados a nos apresentar diante de Sua corte, reconfortados e amparados pelo nosso fiel advogado, Jesus Cristo, que intercede por nós. E assim diariamente ajustamos nossas contas com Deus a partir da graça revelada em Seu Filho. Arrependemo-nos de nossos pecados, pedimos perdão e recebemos! Avançamos em nossa jornada fundamentados no Seu amor leal e assegurados por Sua misericórdia.

Com reverência e temor, confiamos que Deus nos salvará, defenderá e sustentará em todos os dias de nossa jornada. Quando cada novo dia começa, somos convocados por Ele a dedicar tempo em Sua presença santa, aprendendo com Ele e recebendo instruções, afinal Deus já sabe quais desafios enfrentaremos. Quando levamos isso a sério, o dia segue diferentemente, um problema aparentemente insolúvel não nos abala, pois já sabemos como agir, e surpreendemos as pessoas à nossa volta com o discernimento e a sabedoria com que superamos o problema. Colocamos em prática e ainda ensinamos as lições aprendidas, bem como glorificamos ao Senhor. Hoje será um dia assim! Deus já está instruindo e capacitando você a vencer!

MINHAS REFLEXÕES

ELIANDRO VIANA

SACRIFÍCIO DE GRATIDÃO

Ofereça a Deus em sacrifício a sua gratidão, cumpra os seus votos para com o Altíssimo, e clame a mim no dia da angústia; eu o livrarei, e você me honrará. Quem me oferece sua gratidão como sacrifício, honra-me, e eu mostrarei a salvação de Deus ao que anda nos meus caminhos. SALMO 50:14,15 e 23

MINHAS REFLEXÕES

A adoração é um sacrifício de gratidão. No Salmo 50, o salmista nos convida a oferecermos um sacrifício que expresse a nossa gratidão. Uma das melhores formas de expressar isso é adorando ao Senhor, mantendo nosso coração submisso e obediente e nutrindo um relacionamento vivo por meio da oração. Vale a pena ratificar portanto que: na adoração expressamos gratidão; na oração, expressamos nossa gratidão; na obediência à Sua Palavra, expressamos nossa gratidão; na comunhão com a família espiritual, expressamos nossa gratidão. Por isso cultuamos ao Senhor, pois o culto é um sacrifício agradável a Ele. Para pessoas que flertam com a ingratidão, estar no culto ainda parece ser um sacrifício de sofrimento pessoal. Para os que desenvolveram uma vida de gratidão, esse sacrifício já se tornou uma sublime alegria!

Por tudo que já recebemos, agradecemos. Por tudo que ainda receberemos, já agradecemos. Por tudo que somos, agradecemos. Por tudo que Ele é, agradecemos. Por tudo que seremos nele, já agradecemos! Pela nossa tão grande salvação, agradecemos! Pelo privilégio de levarmos a mensagem a outras pessoas, agradecemos. Por recebermos o livramento e cuidado do Senhor, agradecemos! Pelo presente que é a nossa família, agradecemos! Por encerrar hoje o mês de abril, agradecemos! Levantamos neste dia um altar de gratidão em nosso coração! A Deus toda honra, louvor e adoração desde agora e para sempre. Amém!

ALVEJANTE

Tem misericórdia de mim, ó Deus, por teu amor; por tua grande compaixão apaga as minhas transgressões. Lava-me de toda a minha culpa e purifica-me do meu pecado. SALMO 51:1,2

Existem algumas manchas que são difíceis de serem retiradas; não é qualquer tipo de sabão que consegue removê-las. Alguns produtos até podem diminuí-las, mas, por vezes, na tentativa de eliminá-las por completo, de tanto esfregar, acabamos danificando o tecido. De maneira similar acontece com nossa vida — as manchas que maculam nossa existência não são removidas de qualquer forma, e quando tentamos dar nosso próprio jeito em nosso pecado, a situação não melhora em nada. Não conseguimos limpar a nós mesmos, pois a limpeza não provém de quem está sujo, mas Daquele cuja alvura nunca foi manchada. Os pecados ficam impregnados na nossa alma, e a única forma de sermos limpos é através do sangue de Jesus. A cruz de Cristo nos possibilita sermos lavados e purificados de toda transgressão que nos condena e, uma vez apagada, é lançada no mar do esquecimento. Para isso, devemos clamar ao Pai, que não nega Sua misericórdia àqueles que se achegam a Ele com sincero arrependimento.

Muito mais eficaz do que o melhor alvejante, o sangue de Jesus garante limpeza completa da nossa vida. Em Isaías 1:18, Deus diz: "Embora os seus pecados sejam vermelhos como escarlate, eles se tornarão brancos como a neve; embora sejam rubros como púrpura, como a lã se tornarão". Independentemente das manchas que o sujaram, hoje você tem a possibilidade de ser limpo. Não tente dar um "jeitinho" naquilo que suja sua vida, mas deixe-se ser lavado pelo Salvador e exale o bom perfume de uma alma limpa.

MINHAS REFLEXÕES

OLHANDO NO ESPELHO

Pois eu mesmo reconheço as minhas transgressões, e o meu pecado sempre me persegue. Contra ti, só contra ti, pequei e fiz o que tu reprovas, de modo que justa é a tua sentença e tens razão em condenar-me. Sei que sou pecador desde que nasci, sim, desde que me concebeu minha mãe. SALMO 51:3-5

MINHAS REFLEXÕES

Ao nos olharmos atentamente em um espelho, conseguimos observar nossas imperfeições. Uma ruga que teima em fazer parte da nossa feição, uma espinha ou uma mancha que denuncia nossa idade ou a falta de cuidado com a pele. Nossas imperfeições só serão tratadas se admitirmos que elas existem.

Quando Jesus morreu na cruz, a salvação foi ofertada àqueles que se reconhecem como necessitados dessa dádiva. É impossível alguém ser salvo sem compreender e admitir que é pecador. O primeiro passo para a cura é admitir a doença, da mesma forma, reconhecer o pecado é indispensável para ser perdoado. Ao olharmos no espelho que reflete nosso interior, enxergamos quem realmente somos, e diante de Deus devemos seguir o exemplo de Davi. Ele não orou justificando sua transgressão, mas clamou reconhecendo que estava errado a ponto de admitir que Deus tinha razão em condená-lo. O coração do verdadeiro filho de Deus se quebranta quando se dá conta que todo pecado cometido foi diante dos olhos atentos do Pai. Isso nos constrange e gera um peso na alma que só é aliviado com a confissão.

Olhe para você mesmo hoje e não tenha medo de admitir as falhas, pois esse é o primeiro passo para obter o perdão divino. Tenha medo se, ao olhar para dentro de si, você achar que está tudo bem e que não precisa de perdão. Manter os pecados em oculto os coloca diante de você todos os dias, acusando-o. Olhe para o espelho e seja sincero, reconheça as áreas que precisa do cuidado de Deus, não se justifique, mas confesse; assim será absolvido da acusação gerada pelo pecado e obterá perdão e vida eterna.

3 DE MAIO

LIMPOS E CHEIROSOS

Sei que desejas a verdade no íntimo; e no coração me ensinas a sabedoria. Purifica-me com hissopo, e ficarei puro; lava-me, e mais branco do que a neve serei.

SALMO 51:6,7

O hissopo é uma planta cuja textura áspera de suas folhas, semelhante às folhas de hortelã, ajuda a absorver líquido. Por isso, o feixe de seus ramos é utilizado para aspergir ou respingar água, sangue ou vinagre nos rituais judaicos de purificação. Outra utilidade dessa planta se dá pelo bom aroma de suas flores e folhas, por isso o seu óleo é utilizado para fragrâncias na indústria de perfumes. Aquele que é purificado com hissopo deixa o mau cheiro da imundice e passa a exalar um bom perfume e o frescor de quem está limpo. Um dos aromas agradáveis às nossas narinas é o cheiro refrescante de alguém que acaba de sair do banho. O bom cheiro denuncia a limpeza, o bom cheiro comprova que a sujeira foi retirada.

O pecado deixa um rastro de podridão ao redor daqueles que o praticam, por isso quando somos perdoados ficamos limpos da sujeira, mas também precisamos ser purificados, isto é, descontaminados do odor causado pela desobediência. Apenas Deus tem o poder de dar um novo aroma para nossa vida, e assim sermos reconhecidos pela pureza em nosso proceder.

Deixe o Senhor mudar sua história e você não terá mais do que se envergonhar. Clame ao Espírito Santo para retirar aquilo que macula sua alma, pois, através do sacrifício de Cristo, você será limpo e assim você exalará o bom perfume de Cristo por onde andar. Hoje é dia de sair de casa limpo e cheiroso.

MINHAS REFLEXÕES

4 DE MAIO

CELEBRANDO A ABSOLVIÇÃO

Faze-me ouvir de novo júbilo e alegria; e os ossos que esmagaste exultarão. Esconde o rosto dos meus pecados e apaga todas as minhas iniquidades.
SALMO 51:8,9

Creio que um dos momentos de maior explosão de alegria é quando um condenado é absolvido de seus delitos perante o tribunal. Chego a imaginar que ele pularia, gritaria, dançaria entre as cadeiras, cantaria a plenos pulmões se a formalidade do momento e a reverência diante do juiz não o impedissem. Alguém que estava condenado e sentenciado a passar o resto de seus dias em castigo e aprisionamento, agora poderia desfrutar da liberdade outorgada pelo supremo juiz.

Aquele que tem o poder de decretar a condenação eterna, por amor, deu a oportunidade de remissão de todas as transgressões. Esse foi o sentimento que invadiu o coração do salmista, por isso, em uma manifestação de extrema alegria, ele descreve que os ossos que outrora agonizavam esmagados pela condenação, agora exultam celebrando a absolvição. A alma regozija e o coração grato se une a todas as células do corpo para celebrar a imerecida graça que apagou toda a iniquidade que gerava condenação.

Depois de ter as manchas da alma removidas e ser purificado por Deus, hoje você está limpo e cheiroso e pode festejar o livramento da condenação. Romanos 8:1 diz que "agora já não há condenação para os que estão em Cristo Jesus", e isso é motivo para celebrar no dia de hoje. Permaneça em Cristo e assim exalte ao Senhor, agradeça, louve e se desejar pule, grite, dance ou cante a plenos pulmões com júbilo nos lábios para celebrar a absolvição.

5 DE MAIO

NOVO CORAÇÃO

Cria em mim um coração puro, ó Deus, e renova dentro de mim um espírito estável. Não me expulses da tua presença, nem tires de mim o teu Santo Espírito. Devolve-me a alegria da tua salvação e sustenta-me com um espírito pronto a obedecer.
SALMO 51:10-12

O anseio por ser recriado demonstra a decepção com a velha natureza que nada sabe fazer além de pecar. Todos fomos criados com um coração, mas, se ele ainda sucumbe às inclinações da carne, necessitamos de um novo. O coração impuro gera instabilidade em nosso relacionamento com o Eterno, nos afastando da Sua graciosa presença. Após ter a vida purificada com o hissopo, não faz sentido permanecer com o antigo coração; devemos ir ao Autor da vida, que nos criou, e clamar: "Recria! Refaz! Cria outro coração, pois o primeiro é enganoso e se opõe a Tua vontade!". Todo aquele que ama a Deus e reconhece suas transgressões entende a impossibilidade de agradar ao Pai se seu coração não for transformado e purificado de todos os resquícios de uma natureza sem Deus. O novo e puro coração deleita-se na salvação conquistada por Jesus Cristo na cruz e tem seu prazer na obediência.

Qual é a condição de seu coração? Ele é o mesmo, com as mesmas prioridades de quando você ainda não conhecia a Jesus? Hoje é o dia de clamar por um novo e puro coração, que anseie viver de acordo com os propósitos de Deus, que seja sensível ao Espírito Santo, que se regozije em obedecer e exulte pela salvação. Ore com sinceridade: "Cria em mim, Senhor, um novo coração".

MINHAS REFLEXÕES

6 DE MAIO

COPILOTOS

Então ensinarei os teus caminhos aos transgressores, para que os pecadores se voltem para ti. SALMO 51:13

MINHAS REFLEXÕES

Os copilotos, também conhecidos como navegadores, são figuras essenciais no automobilismo em circuitos chamados *cross country*. São eles os responsáveis por examinar, ler e interpretar as planilhas que explicam o percurso a ser seguido. De nada vale o piloto cumprir as etapas o mais rápido possível se estiver na trajetória errada.

Todos aqueles que não conhecem o amor de Deus estão percorrendo caminhos errados que levam à destruição e, por consequência, à morte eterna. Assim como nós que, outrora transgressores, um dia encontramos o caminho de volta ao Senhor, outros pecadores precisam aprender o caminho que leva à salvação, e agora cabe a nós essa responsabilidade de ensinar-lhes. Nos últimos versículos do evangelho de Mateus, Jesus nos dá a ordem para fazermos discípulos, batizarmos e lhes ensinarmos a obedecer a Deus, e isso tem a ver com direcionar pessoas sem rumo. Diante disso, devemos exercer esta sublime função de copilotos que estão ao lado ensinando o caminho.

Deus colocou pessoas ao nosso redor que precisam ser auxiliadas, pois desconhecem o caminho. Não somos responsáveis por dirigir suas vidas, cada uma delas tem seu próprio volante, mas temos a função de direcioná-las aos pés de cruz, onde encontrarão salvação, paz e alegria para sua jornada. Neste dia ore ao Senhor e peça-lhe discernimento para compreender quem são as pessoas que estão precisando conhecer a Cristo, no entanto, não sabem por onde começar; pessoas perdidas, sem esperança, com aflições na alma e que clamam por uma direção. Examine, leia e interprete as Escrituras Sagradas, pois elas são a planilha que orienta o trajeto para a vida abundante. Seja usado por Deus para ser copiloto.

7 DE MAIO

QUEBRANTADOS

Não te deleitas em sacrifícios nem te agradas em holocaustos, se não, eu os traria. Os sacrifícios que agradam a Deus são um espírito quebrantado; um coração quebrantado e contrito, ó Deus, não desprezarás. SALMO 51:16,17

Algo que alegra grandemente o coração de Deus é o sincero quebrantamento. Mesmo um rito religioso, um sacrifício de tempo ou financeiro com boa intenção não supera um coração que se rasga na presença do Todo-poderoso. Richard Baker diz que "um coração só atinge a sua melhor condição quando se quebranta, pois, quando isso acontece, podemos ver o que está em seu interior". É no momento quando nossos mais profundos anseios vêm à tona que eles podem ser tratados pelo Espírito Santo. Objetos quebrados perdem seu valor, sua utilidade, sua aparência e logo são descartados. Nós, por outro lado, quando nos quebrantamos diante de Deus, adquirimos valor eterno, entendemos onde podemos ser úteis no Reino e nos tornamos mais semelhantes a Jesus. Jamais seremos desprezados pelo Pai enquanto houver em nós um espírito e coração quebrantados, pois o exercício do quebrantamento torna-nos conscientes de nossa pequenez, que gera reverência diante da grandeza do Eterno.

Tudo o que possamos fazer ou oferecer a Deus não alcançará Seu favor nem Seu perdão como um espírito e coração quebrantados. Hoje é dia de quebrantamento, de quebrar o espírito altivo e a soberba do coração endurecido, de revelar aquilo que está em oculto na alma e de expor as mazelas diante Daquele que está disposto a curar as áreas feridas. Receba o perdão de Deus através de atitudes de quebrantamento.

MINHAS REFLEXÕES

8 DE MAIO

LÍNGUA AFIADA

Sua língua trama destruição; é como navalha afiada, cheia de engano. Você prefere o mal ao bem, a falsidade, em lugar da verdade. Você ama toda palavra maldosa, ó língua mentirosa! Saiba que Deus o arruinará para sempre: Ele o agarrará e o arrancará da sua tenda; ele o desarraigará da terra dos vivos.
SALMO 52:2-5

MINHAS REFLEXÕES

São duras as palavras de Davi direcionadas a Doegue, após a fofoca deste para Saul causar a morte de 85 sacerdotes da cidade de Nobe. As tramas, ciladas e levantes contra o povo de Deus sempre foram constantes no decorrer da história, e nos dias de hoje não é muito diferente. Precisamos estar conscientes de que, como discípulos de Cristo, sempre enfrentaremos oposição em nossa vida. O inimigo de nossas almas não se dará por satisfeito até conseguir difamar e colocar em dúvida nossa conduta. O objetivo final sempre será causar o afastamento de Deus gerando o esfriamento da fé e por consequência a morte espiritual. Palavras procedentes de línguas afiadas que visam nos destruir não devem nos encontrar despreparados, pois em João 15:18 o próprio Cristo nos diz: "Se o mundo os odeia, tenham em mente que antes odiou a mim".

Reconforte seu coração em Deus, pois dele vem nossa defesa contra todo intento maligno. Não cabe a nós fazermos justiça de acordo com nossa própria vontade; o próprio Deus se encarregará de arrancar pelas raízes aqueles que deram lugar ao inimigo e se levantaram com palavras venenosas visando gerar destruição em nossa vida. Não dê motivos para falatórios infames e esconda-se no Senhor contra toda língua afiada.

9 DE MAIO

PLANTADO EM SOLO FÉRTIL

Mas eu sou como uma oliveira que floresce na casa de Deus; confio no amor de Deus para todo o sempre. Para sempre te louvarei pelo que fizeste; na presença dos teus fiéis proclamarei o teu nome, porque tu és bom.
SALMO 52:8,9

Para uma árvore florescer e dar bons frutos, ela precisa de água, luz, ar e calor, mas também é de extrema importância estar enraizada em um solo rico em nutrientes para poder germinar, isto é, produzir algo. Sementes plantadas em solos pobres em sais minerais não prosperam; podem até crescer um pouco, mas morrem antes mesmo de florescer. Nós devemos estar plantados onde seremos supridos, bem alimentados e fortalecidos para crescer, florescer e dar frutos que permaneçam. A casa de Deus é o solo estabelecido por Ele mesmo para aprofundarmos nossas raízes. Nessa terra boa germinamos e brotamos, pois ali há nutrientes suficientes para crescermos em intimidade com o Pai sendo regados pela Sua palavra e desfrutando do calor da comunhão. Contamos ainda com o cuidado do agricultor descrito em João 15:1,2: o próprio Deus, que poda todo aquele que dá fruto para que dê mais fruto ainda.

Qualquer planta precisa de solo para estar plantada, independentemente de ser um pequeno vaso com um punhado de terra, ou em uma enorme floresta com vasto solo; suas raízes precisam de nutrição. As únicas plantas que não necessitam de solo são as plantas de plástico, pois elas não têm raízes. Essas servem apenas para decorar os ambientes, mas não florescem nem geram frutos. Você quer gerar frutos no reino dos Céus? Esteja plantado na casa de Deus e tenha amor por sua igreja local, seja ela pequena como um vaso ou grande como uma floresta. Crie raízes, floresça onde Deus o plantou e produza frutos para a glória do Senhor.

MINHAS REFLEXÕES

SEM DESCULPAS

Diz o tolo em seu coração: "Deus não existe!" Corromperam-se e cometeram injustiças detestáveis; não há ninguém que faça o bem. Deus olha lá dos céus para os filhos dos homens, para ver se há alguém que tenha entendimento, alguém que busque a Deus.
SALMO 53:1,2

Esse salmo é semelhante ao Salmo 14. R. H. Ryland diz que é muito provável que os dois salmos sejam destinados a períodos e povos diferentes, uma vez que os pecados, a falta de fé e a negação da existência de Deus se repetem ao longo da história humana. Muitas vezes os discursos que se opõem ao Deus real são inflamados por frustrações com o Eterno. Outra motivação para negar a Deus, é achar desculpas para suas vidas de pecado. Se Deus não existe, significa que não existe um padrão moral a ser seguido; também não existe condenação e nem limites para a depravação humana. Por isso as pessoas que negam a existência divina utilizam essa afirmação como desculpa e, assim, corrompem-se e afundam-se em seus pecados sem violar suas consciências. Afinal, procurando convencer a si mesmos de que não estão errados, dizem ao seu próprio coração, que não transgrediram nenhuma lei. São insensatos e tolos, porque, enquanto procuram justificativas para seus atos reprováveis, Deus os olha dos altos céus buscando alguém que não esteja se desculpando por sua vida dissoluta, mas, em arrependimento, se quebranta reconhecendo suas fraquezas.

Deus existe e é real. Seus olhos percorrem toda a Terra, e não conseguimos fugir da Sua presença. Hebreus 4:13 diz: "Nada, em toda a criação, está oculto aos olhos de Deus. Tudo está descoberto e exposto diante dos olhos daquele a quem havemos de prestar contas". Não procure desculpas para justificar seus pecados. Renda-se a Ele hoje e seja envolvido por Seu abraço amoroso e divino perdão.

11 DE MAIO

REVIRAVOLTA

Será que os malfeitores não aprendem? Eles devoram o meu povo como quem come pão, e não clamam a Deus! Olhem! Estão tomados de pavor, quando não existe motivo algum para temer! Pois foi Deus quem espalhou os ossos dos que atacaram você; você os humilhou porque Deus os rejeitou.
SALMO 53:4,5

O salmista relata um enfrentamento que em determinado momento sofre uma reviravolta. Os inimigos que rodeavam o povo de Deus, que até então prevaleciam e de maneira orgulhosa rejeitavam a Deus, passam de arrogantes e soberbos para humilhados e apagados da história. John MacArthur comenta que, nos tempos de Davi, talvez não houvesse desgraça maior para uma nação do que os ossos de seus soldados mortos em batalha serem espalhados pela terra, privando-os de um sepultamento digno. Esse ato de Deus faz com que o legado de destruição desses vis inimigos seja extinto e não reste qualquer memória deles; outrora fortes, presunçosos, cruéis e arrogantes soldados e agora esquecidos e apagados. O Senhor faz dessa forma quando assume nossas batalhas. Aqueles gigantes que nos causam temor em breve não serão lembrados; por isso não há motivo para temer.

Todos nós sofremos derrotas, quando os inimigos de nossas almas ganham território e riem-se zombando de nós. Em momentos como esse, levante os seus olhos e contemple o Deus que é especialista em reviravoltas. Ele toma as coisas que nada são e as exalta diante das coisas que são. O Senhor Deus eleva os pequenos e fracos e abate os poderosos soberbos de espírito altivo. Este é o dia de reviravoltas. Peça a Deus para intervenha em áreas em que você está sendo derrotado e, ao findar a batalha, glorie-se nele, pois, com a vitória nas mãos, não se lembrará mais dos cruéis opositores.

MINHAS REFLEXÕES

ESCORADOS PELO SENHOR

*Certamente Deus é o meu auxílio;
é o Senhor que me sustém.*

SALMO 54:4

As escoras são peças utilizadas na construção civil que auxiliam na sustentação quando determinada edificação não suporta a carga que está sobre ela. Um pilar castigado pelo passar dos anos, que já não aguenta mais o peso de uma laje, precisa ser escorado; caso contrário, será inevitável sua queda. De certa forma, em alguns momentos da nossa vida, somos semelhantes a pilares danificados. As preocupações do dia a dia, a ansiedade e os ataques do inimigo nos debilitam e por vezes sentimos que não suportaremos o peso que está sobre nossos ombros. São cobranças familiares, profissionais, estudantis e ministeriais que sugam nossas forças, dando-nos a sensação de que estamos muito próximos de desabar. Nessas circunstâncias, quando o vigor desaparece, percebemos a importância de sermos auxiliados e sustentados por Deus, pois sem Ele não seria possível permanecer em pé.

O que seria de nós se o Deus Todo-poderoso nos retirasse Seu auxílio? Provavelmente, não suportando mais as demandas diárias, estaríamos soterrados nos escombros de nossos problemas. É possível que hoje você ainda esteja aguentando firme porque as escoras do Céu o estão sustentando. Apoie-se na certeza de que, quando estamos sobre o inabalável alicerce divino, nossas cargas são aliviadas. Ao sentir suas estruturas estremecerem, clame a Deus e, para acalentar sua alma, declare para si mesmo: "Certamente Deus é meu auxílio; é o Senhor que me sustém."

13 DE MAIO

A FÉ ANTECIPA A BÊNÇÃO

*Eu te oferecerei um sacrifício voluntário; louvarei o teu nome, ó S*ENHOR*, porque tu és bom. Pois ele me livrou de todas as minhas angústias, e os meus olhos contemplaram a derrota dos meus inimigos.*

SALMO 54:6,7

A fé é um exercício de confiança, pois mediante a fé conseguimos agradecer por coisas que ainda não aconteceram. Neste salmo, o salmista declara: "...oferecerei um sacrifício voluntário..."(v.6). Essa afirmação fala de uma ação que ele ainda não realizou, mas a fará no futuro, expressando total confiança de que Deus é poderoso e fiel para ouvir e responder suas súplicas. Ele tem a certeza de que ofertará agradecendo a bênção que ainda está por vir.

Mesmo quando a resposta ainda não veio, colocando a fé em prática, conseguimos falar como se a bênção já fosse realidade. Como ofertar em gratidão por uma dádiva que ainda não foi recebida? Como agradecer por cura se a doença ainda causa dor? Como glorificar a Deus por estar livre das angústias se elas ainda assolam a alma? Apenas mediante a fé no Deus Todo-poderoso.

Não precisamos de fé para acreditar em algo que está na nossa frente, pois já se concretizou, é fato consumado. Exercitar a fé é trazer à existência aquilo que ainda não existe, é conseguir crer naquilo que os olhos ainda não comtemplaram. Você pode desfrutar antecipadamente da bênção que há tempos está pedindo. Experimente mudar o teor da sua oração, ao invés de continuar pedindo, agradeça como se seu pedido já tivesse sido atendido. Exercite a sua fé e se deleite nas bênçãos que estão por vir.

MINHAS REFLEXÕES

ABNER BAHR

24 HORAS POR DIA

À tarde, pela manhã e ao meio-dia choro angustiado, e ele ouve a minha voz. Ele me guarda ileso na batalha, ainda que muitos estejam contra mim.
SALMO 55:17,18

Os serviços 24 horas são facilitadores da vida cotidiana. Através deles podemos saciar a fome quando o estômago ronca altas horas da noite, não ficamos desamparados na estrada quando o motor teima em não funcionar, compramos remédios, fazemos compras e até conseguimos entrar em casa mesmo tendo perdido a chave da porta. Com certeza você já precisou de algum serviço fora do horário habitual.

Como é bom não precisarmos esperar para sermos supridos em nossas necessidades. Um coração angustiado não tem hora para suplicar a Deus, pois as aflições não esperam o horário comercial para castigar a alma. O Eterno não tem restrições de horários para agir em favor de Seus filhos. Seus ouvidos estão inclinados 24 horas para ouvir nosso clamor. Mesmo em meio a uma fria madruga onde apenas o travesseiro é testemunha das lágrimas que escorrem pelo rosto, nosso Pai amoroso está disponível para nos pegar no colo e acalmar nosso inquieto coração.

Saiba que, em nenhum segundo do dia, Deus deixou de ouvir você. Mesmo que a sua súplica não seja externada com palavras, Ele ouve o choro silencioso do coração. O olhar atencioso do Altíssimo está sobre você desde o momento em que você levantou da cama hoje pela manhã. Ele acompanhará cada passo que você der neste dia e, mesmo quando você se deitar, Deus estará lá zelando pelo seu sono. Esse é nosso Deus, 24 horas por dia cuidando dos Seus filhos.

15 DE MAIO

DISCURSO AMANTEIGADO

*Macia como manteiga é a sua fala, mas a guerra está no seu coração; suas palavras são mais suaves que o óleo, mas são afiadas como punhais. Entregue suas preocupações ao S*ENHOR*, e ele o susterá; jamais permitirá que o justo venha a cair.*
SALMO 55:21,22

Uma fala branda tranquiliza nosso coração. Como é bom conversar com pessoas cujo tom de voz transmite conforto e o teor de sua conversa eleva nosso espírito e edifica nossa alma. O mundo necessita de bons oradores que, na sensatez e verdade de seu discurso, desarmem o ódio e promovam a boa convivência e o amor fraternal entre as pessoas. Infelizmente, existem lábios enganadores que utilizam de seu discurso "amanteigado" para tramar ciladas sem serem desmascarados. Por causa da maciez de sua fala, conseguem ludibriar sem levantar suspeitas de suas verdadeiras intenções malignas. Charles H. Spurgeon diz que "palavras suaves, tranquilas, lisonjeiras são abundantes onde a verdade e a sinceridade são escassas". Não é à toa que Jesus Cristo nos alerta em Mateus 10:16 dizendo que devemos "ser prudentes como as serpentes e simples como as pombas." Esse conselho adverte-nos a estarmos atentos para discernir a verdadeira intenção por trás da fala e não sermos vítimas do mel enganador de línguas maldosas.

Nem toda fala macia é promotora da guerra, por isso a importância da sabedoria divina para não fazermos um julgamento injusto. Esconda-se à sombra do Altíssimo, deixe-o controlar sua vida, ande em integridade e justiça diante de Deus e assim você evitará a queda e a traição promovida pela suavidade de um discurso amanteigado.

MINHAS REFLEXÕES

16 DE MAIO

OLHOS MOLHADOS

Registra, tu mesmo, o meu lamento; recolhe as minhas lágrimas em teu odre; acaso não estão anotadas em teu livro?
SALMO 56:8

MINHAS REFLEXÕES

As lágrimas estão presentes em vários momentos da nossa vida. Chegamos a este mundo chorando e, no decorrer de nossa jornada, as lágrimas são nossas companheiras em momentos de alegria, dor, saudade, despedida, emoção e mais uma infinidade de sentimentos que não caberiam nesta página. O choro traz para fora algo que está aflorado lá dentro, e por isso tem sua devida importância, pois caso seja reprimido pode afogar nossa alma.

O jargão popular que diz "quem não chora não mama" expressa uma verdade: o choro denuncia uma necessidade. Todo aquele que chora deseja algo, seja um alívio, um remédio, uma saída ou até mesmo um simples abraço. Jesus diz em Mateus 5:4: "Bem-aventurados os que choram, pois serão consolados". Só são consolados aqueles que expressaram esse anseio através dos olhos molhados. Nenhuma dessas pequenas gotas que escapam de nossos olhos passam desapercebidas diante do Senhor, pois para Ele as lágrimas de Seus filhos são preciosas. Por isso Deus as guarda como tesouro.

Não tenha vergonha de chorar perante o Senhor; Deus não rejeita olhos molhados. Mesmo que não sejam acompanhadas de palavras, as lágrimas expressam muito além do que podemos verbalizar. Por que suas lágrimas caem? Qual é o motivo de seus olhos estarem marejados? Quando choramos aos pés do Mestre, descansamos na promessa que o consolo do Céu vem sobre nós. Suas lágrimas estão guardadas, e o Pai Eterno não esquece nenhuma delas.

17 DE MAIO

HONRAR A PALAVRA

*Cumprirei os votos que te fiz, ó Deus;
a ti apresentarei minhas ofertas de gratidão.*

SALMO 56:12

Uma das coisas pela qual temos que zelar é o valor de nossas palavras. Como é frustrante o relacionamento com pessoas que não cumprem o que prometem. Lançam palavras ao vento que não têm crédito algum. Antigamente, uma pessoa considerada honesta era avaliada pelo fato de cumprir suas palavras. Era comum os acordos serem firmados apenas pela afirmação verbal, um aperto de mãos e olhos nos olhos. Os negócios eram firmados no "fio do bigode", e os contratos por escrito eram dispensados quando honrar a palavra era questão de dignidade e zelo pelo próprio nome.

Mateus 5:37 diz: "Seja o seu 'sim', 'sim', e o seu 'não', 'não'; o que passar disso vem do Maligno". Não deve haver dualidade em nosso discurso; nossas palavras devem ser retas e honradas, caso contrário daremos lugar ao inimigo de nossas almas. Quando prometemos algo devemos cumprir, pois assim estaremos honrando a Deus e as pessoas que foram alvo de nossas promessas.

Se diante dos homens devemos honrar a palavra, quanto mais aquilo que prometemos a Deus. Eclesiastes 5:4,5 nos adverte: "Quando você fizer um voto, cumpra-o sem demora, pois os tolos desagradam a Deus; cumpra o seu voto. É melhor não fazer voto do que fazer e não cumprir". No anseio de agradarmos o coração de Deus, prometemos algo que dificilmente conseguiremos honrar. Não prometa nada se não tiver a intenção de cumprir. Só gere expectativas no coração de alguém quando você tiver condições de supri-las. Honre as promessas feitas a sua família, os contratos firmados no trabalho, o empenho prometido aos seus líderes! Honre sua palavra diante de Deus.

MINHAS REFLEXÕES

CAVERNA E ASAS

Misericórdia, ó Deus; misericórdia, pois em ti a minha alma se refugia. Eu me refugiarei à sombra das tuas asas, até que passe o perigo.

SALMO 57:1

Davi era um homem que sabia muito bem a importância de um refúgio seguro. Com sua cabeça a prêmio, foi perseguido, procurado, por vezes caçado; encontrou segurança na caverna de Adulão. Em um refúgio escuro em meio a rochas gélidas, esse exímio poeta consegue vislumbrar outro refúgio mais confortável, repleto de cuidado, calor e carinho: as asas do Altíssimo. Jesus, quando lamenta sobre Jerusalém, utiliza a figura de uma galinha que acolhe seus pintinhos debaixo de suas asas, para demonstrar o cuidado de Deus sobre Seu povo (MATEUS 23:37). O salmista, séculos antes, usou a mesma metáfora, pois ele entendia que o lugar de maior descanso em meio aos perigos é sob as asas divinas.

A caverna não protege você; ela o oculta dos inimigos, mas você mesmo deve estar pronto para se defender caso seja encontrado. A asa é diferente: um pintinho não precisa procurar defender-se, pois a galinha se encarrega de sua proteção, isto é, debaixo das asas podemos descansar sem preocupação, porque quem as estende sobre nós se responsabiliza por afastar o perigo e zelar por nossa vida.

A proteção do Senhor está a sua disposição. Busque hoje mesmo se aproximar mais do Pai. Um pintinho não consegue se aconchegar debaixo das asas da galinha se estiver longe dela; para sentir-se seguro, é necessário estar muito próximo de quem o protege. Pertinho de Deus sinta Seu calor e cuidado; em Sua sombra os inimigos poderão até rodear você, mas não o alcançarão. Refugie-se em Deus e todos os perigos que intentam contra a sua vida serão anulados.

19 DE MAIO

ARAPUCA

Preparam armadilhas para os meus pés; fiquei muito abatido. Abriram uma cova no meu caminho, mas foram eles que nela caíram. Meu coração está firme, ó Deus, meu coração está firme; cantarei ao som de instrumentos!

SALMO 57:6,7

Acredito que todo menino, pelo menos os das gerações mais antigas, já montaram uma arapuca no meio do mato para caçar pequenos animais, principalmente passarinhos. A arapuca é uma armadilha artesanal cujo objetivo não é matar o pássaro, mas, sim, aprisioná-lo, privando-o de voar livremente.

Por vezes algumas arapucas são colocadas ao longo da nossa caminhada, e quando, desatentos, caímos nelas ficamos presos, impedidos de caminhar para o propósito que Deus preparou para a nossa vida. São nestes momentos que temos a sensação de que nossos projetos de vida não saem do lugar; tudo que empreendemos fica paralisado, como se algo estivesse amarrado. Não conseguimos avançar em nada que começamos, seja um curso, um emprego, um relacionamento ou até mesmo um ministério. Mas, além de armadilhas, nosso inimigo prepara uma cova com objetivo de sepultar nossos sonhos, nossa intimidade com Deus e nosso futuro.

Talvez você se encontre aprisionado sem conseguir avançar na vida. As arapucas que foram colocas diante de você o fizeram estagnar, e a cova no caminho tem enterrado aquilo que o Senhor colocou nas suas mãos. O conselho para o dia de hoje é: firme seu coração em Deus e confie que o Senhor livrará seus pés das armadilhas colocadas à sua frente. Você caminhará com passos livres, sem amarras para o destino brilhante que o Senhor tem preparado.

MINHAS REFLEXÕES

20 DE MAIO

A JUSTIÇA É CEGA

Será que vocês, poderosos, falam de fato com justiça?
Será que vocês, homens, julgam retamente? Não!
No coração vocês tramam a injustiça, e na terra as suas mãos
espalham a violência. SALMO 58:1,2

MINHAS REFLEXÕES

Um dos símbolos que representa a justiça é a estátua da deusa romana Justitia — uma mulher com uma espada em uma das mãos e, na outra, uma balança. Talvez a característica mais marcante são os olhos vendados que denunciam sua cegueira. Essa cegueira, por sua vez, representa a imparcialidade dos julgamentos, onde a justiça não olha quem está sendo julgado, mas cumpre o rigor da lei.

A justiça é cega? De fato é. Não por ser imparcial, até porque, muitas vezes pratica julgamentos tendenciosos e comete injustiças. Mas a justiça humana é realmente cega pelo fato de ser imperfeita, limitada e incapaz de ter conhecimento sobre todas as coisas. Diante dos homens, corremos o risco de sermos julgados injustamente, condenados apenas por alguém não gostar do nosso jeito de ser. Quando isso acontece, devemos ter a ciência de que nossa vida está nas mãos do Criador do mundo e Sua justiça virá sobre nós.

Devemos respeitar a justiça humana e suas instâncias, afinal, em Romanos 13:1 diz que "toda autoridade foi instituída por Deus", mas o que tem maior valor é sermos absolvidos no tribunal de Deus. Mesmo que neste momento você esteja sendo tratado com injustiça, espere em Deus com paciência, pois Ele fará justiça, e o Salmo 58 garante isso: "Então os homens comentarão: 'De fato os justos têm a sua recompensa; com certeza há um Deus que faz justiça na terra'" (v.11). A justiça divina não falha, porque a justiça de Deus não é cega. Entregue hoje a sua causa à instância divina.

21 DE MAIO

LEÃO BANGUELA

Quebra os dentes deles, ó Deus; arranca, SENHOR, as presas desses leões! Desapareçam como a água que escorre! Quando empunharem o arco, caiam sem força as suas flechas!
SALMO 58:6,7

O leão é um animal de porte imponente, de rugido feroz e detém o respeitado título de "rei da selva". Para o antigo Israel, o leão, juntamente com a serpente, representava um perigo real. Ambos eram temidos por suas presas; do primeiro, fortes e destrutivas; do segundo, venenosas.

O salmista usa esse majestoso animal como uma metáfora representando os ímpios, sempre prontos a nos causar dano, e seu clamor é para que as presas do leão sejam destruídas. Pense comigo! Um leão banguela perde sua dignidade, sua imponência e até mesmo sua autoridade, porque fica impotente para ferir e matar. Dessa forma o Senhor faz com nossos inimigos; Ele arranca-lhes as presas mortais, e quando prepararam uma arma contra nós, suas setas malignas sequer nos alcançam, pois o Senhor retirou-lhes a força que tinham para nos atacar.

A Bíblia nos alerta em 1 Pedro 5:8: "Sejam sóbrios e vigiem. O diabo, o inimigo de vocês, anda ao redor como leão, rugindo e procurando a quem possa devorar". O inimigo pode se levantar pronto para nos ferir. Ele investe em sua única estratégia, que é a tentativa de nos amedrontar através do seu rugido, mas nada pode fazer porque seus dentes foram quebrados pelo Senhor. Fortaleça-se hoje em Deus e saiba que os levantes do seu inimigo serão sem êxito, pois o Deus Todo-poderoso tirou a força dele, e agora aquele que está rugindo procurando gerar temor não passa de um leão banguela.

MINHAS REFLEXÕES

22 DE MAIO

PREPARANDO-SE PARA O ENCONTRO

*O meu Deus fiel virá ao meu encontro
e permitirá que eu triunfe sobre os meus inimigos.*
SALMO 59:10

MINHAS REFLEXÕES

É comum ficarmos apreensivos quando temos um encontro importante marcado. Devido à grande expectativa, alguns pensam antecipadamente em cada detalhe: verificam os sapatos, preparam as melhores roupas, conferem e testam à exaustão a melhor combinação dos adereços. Tudo isso para que nada dê errado no tão aguardado encontro. A ocasião pode ser uma entrevista de emprego, uma reunião com um cliente para fechar um grande negócio, uma festa para celebrar uma conquista ou até mesmo um jantar com a pessoa amada. Todos esses momentos aceleram nosso coração.

Se os encontros desta vida nos deixam apreensivos, quanto mais o encontro com o Deus Eterno. Nós desconhecemos o dia e a hora, mas nosso encontro com o Criador já está marcado na agenda celestial. Precisamos nos preparar para esse singular encontro, ansiar por ele, gerar expectativas em nosso coração e cuidar das nossas vestes para que permaneçam sempre limpas. Esse será o encontro mais importante de nossas vidas, pois definirá nossa eternidade.

Nesse momento sublime em que nos encontraremos com o Senhor nos ares, triunfaremos sobre todos os inimigos. Não sofreremos mais tentações, o pecado não dominará nossa mente, a morte será aniquilada, as dores e choros desta vida cessarão. Como você está se preparando para esse momento? Suas vestes estão limpas? Apocalipse 22:14 diz: "Bem-aventurados aqueles que lavam as suas vestiduras no sangue do Cordeiro..." (ARA). Hoje ainda há tempo para você se preparar para o encontro, adornar-se e aguardar pela vinda do Autor da vida.

23 DE MAIO

O PEIXE MORRE PELA BOCA

Pelos pecados de suas bocas, pelas palavras de seus lábios, sejam apanhados em seu orgulho. Pelas maldições e mentiras que pronunciam, consome-os em tua ira, consome-os até que não mais existam. Então se saberá até os confins da terra que Deus governa Jacó. SALMO 59:12,13

O dito popular que afirma que "o peixe morre pela boca" quer dizer que a boca aberta do peixe o expõe a sérios perigos, pois faz ele ser fisgado pelo anzol e assim começar a morrer aos poucos.

O clamor de Davi para que o Senhor destrua seus inimigos utilizando suas próprias palavras como provas de acusação nos serve de alerta. Nossas palavras servem para abençoar, mas também têm poder de decretar maldições; cabe à cada um decidir como quer utilizá-las. As palavras que proferimos demostram o conteúdo armazenado em nosso coração e as prioridades de nossa alma. Se nosso ser é consagrado ao Senhor, nossa boca deve expressar as coisas do Céu e não devemos dar lugar a maledicências, pois, se assim fizermos, desviaremos o propósito da nossa fala. Tiago 3:10,11 diz: "Da mesma boca procedem bênção e maldição. Meus irmãos, não pode ser assim! Acaso pode sair água doce e água amarga da mesma fonte?". Com nossos lábios, ou adoramos a Deus, ou damos lugar ao diabo. Fazer os dois é incoerência.

No dia de hoje, evite reclamações, palavras torpes, de ódio ou julgamento. Utilize suas palavras para abençoar, inspirar, elogiar as pessoas ao seu redor. Não use sua boca para dar lugar ao pecado, mas que ela declare a vida; encha-se do louvor ao Senhor com palavras de gratidão e exaltação. Refreie sua língua, sujeite-a à vontade de Deus e pense antes de falar. Dessa forma você não será condenado por suas palavras e não morrerá pela boca, mas, pelo contrário, desfrutará da eternidade bendizendo ao Senhor.

MINHAS REFLEXÕES

24 DE MAIO

ESPERANÇA PARA TEMPOS DIFÍCEIS

Fizeste passar o teu povo por tempos difíceis; deste-nos um vinho estonteante. Mas aos que te temem deste um sinal para que fugissem das flechas.
SALMO 60:3,4

MINHAS REFLEXÕES

Mesmo sendo parte do povo de Deus, passamos por tempos de dificuldades. É mentiroso o evangelho que faz as pessoas acreditarem que não terão mais problemas depois que aceitarem a Jesus como Senhor e Salvador. Precisamos entender que, quando estamos em Cristo, passamos por dificuldades como qualquer outra pessoa; o que de fato muda é a postura que temos diante dos problemas.

Sem Cristo não há esperança; por isso muitos são envolvidos pelo desespero quando não conseguem enxergar uma saída. O salmista compara esse período de dificuldades com o fato de se embriagar com o vinho — a mente fica confusa, atordoada, e perde-se o rumo para onde sua vida está indo. Mas, quando entregamos nossa vida para Jesus e o controle da nossa história está nas mãos do Eterno, enfrentamos os tempos difíceis de cabeça erguida com os olhos fixos em Deus, confiando que Ele cuidará de nós. Sabemos que, por mais que se agigantem os problemas, as dificuldades são passageiras, e o Senhor nos fortalece para que possamos suportá-las.

Lições precisam ser aprendidas em cada período de dificuldade, pois Deus utiliza esses momentos para nos moldar. Se essa é sua realidade hoje, saiba que o Senhor está ao seu lado, e você sairá dessa difícil fase mais fortalecido. Os desafios que você está vivendo ficarão para trás e restarão apenas as lembranças, que servirão de testemunho sobre a fidelidade de Deus. Mesmo em meio a tempos difíceis, glorifique a Deus, pois no tempo oportuno Ele lhe dará uma saída.

25 DE MAIO

PEDIDO DE SOCORRO

Dá-nos ajuda contra os adversários, pois inútil é o socorro do homem. Com Deus conquistaremos a vitória, e ele pisoteará os nossos adversários.

SALMO 60:11,12

Acredito que você já tenha pedido ajuda para alguém que não pôde ajudá-lo. Por vezes as pessoas até se disponibilizam para tentar nos socorrer, mas os esforços são em vão, pois desconhecem a melhor solução ou são incapazes de amenizar o sofrimento. Assim como não conseguimos amenizar uma dor de cabeça tomando um remédio para o estômago, também não conseguimos ajuda buscando no lugar errado. Precisamos do medicamento correto para nossas aflições, e só o encontraremos quando direcionarmos nosso clamor a quem tem poder para agir em nosso favor.

Existem momentos da nossa vida que ninguém consegue intervir de maneira eficaz em nossas dificuldades; apenas o Senhor tem a solução para nossa aflição. Creio que o próprio Deus permite que tais problemas aconteçam quando percebe que estamos nos distanciando dele, buscando soluções humanas para nossos dilemas. Dessa forma relembramos que somos dependentes do Pai e que sem Ele nada podemos fazer.

Como é bom termos amigos, familiares ou líderes que, ao primeiro sinal de dificuldade, correm para nos socorrer. Apesar de ser importante poder contar com pessoas ao nosso lado, não são todas as situações que serão solucionadas com apoio humano. Algumas vitórias só serão possíveis mediante intervenção divina. É possível que você já tenha esgotado as alternativas de socorro, e o pensamento de desistir já esteja permeando em sua mente. Peça socorro Àquele que pode socorrer, clame ao Senhor e celebre a vitória conquistada mediante o sangue de Cristo.

MINHAS REFLEXÕES

A SALVO NO ALTO

*Ouve o meu clamor, ó Deus; atenta para a minha oração.
Desde os confins da terra eu clamo a ti, com o coração abatido;
põe-me à salvo na rocha mais alta do que eu.*
SALMO 61:1,2

MINHAS REFLEXÕES

Quando vou à praia e entro no mar com minha filha, uma brincadeira é corriqueira: pular ondas. Essa atividade rende horas de diversão, mas também alguns tombos e goles involuntários de água salgada. Eca! Algo muito comum de acontecer é, quando estamos na eminência de ser atingidos por uma onda muito grande, eu segurar em suas mãozinhas para impulsioná-la para cima ou pegá-la no colo. Ao trazê-la a uma altura acima dela mesma, ela está segura e a salvo, pois, com os pés na areia, não conseguiria transpor a dificuldade que se apresenta como um muro de água.

Em nossa vida, acontece algo muito similar; somos castigados por situações que se avolumam à nossa frente. Alguns problemas parecem intransponíveis e, quando nos deparamos com eles, se ficarmos onde estamos, seremos engolidos. A maneira de nos livrarmos é sermos trazidos ao colo do nosso Pai Eterno. Quando Deus nos leva para o alto, estamos a salvo de qualquer adversidade.

Nos momentos em que a maré dos problemas começa se agitar e a subir e nossos pés começam a atolar na areia fofa, nosso coração se abate. Ansiamos por encontrar um lugar elevado para nos proteger, para ali termos esperança de salvação. É nesse momento em meio à turbulência do mar da vida que exultamos ao encontrar a Rocha Eterna. O Salmo 18:2 diz que "o Senhor é nossa rocha". E é sobre Ele, a rocha mais elevada que qualquer dificuldade, que nos encontramos a salvo. Vá hoje à Rocha e, de lá de cima, vislumbre os problemas abaixo dos seus pés.

27 DE MAIO

HERANÇA VALIOSA

Pois ouviste os meus votos, ó Deus; deste-me a herança que concedes aos que temem o teu nome.
SALMO 61:5

Quantos de nós já sonhamos em receber uma herança. Como é bom gerar uma expectativa de que algum dia um parente muito rico, que nós nem sabíamos que existia, deixou algo muito valioso para nós! Mas esse sonho, comum em romances e filmes, é muito distante da realidade. Herança não se compra, herança é doada, por isso, receber uma herança é ganhar um tesouro valioso, de graça.

Quando você recebe uma herança, é fato que você não lutou nem trabalhou para conquistar aquele tesouro; alguém fez isso por você. Esse tesouro contido na herança é algo que foi construído com muito esforço, mas, através da morte do dono do tesouro, a herança é repassada a quem ele destinar.

Existe uma herança que não é composta de ouro nem prata, mas de vida eterna. Não fizemos nada para conquistá-la, foi Jesus quem fez. E através da Sua morte e ressurreição, Ele doa a preciosa vida eterna a todos aqueles que temem o Seu nome.

A herança doada por Jesus Cristo é muito mais valiosa do que qualquer bem terreno. Mas, para receber a vida eterna, é necessário conhecer de perto e ter intimidade com o Doador. Diferente das heranças deste mundo, ninguém a recebe de repente, ou é surpreendido sendo salvo sem saber. É preciso nutrir um relacionamento com Deus e aceitar Jesus como Salvador pessoal. Hoje é dia de incluir seu nome no testamento dos Céus. Deixe Jesus fazer morada em você, aceite o que Ele já conquistou na cruz e desfrute da mais valiosa herança que você pode receber: a vida eterna.

MINHAS REFLEXÕES

ABNER BAHR

28 DE MAIO

DELÍCIAS AMARGAS

*Todo o propósito deles é derrubá-lo de sua posição elevada;
eles se deliciam com mentiras.
Com a boca abençoam, mas no íntimo amaldiçoam.*

SALMO 62:4

MINHAS REFLEXÕES

Apesar de não ser identificado o exato período em que o salmista escreve essas palavras, é consenso que ele passava por um momento de traição, em que as mentiras proferidas contra ele faziam parte do seu dia a dia. A mentira procede do inferno, e em nenhuma circunstância existem justificativas para propagá-las. Por mais que, em um primeiro momento, haja a impressão de que uma pequena mentira é inofensiva, seu final sempre é a oposição à vontade de Deus.

Os lábios mentirosos são dissimulados a ponto de bendizer e exaltar uma pessoa em sua presença, mas tramar ciladas e inflamar palavras ofensivas em sua ausência. Infelizmente há pessoas que fazem das mentiras seu estilo de vida e, apegadas ao engano, deliciam-se ao constatar que suas palavras desviaram a verdade e causaram algum dano. Os mentirosos não se dão conta de que, se permanecerem com suas palavras caluniosas, seu destino é uma eternidade sem Deus.

Referindo-se à salvação, João diz em Apocalipse 22:15 que "ficarão de fora todos os que amam e praticam a mentira". Quão amargo será o afastamento eterno de Deus! Você foi criado para desfrutar da doçura da verdade, e não para ter sua boca amarrada com o amargor da mentira.

Escolha hoje caminhar na verdade, negociar com verdade, ser verdadeiro em seus relacionamentos, falar e praticar a verdade. Elimine dos seus pensamentos e dos seus lábios toda palavra que contradiga a verdade, porque podem até parecer palavras deliciosas, mas seu fim é amargo.

DERRAMANDO O CORAÇÃO

Confiem nele em todos os momentos, ó povo; derramem diante dele o coração, pois ele é o nosso refúgio.
SALMO 62:8

Existe um jargão que diz: "Não adianta chorar pelo leite derramado". Dizemos isso quando avaliamos que é tarde demais para lamentar por aquilo que já passou. Entendo que existe outra significação implícita nesse ditado popular: uma vez que algo é derramado, não conseguimos juntá-lo novamente; é uma ação sem volta.

Derramar o coração diante do Senhor denota entrega total. Deixamos tudo o que somos aos Seus pés, sem arrependimentos. Não existe outra resposta que possamos dar ao Deus que se derramou completamente por nós senão nos derramarmos a Ele sem reter coisa alguma. Derramamos o coração quando nos dedicamos à oração intensa, com o objetivo de nos esvaziarmos de tudo que está em nós. R. N. Champlin compara esse momento de súplica a um vaso que é derramado a fim de ser cheio novamente. As fontes do Céu são inesgotáveis, por isso devemos constantemente derramar nosso coração para sermos reabastecidos com uma porção fresca vinda das despensas celestiais.

Derrame diante do Eterno a essência do teu coração. Não retenha adoração, gratidão e súplica; entorne aos pés de Jesus tudo que está dentro de você. A questão aqui não é chorar pelo leite derramado, mas, sim, derramar lágrimas de quebrantamento enquanto derramamos nossa própria vida. O que derramamos diante do Senhor não conseguimos mais juntar para nós, mas, do alto, nossa alma será reabastecida. Hoje é dia de você se derramar ao Senhor.

MINHAS REFLEXÕES

ABNER BAHR

30 DE MAIO

OÁSIS NO DESERTO

Ó Deus, tu és o meu Deus, eu te busco intensamente; a minha alma tem sede de ti! Todo o meu ser anseia por ti, numa terra seca, exausta e sem água.

SALMO 63:1

MINHAS REFLEXÕES

Os médicos recomendam a ingestão de pelo menos dois litros de água por dia para manter a saúde e o bom funcionamento dos nossos órgãos vitais. É comprovado cientificamente que o ser humano suporta ficar mais tempo sem comer do que sem ingerir água. Por isso, em longas jornadas pelo deserto, os oásis, pequenas porções de vegetação com nascentes de água fresca, são a salvação para os sedentos viajantes. Por vezes, encontrar um oásis significa permanecer vivo, pois, debaixo do sol escaldante, peregrinando em uma terra seca, escassa de água, é impossível manter a vida.

O mundo em que vivemos é hostil. Estamos em meio a uma sociedade seca que nada tem a oferecer para saciar a sede da alma humana. Peregrinamos nos desertos da vida sedentos por algo que refrigere nossa existência, mas, se buscarmos por algo desta Terra, morreremos ao longo do caminho. Nosso anseio é, diante da sequidão desértica gerada pelos problemas, encontrar a fonte divina para reabastecer nossa vida. Jesus diz em João 7:37: "... se alguém tem sede venha a mim e beba". Eis aí nosso oásis.

Se você tem a sensação de que não consegue florescer e que a vida está se esvaindo aos poucos, é possível que hoje sua alma deseje água fresca. Vá até Jesus, a Fonte abundante, e sacie sua sede. Ele é seu oásis. Não espere estar quase perecendo para recorrer a Deus, não deixe sua vida chegar em um estágio avançado de desidratação. Busque a água que nutre sua vida e seja saciado em meio à sequidão do deserto.

31 DE MAIO

MELHOR DO QUE CONTAR CARNEIRINHOS

*Quando me deito lembro-me de ti;
penso em ti durante as vigílias da noite.*
SALMO 63:6

Para aqueles que têm dificuldades para dormir, a sabedoria popular ensina a contar carneirinhos para conseguir adormecer mais rapidamente. Desconheço a explicação sobre a eficácia desse método, mas acredito que a monotonia desacelere a mente, fazendo-a relaxar até adormecer.

Como filhos de Deus, não necessitamos de tal estratégia. Quando deitamos nossa cabeça no travesseiro, temos o privilégio de meditar nos grandes feitos do Senhor. Trazer à memória tudo o que Ele fez por nós, relembrar as bênçãos depositadas em nossa vida e meditar na grandeza e poder do Deus eterno, que age em favor de Seu povo, é muito melhor do que contar carneirinhos. Ao repousarmos nosso corpo depois de um dia desgastante, devemos elevar nosso pensamento aos Céus, aproveitar a quietude da noite e deixar nossa mente ser invadida pelo Deus eterno. Dessa forma teremos um sono restaurador, pois a noite será repleta da paz de Cristo.

Ao se deitar na noite de hoje, desligue a televisão, deixe de lado seu celular ou qualquer outro dispositivo eletrônico. Não antecipe as preocupações do dia de amanhã, mas ore agradecendo o cuidado sobre sua vida. Eleve seus pensamentos ao trono da graça de Deus, mantenha sua mente cativa aos Céus e se deleite com tudo que o Senhor trará à sua memória. Deus zelará pela tranquilidade do seu sono, e você dormirá em paz sentindo como se estivesse deitado no colo do Pai amoroso.

MINHAS REFLEXÕES

ABNER BAHR

1º DE JUNHO

DEUS PROTETOR

Ouve-me, ó Deus, quando faço a minha queixa; protege a minha vida do inimigo ameaçador. SALMOS 64:1

MINHAS REFLEXÕES

Diante dos inimigos que tramavam contra ele, Davi procura a ajuda de Deus pedindo proteção através de uma oração que mais se parece com uma queixa ou até mesmo que soa como uma declaração de que pensamentos inquietantes o têm afligido. É fato que essa trama era ainda mais perigosa porque se tratava de ataques feitos pelas costas e não de inimigos conhecidos. Esses ataques teriam como justa retribuição uma reação forte e defensiva de Deus como prova de Sua proteção para com Seus filhos.

Por mais que os inimigos se juntem com o fim de unir forças para nos atacar, o poder de Deus sempre se mostra muito mais eficiente. As palavras de injúrias e calúnias que são lançadas também em forma de ataque cruel, nada mais são do que frutos de vidas amarguradas e sem propósitos, mas que não atingem os filhos que desfrutam da proteção do Pai. Mesmo que essas ações sejam feitas de forma velada e obscura, tentando nos atingir de surpresa, nenhum mal poderá nos destruir completamente. É importante não se abater e manter a confiança firme no Senhor, porque a cada dia surgirão novas tentativas do inimigo de nos assolar, a cada momento ele estará à procura de novas formas de nos fazer mal, intentando infligir qualquer tipo de dano através dessas ações, seja aflição, sofrimento ou dor.

É tempo de ficar em paz, pois mal sabem esses inimigos que a reação de Deus será forte e contundente, e são eles que começarão a ter medo. "O Deus do Arco e da Flecha atira! Eles caem de dor, caem de cara no chão à vista da multidão, que se alegra" (Salmo 64:7 – A Mensagem). Seja qual for a sua dificuldade, saiba que Deus guarda todos os que se refugiam nele. Todos verão que Deus protege os Seus filhos; todos saberão que esse é o nosso Deus!

2 DE JUNHO

DEUS SABE

Alegrem-se os justos no Senhor e nele busquem refúgio; congratulem-se todos os retos de coração! SALMO 64:10

Deus jamais deixará sem resposta a oração de um justo, nem mesmo permitirá que ele fique tanto tempo na aflição e sofrimento. Basta entender e esperar a ação de Deus, pois, quando Sua mão se estende em nosso favor, os livramentos acontecem, a vitória se instaura e com ela a alegria vem. São nossas atitudes de lealde e fé no Senhor que muitas vezes geram os ataques e afrontas de inimigos tanto nossos quanto da obra de Deus, mas é exatamente aí que está a convicção de que Ele agirá, pois seremos preservados por causa da fidelidade — "...o justo viverá pela sua fé" (Habacuque 2:4 – NAA).

Ainda que as tramas do inimigo pareçam estar escondidas, ou mesmo que estejam aparentemente às escuras, assemelhando-se a emboscadas e armadilhas, nada fica em oculto para Deus, que estende Seus olhos sobre a Terra e contempla todos, tanto maus quanto bons. Tenha por certo que os segredos mais bem guardados e profundos de todos aqueles que querem fazer mal contra você e que se opõem a tudo aquilo que é propósito de Deus para conduzir você em triunfo serão completamente expostos, e seus planos, desmascarados.

Se por algum motivo você se sente diminuído ou depreciado por alguém, se por outro lado, seus sonhos foram destruídos e seus planos já não mostram mais uma possibilidade de realização, não permita que a escuridão das circunstâncias impeçam que seus olhos se voltem para Deus, tampouco que os seus projetos caiam no esquecimento. O Senhor o guiará e o conduzirá em conquistas e realizações para Sua glória. O Pai conhece cada passo seu, sabe o que está dentro da sua alma, e Ele estende Seus ouvidos para ouvir o seu clamor em oração, está atento à aflição do seu coração e pronto para trazer conforto e paz.

MINHAS REFLEXÕES

ELENILSON SOUZA

3 DE JUNHO

GRATIDÃO E LOUVOR

Como são felizes aqueles que escolhes e trazes a ti, para viverem nos teus átrios! Transbordamos de bênçãos da tua casa, do teu santo templo! SALMO 65:4

MINHAS REFLEXÕES

Felicidade certamente é o estado de alguém que está sob os cuidados do Senhor, e que, por consequência, pode se sentir também entusiasmado para expressar essa alegria através de palavras de gratidão e louvor. Viver sob a dependência de Deus, apesar das circunstâncias, é uma forma sábia de adorá-lo, reconhecendo Seu cuidado e desejo de nos manter sempre perto, mesmo sabendo de nossos pecados, pois Ele perdoa cada um deles. Fica claro aqui também que essa adoração leva em conta a grandeza e soberania de Deus, que detém todo poder criador e sustentador de todas as coisas. Quando pensamos em toda a provisão vinda do Pai, bem como a restituição de tudo aquilo que o inimigo pensou ter roubado, não há outro desejo que não seja o de agradecer e louvar.

A revelação de Deus que encontramos nesse salmo nos mostra Seu poder criador e sustentador de tudo e de todos. Sob esse aspecto, observamos Seu cuidado e atenção em cada detalhe para que as coisas caminhem em perfeita ordem e harmonia. Sabemos, é claro, que não é assim que acontece sempre, pois a humanidade muitas vezes prefere trilhar seus próprios caminhos. Mas, se hoje você decidir estar sob o cuidado de Deus, estará sendo preparado por Ele mesmo para viver neste tempo uma vida plena e frutífera, produzindo sempre algo de bom para você e para todos que o cercam, e caminhando seguramente para um futuro de alegria e paz na vida eterna ao lado do Pai. Tenha um coração sempre grato a Deus, louvando a Ele em todo o tempo, pois isso também será alegria para o Seu coração, e Ele retribuirá você com Seu amor e cuidado sempre presentes.

4 DE JUNHO

DEUS GENEROSO

Como são felizes aqueles que escolhes e trazes a ti, para viverem nos teus átrios! Transbordamos de bênçãos da tua casa, do teu santo templo! SALMO 65:4

Ao ler esse salmo, creio que você também pode se imaginar diante de um vasto gramado verde tendo ao fundo o pôr do sol. Parece-nos que Davi estava observando uma cena semelhante a essa; ou talvez, uma rica plantação esbanjando fartura. De qualquer forma, fica evidente a demonstração do poder de Deus em Sua criação, e mais ainda, Sua força sustentadora e Sua generosidade. Essas qualidades apenas evidenciam a graça do Pai, que a cada manhã renova sobre nós Suas misericórdias. É por isso que uma atitude de louvor é o que se espera de todos aqueles que o amam, mesmo que esse louvor seja representado por um silêncio contemplativo em reverência a Sua majestade. Em Deus está todo o poder, não apenas para criar e sustentar, mas para ser Senhor absoluto da natureza e também do homem, atuando com uma justiça em constante dinâmica, corrigindo o que está errado e harmonizando o que está fora de ordem. Charles Wesley, líder do movimento metodista, disse: "Os braços amorosos que me cercam querem abraçar a humanidade toda".

Não restam dúvidas de que nossa confiança e esperança precisam estar postas em Deus. Não há outro refúgio, descanso ou segurança longe de Seus braços, e até os confins da Terra estão sob Seu olhar cuidadoso. A beleza de toda a natureza, com suas terras férteis e diversidades tão deslumbrantes, faz-nos concluir o quão generoso é o nosso Deus e como Ele está sempre pronto a demonstrar bondade e dar em abundância, como um trator que prepara a terra e enquanto passa, vai deixando pelo caminho sua abundância. Quanta alegria deve ter agora em seu coração, afinal, Deus, o Pai, está neste exato momento cuidando e guardando você e, a cada minuto desse dia, mostrando Sua generosidade.

MINHAS REFLEXÕES

ELENILSON SOUZA

OFERTAS DE GRATIDÃO

Aclamem a Deus, povos de toda terra! Cantem louvores ao seu glorioso nome; louvem-no gloriosamente!
SALMO 66:1,2

MINHAS REFLEXÕES

Nesse salmo, mais uma vez somos chamados para louvar ao Senhor como reconhecimento do Seu poder e bondade. A alegria invade o coração porque esse é o Deus que escuta as orações e as responde; Ele não se preocupa com o tamanho de nossa dificuldade, nem com o meio que utilizará para dar o livramento. Podemos estar seguros de Sua atuação em nosso favor e então estender o convite à adoração para todos os que nos cercam. Juntos louvaremos o Seu nome pelos atos grandiosos, o exaltaremos pelo Seu poder, e compreenderemos que tudo e todas as coisas estão submissas a Sua vontade.

É nesse momento em que nos lembramos de tudo o que Deus já fez por nós e, assim como o salmista, recordamos, por exemplo, quando o povo de Deus recebeu o escape do exército egípcio em frente ao mar; Deus transformou o mar em terra seca, e o povo atravessou a pé (v.6). Isso nos faz refletir sobre todas as vezes que, aparentemente sem solução nenhuma, o Senhor proveu livramento e nos conduziu no caminho de Sua vontade. O que o salmo também nos ensina é que muitas vezes temos até que gritar, mas como uma expressão de exultação e na confiança no agir de Deus (v.8). Mesmo que o livramento não seja algo visível, o louvor já deve estar em nossos lábios até que ele aconteça, sabendo esperar com o coração aberto e confiante na resposta. Seja encorajado ao saber que Deus ouve e atende o coração contrito e confiante, que tem sempre nos lábios o louvor; afinal, é a nós que compete o louvor. Louvar é parte essencial do ser humano, e o Senhor nosso Deus é o único digno desse louvor e de receber ofertas de gratidão.

6 DE JUNHO

O PRESERVADOR DA VIDA

Bendigam o nosso Deus, ó povos, façam ressoar o som do seu louvor; foi ele quem preservou as nossas vidas impedindo que os nossos pés escorregassem. SALMO 66:8,9

O fato de que Deus pode fazer qualquer coisa não se é segredo. Talvez o que você às vezes não se lembre é que o Ele fez e faz por outros pode fazer por você também. Os feitos poderosos de Deus podem ser vistos por todos, e quando você também os vê, dá os primeiros passos para crer ainda mais no Seu poder. Note aqui os exemplos dados pelo salmista, quando, às margens do mar Vermelho, aquilo que era impossível Deus tornou possível; as águas foram abertas, e o povo atravessou em terra seca (vv.8,9). A vida deles parecia estar perdida, até que Deus trouxe a salvação. Quando o povo de Deus foi liberto da escravidão, à frente deles surgiu o mar, mas o Senhor estendeu Sua poderosa mão e fez toda aquela água recuar.

Esse é um dos vários motivos para adorarmos ao Senhor, e várias vezes os Seus livramentos são trazidos à memória através de Sua Palavra, para que tenhamos a certeza de que Deus opera em nosso favor quando depositamos nele a nossa confiança. As provações pelas quais o Pai permite que passemos não são para nos destruir, mas nos purificar e nos tornar melhores. A prata de boa qualidade precisa passar pelo fogo por até sete vezes para ser refinada. Ainda que se tenha a impressão de estar se afogando em um mar de incertezas e desilusões, ou mesmo de ter caído em uma armadilha colocada pelo inimigo, é o próprio Deus quem nos preserva a vida. Persevere na santidade e saiba que o lugar mais seguro para se estar é ao lado do Pai. Esteja atento para não retornar às velhas práticas, voltando à escravidão, mas viva de forma produtiva resultante de uma constante transformação do caráter que começa com a fé e gera o amor.

MINHAS REFLEXÕES

ELENILSON SOUZA

7 DE JUNHO

A BÊNÇÃO DA PRESENÇA

Que Deus tenha misericórdia de nós e nos abençoe, e faça resplandecer o seu rosto sobre nós, para que sejam conhecidos na terra os teus caminhos, a tua salvação entre todas as nações.
SALMO 67:1,2

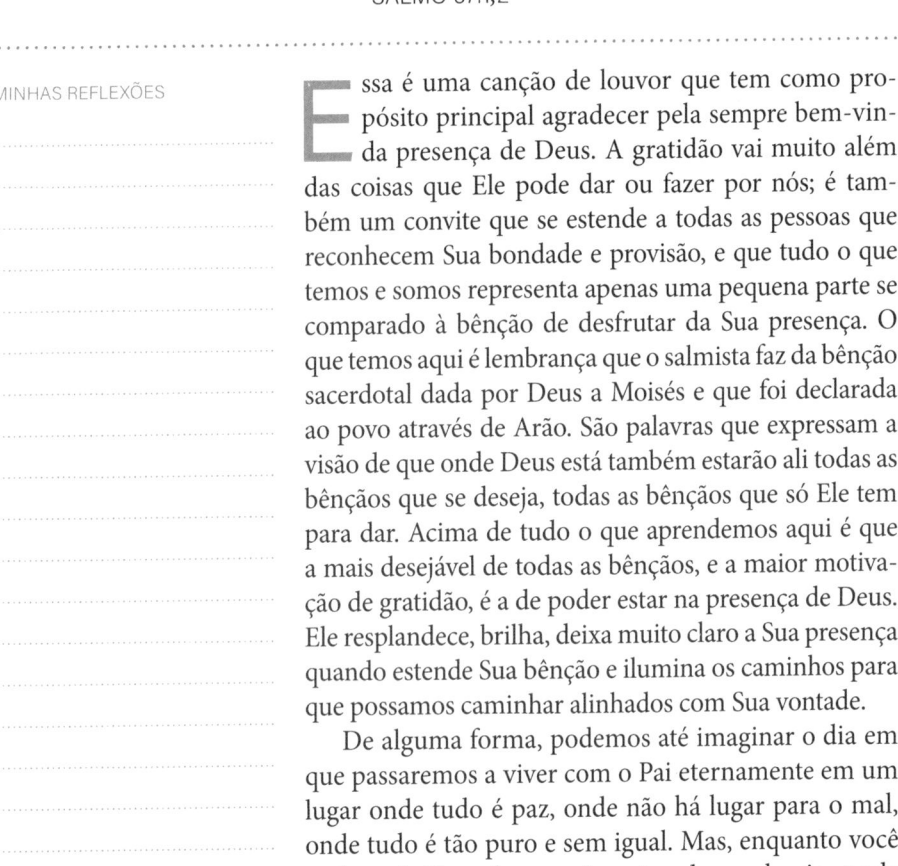

MINHAS REFLEXÕES

Essa é uma canção de louvor que tem como propósito principal agradecer pela sempre bem-vinda presença de Deus. A gratidão vai muito além das coisas que Ele pode dar ou fazer por nós; é também um convite que se estende a todas as pessoas que reconhecem Sua bondade e provisão, e que tudo o que temos e somos representa apenas uma pequena parte se comparado à bênção de desfrutar da Sua presença. O que temos aqui é lembrança que o salmista faz da bênção sacerdotal dada por Deus a Moisés e que foi declarada ao povo através de Arão. São palavras que expressam a visão de que onde Deus está também estarão ali todas as bênçãos que se deseja, todas as bênçãos que só Ele tem para dar. Acima de tudo o que aprendemos aqui é que a mais desejável de todas as bênçãos, e a maior motivação de gratidão, é a de poder estar na presença de Deus. Ele resplandece, brilha, deixa muito claro a Sua presença quando estende Sua bênção e ilumina os caminhos para que possamos caminhar alinhados com Sua vontade.

De alguma forma, podemos até imaginar o dia em que passaremos a viver com o Pai eternamente em um lugar onde tudo é paz, onde não há lugar para o mal, onde tudo é tão puro e sem igual. Mas, enquanto você está aqui, já pode experimentar dessa alegria, pode provar os encantos desse lar, na medida em que viver como Jesus viveu, que, mesmo estando em lutas e dor, estava em paz, pois colocou Sua vida nas mãos do Pai. O Céu pode ser o lugar onde você louva, coloca-se de joelhos em oração e, se diante da ofensa, você sabe perdoar. Almejar o Céu é desejar a presença de Deus, e não há nada que possa dar mais alegria e satisfação do que desfrutar hoje da bênção da presença do Pai.

8 DE JUNHO

OS EFEITOS DA PRESENÇA

Tu és temível no teu santuário, ó Deus; é o Deus de Israel que dá poder e força ao seu povo. Bendito seja Deus! SALMO 68:35

Desfrutar da bênção da presença de Deus enche o coração de alegria e os lábios de louvor. Porém, a presença do Pai promove ainda muitos outros efeitos pelo fato de Sua glória ser imensa e cheia de esplendor. E agora, pensando nessa canção escrita no momento em que a Arca da aliança era conduzida de volta para Jerusalém, há uma explosão de alegria, mas também a demonstração clara do Seu poder em se levantar e dispersar os inimigos atuando para punir o mal e conduzir a história debaixo de Sua justiça.

Muitas vezes, durante a jornada pelo deserto, Deus expressa Seu cuidado fazendo cair muita chuva para refrescar e matar a sede do povo (v.9). Os efeitos da poderosa presença do Todo-poderoso se manifestam na etapa em que as fortalezas inimigas são completamente destruídas e os seus planos, todos frustrados. Dessa forma, o Pai continua conduzindo Seu povo, subjugando os inimigos e concedendo a salvação e o livramento da morte. Que tempo precioso o povo viveu! Que isso nos sirva de inspiração para que, todas as vezes quando nos lembrarmos das bênçãos e livramentos que o Senhor já nos alcançou, possamos retribuir com a adoração e o louvor de que só Ele é digno.

Ainda que hoje você não tenha a Arca da aliança como símbolo da presença de Deus, seja grato pela Sua presença em você através do Seu Santo Espírito. Isso servirá como testemunho do efeito que essa bendita presença causou em sua própria vida, na certeza de que, onde quer que você esteja, ali Ele estará também. Essa promessa irrevogável e eterna é expressa pelo próprio Mestre: "E eu estarei sempre com vocês, até o fim dos tempos" (MATEUS 28:20).

MINHAS REFLEXÕES

ELENILSON SOUZA

9 DE JUNHO

A DEFESA DOS INDEFESOS

Que Deus se levante! Sejam espalhados os seus inimigos, fujam dele os seus adversários.

SALMO 68:1

MINHAS REFLEXÕES

Saber que Deus se levanta em favor dos Seus nos impulsiona a louvar e adorar por tudo o que Ele tem feito em nosso favor, e por tudo aquilo que Ele é: um Pai bondoso para com os órfãos e abandonados, o Juiz das viúvas humildes garantindo que não sejam usurpadas, Protetor dos que estão desolados e solitários para que tenham um lar onde morar e uma família para pertencer, Deus resgatador dos prisioneiros e que os faz viver em abundância.

O Pai vai à nossa frente guiando os nossos passos e nos livrando de todas as armadilhas, como aconteceu com o povo de Israel quando Deus o libertou do cativeiro egípcio e foi à sua frente no deserto. Quando sedentos, foram saciados pela chuva abundante (SALMO 68:9), lembrando-nos das chuvas de bênçãos que Deus já derramou e que está sempre pronto para fazer jorrar em nossa vida. Mesmo que haja escassez de alimentos, o Pai dá provisão e mostra Seu cuidado e amor sempre presentes.

Todas essas coisas Deus faz porque é soberano e está "no seu santo Templo" (v. 5 NTHL), entronizado no Céu trabalhando por Sua criação, não a deixando abandonada, cuidando e intervindo na história humana. As pessoas que mais precisam e aquelas que estão à margem da sociedade, para quem quase ninguém olha, são o foco de Sua preocupação. Porém, aqueles que se rebelam e se afastam do Seu propósito e da Sua vontade caminham por si só, e a passos largos, por caminhos de desolação e tristeza. Este é o tempo de você se aproximar ainda mais do Senhor, buscar a Sua presença e ser guiado pelo Seu Santo Espírito. Permita que o Senhor vá à sua frente e seja seu fiel defensor.

10 DE JUNHO

ORDEM NA CASA

Deus dá um lar aos solitários, liberta os presos para a prosperidade, mas os rebeldes vivem em terra árida. SALMO 68:6

Parece-nos bastante clara a intenção do salmista de se utilizar dessa canção tão somente para exaltar ao Senhor em função do cuidado e zelo pelo Seu povo, contudo, deixando de mencionar as várias vezes em que esse mesmo povo desobedeceu a Deus durante sua história. O salmo está comprometido em mostrar o poder, mas também a compaixão de Deus, bem como Sua força e provisão ao cuidar do Seu povo. Deus cuida dos desolados e dos que não têm onde morar; também atende aos exilados e aos que acabam vagando sem rumo porque não têm pátria. Todas essas referências fazem menção ao povo de Israel, mas também se aplicam diretamente à vida de todas as pessoas que se sentem solitárias e tristes.

De forma mais pontual, podemos citar o questionamento que muitas vezes se faz pelo fato de não se compreender as circunstâncias difíceis e a família em que alguém nasce, chegando a pensar que se trata de um infeliz acidente. Se olharmos, porém, sob um outro aspecto, podemos chegar à conclusão de que o fato de alguém pertencer a essa ou àquela família não é obra do acaso ou acidente, mas, sim, da expressão da vontade de Deus. "Ele faz com que o que vive só e isolado tenha uma família" (Salmos 68:6 – *O Livro*). Aqueles que perderam a proteção natural existente em um lar, o cuidado e o afeto essenciais à vida humana são alvos do amor e da intervenção de Deus. Se, de alguma forma, você pensa que está na família errada e reclama por fazer parte dela, esse é o tempo em que você precisa olhar do ponto de vista de Deus. Lembre-se de que a promessa de cuidado do Pai não falha e não muda; independentemente das circunstâncias, se for necessário, Ele mesmo intervirá em seu favor, o ajudará e abrigará e colocará em ordem a sua casa e sua família.

MINHAS REFLEXÕES

11 DE JUNHO

O VERDADEIRO INOCENTE

Salva-me, ó Deus! Pois as águas subiram até o meu pescoço. Nas profundezas lamacentas eu me afundo, não tenho onde firmar os pés. Entrei em águas profundas; as correntezas me arrastam. Cansei-me de pedir socorro; minha garganta se abrasa. Meus olhos fraquejam de tanto esperar pelo meu Deus. SALMO 69:1-3

MINHAS REFLEXÕES

Mais uma vez o tom de lamentação se faz presente, e o salmista já se mostra até cansado e sem forças para continuar recorrendo ao seu Deus, pois, afinal, Ele parece tê-lo esquecido. Porém, o Pai e Criador não abandona a Sua criação deixando-a ao acaso, mas, antes, cuida e intervém soberanamente.

O sofrimento assola o salmista com tribulações que mais se parecem com o mar tempestuoso ou o lamaçal formado pelo escoamento de águas profundas que o afundavam como se estivesse em um atoleiro. Os seus olhos já estão cansados de tanto forçar a visão buscando a face de Deus, mas sem obter resposta, e a garganta seca, possivelmente de tanto clamar em oração e chorar por causa da agonia. Ele está realmente em apuros, pois, se já não bastassem as intempéries da vida, ainda precisa suportar as afrontas dos inimigos que se utilizam de mentiras e informações distorcidas sobre sua vida.

Mesmo que todos esses eventos ilustrem o sofrimento e a dor do salmista, ainda que inocente, jamais poderiam ser comparados com aquilo que sofreu o verdadeiro inocente, Jesus Cristo. Sofreu por causa da perseguição dos inimigos, pelos pecados de toda a humanidade, foi sacrificado para dar perdão, e essas palavras do salmista mais poderiam ser aplicadas então a Jesus por tudo o que enfrentou quando esteve entre ingratos e pecadores. Passando por calamidades, grandes tribulações e intensas agonias, teve uma vida justa, pois era verdadeiramente inocente. Não deixou de clamar pelo seu Deus, mas sempre com a absoluta confiança de que voltaria para o Pai e habitaria com Ele eternamente, junto com todos os que Jesus comprou com Seu sangue.

12 DE JUNHO

O PREÇO DA LEALDADE

Pois o zelo pela tua casa me consome, e os insultos daqueles que te insultam caem sobre mim. SALMO 69:9

Aqueles que são fiéis, honestos e leais a Deus, muitas vezes são levados a sofrer por causa dessa lealdade. Além das adversidades que a própria vida nos impõe pelo simples fato de estarmos nessa experiência humana, ainda somos alvos dos mais diversos ataques por causa de nossa reverência e adoração a Deus. Um sentimento ainda mais agonizante, porém, é o da solidão e do abandono, quando não ouvimos a voz de Deus trazendo resposta e solução. A espera é longa e sufocante, fazendo-nos chorar até não termos mais força, nem voz. É como o salmista expressa no Salmo 119: "O meu zelo me consome, pois os meus adversários se esquecem das tuas palavras" (v.139). Aliás, foi esse mesmo zelo que fez com que Jesus enfrentasse os fariseus da época e ser crucificado por eles, e também Paulo, que via o cuidado com a pureza da igreja como o maior esgotamento de seu ministério.

Outro fato que também pode se mostrar como foco do sofrimento está ligado às consequências de decisões tomadas por impulso e fora dos propósitos de Deus. As melhores resoluções não são as mais rápidas, e sim as mais sábias, pois a autoconfiança traz a queda, mas a confiança em Deus produz vida. Que as palavras desse salmo cheguem como ajuda e auxílio em tempo oportuno, sabendo que, quando estamos em tempos difíceis sem conseguir enxergar sinais de esperança, devemos confiar que Deus está sustentando e dirigindo todas as coisas de acordo com Sua vontade e propósito. A princípio pode parecer complicado andar por onde não se vê o caminho, mas lembre-se de que, a despeito das circunstâncias, você será preservado por causa da fidelidade.

MINHAS REFLEXÕES

13 DE JUNHO

MUDANÇA

*Mas eu, Senhor, no tempo oportuno,
elevo a ti minha oração; responde-me, por teu grande amor,
ó Deus, com a tua salvação infalível!*
SALMO 69:13

MINHAS REFLEXÕES

Preste atenção e veja como soam familiares e conhecidas muitas das palavras desse salmo. Podemos reconhecer o Cristo falando aqui várias vezes; são Suas algumas dessas palavras, não há o que duvidar. São claras as expressões usadas por Jesus na Sua paixão quando disse: "...para matar-me a sede deram-me vinagre" (v.21). Em João 19:28-30, essas palavras encontram lugar de cumprimento, pois, quando estava crucificado, Jesus teve sede e lhe deram vinagre para beber, e depois disso Ele disse: "Está consumado!". As promessas declaradas sobre Jesus haviam se cumprido, e Ele então entrega Seu espírito a Deus.

É curioso saber que originalmente esse salmo vinha com o seguinte título: "Para o fim, em favor daqueles que serão mudados, de Davi". Entendendo que as palavras do salmo em determinado momento expressam as palavras de Jesus, mas em outros são as palavras de Davi declarando suas aflições e sofrimentos. Os processos de mudança sempre estiveram presentes na história, pois Deus criou Adão e Eva à Sua imagem e semelhança, mas eles desobedeceram ao Senhor e assim mudaram para pior, por causa da sua iniquidade. Mas nós, os seus descendentes, quando cremos no sacrifício de Jesus, mudamos para melhor pela graça de Deus. Que seja este o tempo em que você reconhecerá a causa da mudança, a paixão de Cristo, seu sacrifício redentor; e na medida em que ler esse salmo e se identificar com o sofrimento e a dor nele expressos, reconheça a graça da redenção, busque transformação e se aproxime cada dia mais da vontade e dos propósitos de Deus para sua vida.

14 DE JUNHO

LEMBRANÇA DA ESPERANÇA

Mas regozijem-se e alegrem-se em ti todos os que te buscam; digam sempre os que amam a tua salvação: Como Deus é grande!
SALMO 70:4

Você tem acompanhado durante esse tempo a leitura do livro dos Salmos e talvez tenha percebido que o Salmo 70 é muito parecido com o Salmo 40. Na verdade, até parece que Davi agora escreve aquele de cor, ou seja, ele tem uma lembrança muito clara de quando escreveu essas palavras pela primeira vez e agora as repete para expressar a Deus uma confiança que não foi abalada pelo fato de estar enfrentando novas aflições, acusações e zombarias. Dessa forma, o salmo vem com título: "Para relembrar" ou "Em memória".

A lembrança da esperança frente ao que Davi tinha enfrentado reavivava a confiança em Deus, na certeza de que o livramento seria novamente enviado. O Senhor já havia se mostrado fiel e justo, e Davi queria levar o povo a se lembrar de questões específicas e de fatores importantes que os ajudariam a se manterem confiantes em face das dificuldades que naquele momento haviam surgido, contudo, sem esquecer de que Deus permanece soberano.

Nós também somos aqui levados a relembrar e reconhecer que nossa dependência precisa estar em Deus e de que a maior necessidade que temos é o Senhor. Afinal, não podemos resolver sozinhos as questões difíceis da vida e as aflições que nos alcançam; e mesmo sabendo que não somos merecedores de nada, contamos com o amor do Pai e recorremos a Ele como único refúgio seguro. É fato que, quando nos lembramos do poder de Deus e de tudo o que Ele já realizou em nosso favor, chegamos à conclusão que, por maior que sejam para nós as adversidades, elas na verdade são muito pequenas. Não diga a Deus que você tem um grande problema, mas diga ao problema quão grande é o seu Deus!

MINHAS REFLEXÕES

ELENILSON SOUZA

15 DE JUNHO

O DIABO É CRENTE, MAS NUNCA SERÁ CRISTÃO

Livra-me, ó Deus! Apressa-te, SENHOR, a ajudar-me! SALMO 70:1

MINHAS REFLEXÕES

Lemos nesse salmo o rei Davi clamando quando estava em tribulação, e se trata de uma súplica que pode ser compartilhada por todos nós. Talvez os motivos que afligiam Davi não fossem os mesmos que os nossos e fossem até piores se comparados a tudo o que temos visto e vivido nesse tempo. Parece que agora são ainda mais numerosas a vergonha e a desonra, que se aliam à falta de amor no coração do ser humano. Se isso já não bastasse, vemos também aqueles que, mesmo depois de terem conhecido a Jesus, experimentado do Seu cuidado e vivido Seus milagres, agora, distanciados dele e da comunhão da Sua Igreja, zombam, menosprezam e ainda atacam os que permanecem fiéis. Com isso sofremos, mas sabemos também que muitos outros servos de Deus passaram por situações semelhantes, como bem podem mostrar as palavras de Paulo escrevendo a Timóteo e o deixando saber que "todos os que querem viver a vida cristã unidos com Cristo Jesus serão perseguidos" (2 TIMÓTEO 3:12 NTLH).

É por isso que este é também o tempo em que precisamos estar atentos e vigiar em oração a todo momento. As perseguições, ameaças, ciladas e armadilhas do diabo estão por toda parte; aliás a Bíblia nos ensina que ele está ao derredor buscando a quem possa devorar e destruir (1 PEDRO 5:8). Ou seja, não haverá momento quando, aqui neste mundo, estaremos livres disso e totalmente seguros. Assim como os filhos de Deus, Satanás também crê em Jesus. Porém, nós recebemos Jesus como Senhor e Salvador, ao passo que, diante Dele, o diabo estremece. Então o diabo, apesar de crente, jamais será cristão e continuará com sua tarefa de atacar e destruir os filhos de Deus. Você deve continuar confiante no Senhor, trazer à lembrança todos os Seus livramentos e contar com Sua ajuda e proteção sempre presentes.

16 DE JUNHO

A IDADE E A FÉ

Desde a minha juventude, ó Deus, tens me ensinado, e até hoje eu anuncio as tuas maravilhas. Agora que estou velho, de cabelos brancos, não me abandones, ó Deus, para que eu possa falar da tua força aos nossos filhos, e do teu poder às futuras gerações. SALMO 71:17,18

O que podemos ouvir nesse salmo é a voz de alguém que, já em idade avançada, lamenta-se, faz suas confissões, mas também se levanta em ações de graça, e isso se pode notar quando ele mostra sua fé ao fazer menção de todos os motivos do passado que o levaram a entregar um louvor a Deus. Apesar de já se mostrar sem forças em função da idade tirar dele as energias e a esperança, ele considera o passado, toda sua trajetória de vida, lembra-se de todas as bênçãos que havia recebido e adora ao Senhor mesmo em meio às aflições e tribulações. É como alguém que, depois de ter passado por vários momentos críticos na vida, vê na atual circunstância o que pode ser o seu fim. Contudo, clama em alto e bom som, intensificando o seu apelo Àquele que é sua certeza de auxílio e cuidado.

Não muito diferente do que se encontra em outros salmos, a não ser pela característica de ser um depoimento de uma pessoa na "melhor idade", temos aqui o ensinamento de que, no final das contas, o Senhor sempre surgirá com a libertação e o socorro como demonstração de Sua grandeza e poder, cabendo aos filhos tributar a Ele toda honra, glória e louvor. Apesar de as incertezas e os temores nos parecerem muito claros e aparentes nessas palavras, a fé e o forte desejo de louvar o Senhor também são partes integrantes desse clamor. Serve a todos nós então o testemunho de que a idade não tem relevância ou importância no que diz respeito à fé. Em qualquer parte da vida é possível se manter firme e confiante em Deus, pois Ele não leva em conta as dúvidas que surgem no coração, mas está pacientemente pronto a ser refúgio e libertação.

MINHAS REFLEXÕES

17 DE JUNHO

LOUVOR CRESCENTE

Mas eu sempre terei esperança e te louvarei cada vez mais.
SALMO 71:14

MINHAS REFLEXÕES

O olhar do salmista não tem apenas as lembranças do tempo passado em sua mente, mas também vislumbra o que está adiante de si com a confiança e esperança renovadas no Senhor. Essa certeza é firme, pois, desde o ventre de sua mãe, ele sabe que tem sido protegido e, mesmo antes do seu tão pequenino coração perceber, era de Deus que fluíam o amparo e cuidado; desde a juventude tem se mantido confiante em Deus; por toda sua vida foi sempre exemplo e testemunho da defesa e proteção do Senhor. Ainda que os seus sofrimentos pudessem ser considerados como um abandono da parte de Deus, o salmista continua esperando no Senhor, que certamente concluiria a obra que havia começado em sua vida. A fraqueza, fruto de sua idade avançada, não é motivo para desistir, mas, sim, para clamar ainda mais alto, afinal, o Senhor é reconhecido como defensor que não propõe uma fuga dos problemas, mas traz o escape para cada um deles.

Dessa forma, o louvor vai crescendo à medida que todos os livramentos do Senhor voltam à memória, e tudo aquilo que Deus já fez traz um novo fôlego para expressar louvor, apesar de não ser possível saber nem mesmo contar quantas foram as bênção derramadas. A despeito, porém, de todas as situações ou circunstâncias, você é convidado hoje a fazer uma promessa ao Senhor de continuar louvando e adorando o Seu nome por toda sua vida, porque você pode até fraquejar ou perder as forças, mas Ele permanecerá fiel. Cante sempre que possível com alegria e com todas as suas forças, não perca a oportunidade de todos os dias, o dia todo, estar com um coração exultante em louvor e adoração ao Deus da sua salvação.

18 DE JUNHO

PENSANDO NO AMANHÃ

...que eu possa falar da tua força aos nossos filhos, e do teu poder às futuras gerações. SALMO 71:18

Tenho observado nestes dias (refiro-me à pandemia do COVID-19, em 2020) que as pessoas, de maneira geral, estão cada vez mais preocupadas com o futuro. Tanto jovens quanto idosos têm alimentado o medo acerca do amanhã e o que os espera. Há muita falta de esperança e uma incerteza que faz com que as pessoas, por causa da apreensão e ansiedade, acabem tomando decisões apressadas para resolver suas questões mais emergentes o mais rápido possível, sem se preocupar com as consequências que elas podem gerar. As decisões muito rápidas tendem a não ser as mais sábias.

Através da vida do salmista, pode-se aprender que, quando se gasta energia com preocupações excessivas em relação àquilo que as pessoas podem pensar sobre nós, quando já não se tem mais força e capacidade para lidar com as pressões da vida, somos motivo de chacota e riso pelo fato de não termos nos submetido totalmente à proteção e ao cuidado do Pai. Essa é uma inquietação que normalmente está acompanhada do receio do sofrimento que será causado pelas limitações que o corpo humano apresentará, trazendo a incapacidade de poder cuidar de si mesmo, tornando-o dependente da ajuda e suporte de alguém.

Buscar a Deus dará forças para não desanimar nem desistir, pois o Senhor jamais o abandonará nem deixará de defendê-lo e cuidar de você. Lembre-se de todas as vezes em que o Senhor esteve com você e tudo aquilo que Ele já realizou em seu favor. Traga de volta a lembrança da esperança do passado na certeza de que Deus pode fazer tudo novo e de novo. Alegre-se, louve e adore o Senhor mesmo que as coisas não estejam tão boas quanto você gostaria. Continue expressando sua adoração, afinal, Deus permanece soberano, poderoso e eterno.

MINHAS REFLEXÕES

OLHANDO PARA JESUS

Permaneça para sempre o seu nome e dure a sua fama enquanto o sol brilhar. Sejam abençoadas todas as nações por meio dele, e que elas o chamem bendito. SALMO 72:17

MINHAS REFLEXÕES

A imagem que se apresenta do rei neste salmo mais se parece com algo idealizado ou almejado, pois se trata de um padrão bastante elevado de justiça e juízo que certamente é muito difícil, senão impossível, de encontrarmos entre os homens. Não se pode, contudo, desprezar o desejo do salmista e também nosso de que essas sejam virtudes dos governantes aos quais nos submetemos, pois foram colocados onde estão devido à soberana vontade de Deus. O sentimento que temos ao ler essas palavras é que parece que estamos olhando para Jesus e louvando o Seu nome por toda Sua justiça e bondade ao dirigir e guiar a tudo e a todos com Sua forte mão.

Estamos seguros e tranquilos quando entendemos que Sua justiça está pronta a nos defender, não somente enquanto estamos nesta experiência humana, mas muito mais no juízo final. Olhamos para o sol e comparamos o seu brilho com a glória da face de Jesus em esplendor. Quando afligidos e sedentos em meio ao deserto da caminhada, Ele é consolo e refrigério, ofertando Sua vida como sacrifício para nos dar a salvação quando cremos em Seu nome. Como consequência de nosso amor e dedicação, Ele nos presenteia com fartura de bênçãos das quais não somos merecedores, afinal, Sua obra é abençoar os homens.

Que nossa vida seja um louvor a esse Rei e Seu nome nunca seja esquecido; que todas as vezes que olharmos para o sol nos lembremos de que Ele deve ser honrado e adorado. Ele está sempre pronto para abençoar e realizar coisas maravilhosas em nosso favor. O Seu nome é grande e glorioso, digno de toda honra, glória e louvor. Hoje é tempo de louvar ao Rei, cantar e exaltar o Seu Santo nome!

20 DE JUNHO

O CONCEITO DE JUSTIÇA

Reveste da tua justiça o rei, ó Deus, e o filho do rei, da tua retidão, para que ele julgue com retidão e com justiça os teus que sofrem opressão. Que os montes tragam prosperidade ao povo, e as colinas, o fruto da justiça. Defenda ele os oprimidos entre o povo e liberte os filhos dos pobres; esmague ele o opressor! SALMO 72:1-4

Esse trecho do salmo ressalta o conceito de justiça e que, de maneira geral, só parece ser possível de ser aplicado a um único rei: Jesus. Mesmo que seja esse o desejo não apenas do salmista, mas também de todos os que intercedem pelas autoridades constituídas, sabemos que somente Jesus é capaz desse padrão de excelência. É um tipo de justiça que pensa na prosperidade de todas as pessoas, fazendo o bem indistintamente, governando com honestidade e dando atenção aos que, de alguma forma, deixaram de ser beneficiados ou foram enganados. O padrão de justiça aqui descrito é aquele que promove a paz e mostra o desejo de prover a todos abrigo, alimento, esperança, paz e salvação.

Quando somos alvos dessa justiça e cuidado, um constrangimento deve bater no coração, porque um amor tão grande assim nos alcança todos os dias e nem sempre é dessa forma que olhamos as necessidades daqueles que estão próximos de nós. O Rei sofre quando vê as privações humanas e o sofrimento que vem como consequência de tanta escassez. Seria esse então o momento de deixarmos de agir com tanto egoísmo e amarmos o próximo como amamos a nós mesmos. Sua mão sempre estendida e pronta para fazer tantas coisas boas em favor de todos é motivo para sermos gratos e louvarmos o Seu nome toda hora e em todo o tempo. Lembre-se de que hoje é tempo de ser feliz e usufruir dessa justiça em seu favor. Ainda há esperança, basta olhar para Jesus que é o único, verdadeiro e justo juiz.

MINHAS REFLEXÕES

21 DE JUNHO

CRER OU NÃO CRER, ESSA É A QUESTÃO

O meu corpo e o meu coração poderão fraquejar, mas Deus é a força do meu coração e a minha herança para sempre. Os que te abandonam sem dúvida perecerão; tu destróis todos os infiéis. SALMO 73:26,27

MINHAS REFLEXÕES

Por vezes, somos tomados por uma indignação quando vemos os maus, os infiéis vivendo de forma tão tranquila, enquanto os que temem a Deus sofrem. Há até quem diga que isso gera uma "inveja santa" e uma vontade de seguir por esse caminho e começar a viver como aqueles que não são filhos de Deus. O que vale a pena lembrar é que esse é um tipo de sentimento errado e não apropriado para quem crê em Deus. É preciso olhar atentamente todos os lados dessa situação e não ficar abismado com a tranquilidade dos maus, porque todos, sem exceção, estão debaixo do controle absoluto e dos desígnios de Deus. Não devemos ficar frustrados achando que os infiéis continuarão sempre agindo de forma tão vergonhosa e, muitas vezes, até violenta e arrogante, sem que sofram as consequências. Além disso, devemos inclinar o nosso coração a estar alinhado com o propósito de Deus, que é glorificar o Seu nome, e não viver uma vida ocupada apenas com alegrias e riquezas passageiras que o mundo pode oferecer.

Por outro lado, ao invés de concluir precipitadamente que a impunidade prevalecerá, lembre-se de que a punição está nas mãos de Deus, reconheça Sua constante presença, Sua graça e misericórdia se renovando a cada manhã. A vida aqui é breve e a maior de todas as riquezas está a nossa espera na eternidade, que é uma vida de louvor constante na companhia do Pai. Nenhuma alegria desse tempo pode superar o prazer de estar à Sua mesa por toda a eternidade. Mesmo que muitas coisas neste mundo chamem sua atenção, lembre-se de que a questão mais importante é confiar em Deus, manter a esperança viva e crer!

22 DE JUNHO

PERTO DE DEUS

Mas, para mim, bom é estar perto de Deus; fiz do Soberano SENHOR *o meu refúgio; proclamarei todos os teus feitos.*

SALMO 73:28

É bom saber que aqueles que vivem em retidão e sinceridade estão debaixo de Seu cuidado e amor. Mesmo que se possa ficar impressionado com o modo de vida que levam aqueles não creem em Deus, como parece que seus atos jamais serão punidos e que a sorte parece sempre estar ao lados deles, saiba que não será assim para sempre. Tenha certeza no fundo do coração e fique em paz sabendo que os que creem no sacrifício salvador de Jesus são filhos de um Pai bondoso, que cuida de Seus filhos e está à espera deles para desfrutar das alegrias da eternidade.

Nossa conclusão de todas essas observações que fazemos em nossa caminhada deve estar alicerçada no fato de que Deus está sempre presente, apesar de tudo o que somos. O Pai cuida de nós, nos pega pela mão, guia, orienta e no tempo certo nos recompensará com Suas bênçãos sem medida. Apesar de esperarmos por uma vida de alegria e louvor na eternidade, sabemos que já podemos desfrutar de uma vida plena e abundante enquanto ainda estivermos aqui. Se entendemos que temos a Deus no Céu, o que mais pode nos interessar aqui na Terra? Essa é a convicção que só pode ter quem reconhece que em Deus está toda soberania e poder, graça e bondade sem qualquer comparação. A maior de todas as riquezas é saber que esse Deus tão poderoso e grandioso se preocupa e se relaciona pessoalmente com cada um de nós. Os que são infiéis e se distanciam dele não sabem o quanto é bom estar perto de Deus.

MINHAS REFLEXÕES

23 DE JUNHO

FIQUE FIRME

O meu corpo e o meu coração poderão fraquejar, mas Deus é a força do meu coração e a minha herança para sempre.

SALMO 73:26

MINHAS REFLEXÕES

A despeito das tribulações, tragédias, injustiças e decepções com todas as coisas que acontecem em nossos dias, o salmista nos ajuda a concluir que Deus é bom para todos os que obedecem a Sua voz e buscam a Sua presença. Muitas dúvidas e incertezas podem rondar o coração, mas no final, depois de uma apurada investigação, de um olhar atento a todos os movimentos ao nosso redor e um discernimento apropriado de todas as situações, veremos a fidelidade a Deus ser honrada. Aqueles que têm coração limpo e vivem de forma irrepreensível amam o bem, posicionam-se contra o mal e o odeiam.

Todas as vezes que Deus nos alcançou com Sua providência nos fazem continuar a esperar nele, mesmo que em algum momento nossos pés tenham escorregado e quase tenhamos sido encontrados "na roda dos zombadores" (SALMO 1:1). Deus tem o poder não apenas para prover tudo aquilo que é bom, mas também de repreender e afastar o mal. Nesse momento é necessário um certo raciocínio e discernimento espirituais para que, por causa da fraqueza e instabilidade, não nos desviemos ou até mesmo caiamos. Deus é tudo o que podemos desejar, tanto no Céu como aqui na Terra, e mesmo que venham as frustações e fraquezas, o Senhor é firme como uma rocha. Estar na Sua presença traz uma paz, descanso e alegria incomparáveis. Mantenha-se firme e confiante na bondade do Pai e não canse de falar e testemunhar de tudo aquilo com que Ele tem alcançado você, tudo aquilo que Ele tem feito em seu favor. Mas, acima de tudo, não deixe de falar sobre aquilo que Deus é: amor, paz, bondade e uma rocha em quem podemos nos apoiar para nos mantermos seguros e firmes.

24 DE JUNHO

OS PORQUÊS DA VIDA

Até quando o adversário irá zombar, ó Deus? Será que o inimigo blasfemará o teu nome para sempre? Por que reténs a tua mão, a tua mão direita? Não fiques de braços cruzados! Destrói-os!

SALMO 74:10,11

Quando se está enfrentando um momento de aflição e angústia, quando parece que não é possível ver o agir de Deus na história, os pés estão quase por escorregar e fazer cair; quando as coisas não estão indo muito bem e ainda assim se vê os ímpios e os infiéis prosperando, festejando e se gabando das suas injustiças, surge a tristeza e o desânimo. Começamos a buscar respostas para os porquês da vida, e muitas vezes vem até a vontade de "passar para o lado deles".

Não é raro de se encontrar pessoas nessa situação, mesmo aquelas que já conhecem a Jesus, reconhecem o poder de Deus e sabem que Ele é soberano. O que parece faltar nesse momento é a convicção de que Ele é também criador e sustentador de todas as coisas e mantém tudo e todos sob o Seu controle e sujeição. E como bem expressa o salmista, que se submete aos cuidados do Pai e se vê como uma pombinha que está na mira de predadores famintos, assim também devemos recorrer a esse cuidado e nos colocar sob a proteção do Senhor.

Seja qual for o motivo ou a situação, seja claro e objetivo quando clamar a Deus. Peça com confiança, lembrando-se de tudo aquilo que Deus já fez e realizou em seu favor. Jamais esqueça que Ele continua sendo poderoso e fiel, e que mantém firme a Sua aliança de estar sempre ao seu lado, amando-o e protegendo-o. Ao invés de ficar murmurando e buscando os porquês da vida, tenha a plena confiança de que, quando chegar o tempo certo e oportuno, o Pai virá em seu socorro trazendo auxílio e livramento, demonstrando assim o Seu cuidado e amor.

MINHAS REFLEXÕES

ELENILSON SOUZA

25 DE JUNHO

DEUS, ATÉ QUANDO?

Lembra-te de como o inimigo tem zombado de ti, ó Senhor, como os insensatos têm blasfemado o teu nome.
SALMO 74:18

MINHAS REFLEXÕES

O contexto deste salmo é a destruição do Templo de Jerusalém, depois de ter sido desonrado e invadido por um exército estrangeiro. O povo de Deus havia desprezado e ignorado os Seus sinais e alertas, e eles viveram uma situação bem mais desoladora do que poderiam ter imaginado. Os profetas já haviam trazido mensagens de Deus sobre o Seu julgamento contra os pecados deles, mas o povo estava mais ocupado em buscar os seus próprios interesses, abandonando o cuidado de Deus. O Senhor ficou irado com essa rejeição e os deixou sem Sua proteção. Como se não bastasse, essa atitude permitiu que o Templo fosse invadido; profanaram e destruíram o lugar de adoração exclusiva ao Senhor. Não havia outro resultado que não fosse o silêncio de Deus e uma reação pronta e imediata para recuperar a honra do Seu nome e do Seu povo.

Nos dias de hoje, parte da Igreja de Cristo tem ignorado Sua Palavra e transformando o culto a Deus em entretenimento para um público atraído pelos seus desejos e vontades, deixando assim de prestar um verdadeiro culto a Deus e se tornando meros expectadores. Não permita que essa influência negativa alcance seu coração e mente, mas reconheça que Deus é poderoso e soberano, que cuida dos que são Seus e os livra. Esteja sempre pronto e com alegria no coração para cultuar verdadeiramente ao Senhor como demonstração de amor e gratidão, não se importando se ao seu redor as pessoas ignoram ou menosprezam a santidade de Deus. Sua aliança permanece inquebrável e Sua promessa permanece viva, pois existe um povo chamado pelo Seu nome, cuidado e guiado na direção das bênçãos da Terra Prometida, seja aqui neste tempo ou na eternidade.

26 DE JUNHO

O JUSTO JUIZ

É Deus quem julga: Humilha a um, a outro exalta.
SALMO 75:7

Se existe algo que é certo nessa vida é que Deus está observando todas as coisas e intervindo de forma soberana na história da humanidade. Quando isso acontece, aqueles que são Seus filhos se alegram, pois sabem que todas as coisas que Ele faz, de uma maneira ou de outra, estão cooperando para que eles sejam cada vez mais parecidos com Seu filho Jesus. Em contrapartida, os que são ímpios e descrentes podem sofrer o terror de caírem na mão do Deus vivo. E para estes vale a pena lembrar que Deus é juiz, seja para condenar ou para salvar, e essa manifestação da Sua soberania resultará em alegria para os que são Seus, mas choro e lamento para aqueles que o desprezam.

É por isso que os filhos de Deus têm motivos de sobra para renderem graças ao Senhor de suas vidas, pois Ele tem feito coisas maravilhosas para o Seu povo. Os rebeldes e orgulhosos terão que deixar de se gabar e ser arrogantes, pois o Senhor não demora em executar o Seu juízo sobre eles. O salmista nos faz ver que, mesmo que a Terra trema, as suas bases se manterão firmes e submetidas ao poder sustentador de Deus, e que a incapacidade humana será demonstrada ainda mais frágil (v.3). O julgamento do Senhor é perfeito porque só Ele é quem pode julgar com retidão, é Ele quem conhece o íntimo do coração de cada um e ama profundamente para disciplinar com amor. Tendo isso em vista, será sábio de nossa parte se utilizarmos todo o nosso tempo para louvarmos a Deus, cantar de alegria e derramar nossa vida e nosso coração diante dele, livrando-nos de toda tristeza, mágoa e nos aliviando com Sua presença na certeza de que podemos descansar, pois é o Deus que julga e Ele sabe muito bem o que faz.

MINHAS REFLEXÕES

27 DE JUNHO

A PRESENÇA QUE FAZ A DIFERENÇA

Em Judá Deus é conhecido; o seu nome é grande em Israel.
Sua tenda está em Salém; o lugar da sua habitação está em Sião.
SALMO 76:1,2

MINHAS REFLEXÕES

Assim como para o povo em Judá a presença de Deus era sinônimo de bênçãos, proteção e vitórias nas batalhas, para nós ela ainda continua fazendo toda a diferença. O efeito dessa presença em nossa vida pode causar impactos ainda mais profundos se o relacionamento com Deus não for apenas de ouvir falar, mas de caminhar e se relacionar com Ele. Na verdade, é em nós que Sua presença faz verdadeiro sentido; é através de nós que Seu poder atua e através de nosso louvor que Sua glória é derramada, quando somos canais puros e limpos do agir do Seu Espírito.

Desse modo, deve-se ter reverência diante dele, pois Ele é majestoso, cheio de glória e verdade. Perante Ele os inimigos recuam pela força do Seu poder e se tornam indefesos. Quando o Senhor julga, todos temem e ficam em silêncio para ouvir o Seu juízo trazendo libertação aos cativos e oprimidos, fazendo valer a autoridade de Sua presença. A fé do povo de Deus desde os tempos retratados nesse salmo está fortemente alicerçada na verdade de que a presença de Deus é que faz toda a diferença. É assim também que devemos fortalecer nossa fé, manter firme o compromisso de adorar o Seu nome e fazer Suas obras e maravilhas conhecidas por todos ao nosso redor. Assim como a presença de Deus é real, Sua intervenção soberana demonstrada por Suas ações concretas de amor e disciplina também são. Naquele tempo em Judá, o povo aguardava ansioso o dia em que poderiam louvar ao Senhor por Sua presença através dos Seus atos poderosos. Você hoje, mais ainda, pode louvar a Deus não somente por tudo o que certamente está fazendo por você, mas principalmente porque Ele está em você.

28 DE JUNHO

DEUS ATRAVÉS DE NÓS

Resplendes de luz! És mais majestoso que os montes cheios de despojos. SALMO 76:4

Esse é um salmo pequeno, mas que traz uma grande e valiosa mensagem que nos desafia e nos faz lembrar que o Deus que conhecemos e está em nós se manifesta aos outros através de nós. Onde Deus está senão no meio do Seu povo, da Sua Igreja, de Seus filhos, por meio de quem realiza atos de bondade e faz conhecido o Seu nome . Em Judá o povo conhecia esse verdadeiro Deus e o exaltava, chegando a fazer o Seu nome famoso. Deus estava perto do Seu povo e dava a eles muitas vitórias e conquistas, revelando a todos que era Senhor dos exércitos. As batalhas foram vencidas quando Ele partiu ao meio as flechas lançadas e quebrou os escudos e as espadas dos inimigos dando vitória completa ao exército do Seu povo (v.3).

Hoje em nossa vida, o Senhor também precisa ser reconhecido pela Sua majestade, poder e justiça quando estabelece Seu juízo e amor. As pessoas devem ver refletido em nossa face o caráter grandioso e glorioso do Senhor, pois Sua vitória é sempre certa na batalha contra os Seus inimigos e inimigos do Seu povo. Como estando em um alto monte, o Senhor é exaltado através de nosso testemunho de conquistas e vitórias, mesmo quando o inimigo tenta nos derrotar colocando armadilhas para nos capturar, mas que acabavam sendo descobertas e destruídas pelo poder do Senhor. Ouvindo a voz do salmista, somos convocados a cumprir os votos de lealdade ao Senhor e entregar a Ele o que é devido.

Depois de experimentar tantas bênçãos de Deus, que sua vida seja cheia de louvor e gratidão, tendo um verdadeiro espírito de reverência ao Senhor, lembrando sempre que você precisa continuar proclamando e anunciando as maravilhas que Deus faz, bem como o Seu poder e amor, não apenas por você, mas através de você.

MINHAS REFLEXÕES

ELENILSON SOUZA

29 DE JUNHO

O CRESCIMENTO DA SABEDORIA

Então pensei: a razão da minha dor é que a mão direita do Altíssimo não age mais. Recordarei os feitos do SENHOR; recordarei os teus antigos milagres. Meditarei em todas as tuas obras e considerarei todos os teus feitos.
SALMO 77:10-12

MINHAS REFLEXÕES

Cada um dos salmos é uma linda canção, um belo arranjo de poesia hebraica que ganha ainda mais beleza e poder por ser inspirada pelo Santo Espírito. Neste salmo, encontraremos o clamor de alguém atordoado que passa a se lamentar e argumentar consigo mesmo, concluindo com palavras que expressam sua busca por Deus e a contemplação das Suas maravilhas entre todas as nações. Trata-se de algo que soa muito pessoal àqueles que reconhecem Jesus como Senhor e Salvador, têm suas vidas transformadas e trilham o caminho da santificação a cada dia. Porém, de uma ou outra forma, são palavras que bem poderiam ser o clamor e a oração de cada um de nossos conflitos e questionamentos interiores.

Em um primeiro momento você pode gritar e chorar, até perder as forças, contudo, se lembrará de tudo o que o Pai já fez por você e todos os livramentos com que Ele o alcançou. Considere nesse momento que Deus é santo e tudo o que Ele faz é dotado de santidade; que Ele é incomparavelmente grandioso e mostra Seu poder através de Suas maravilhas e milagres em favor de todas pessoas. No final de tudo, será possível chegar à conclusão de que o Senhor é o Deus Altíssimo, está sempre pronto a ajudar e, como um bom pastor, guia e dirige cada uma de Suas ovelhas. Chorar como lamento, lembrar dos grandes feitos de Deus, considerar que Ele é grande e poderoso, e por fim, declarar que Ele é Pai cuidadoso, verdadeiramente, é um sinal de que se está crescendo em sabedoria.

30 DE JUNHO

OS DOIS LADOS DA MOEDA

Clamo a Deus por socorro; clamo a Deus que me escute. Teus caminhos, ó Deus, são santos. Que deus é tão grande como o nosso Deus? SALMO 77:1,13

Existem momentos de aflição tão aguda, de situações tão difíceis na vida, que parece que clamar a Deus já não faz mais sentido. A voz parece não ser mais ouvida, porque já não se pode enxergar a solução, tampouco um sopro de conforto para acalmar o coração. Em momentos como esses, não é raro que uma crise de fé se estabeleça; a falta de esperança e o pessimismo se instalam. Mas é no momento seguinte que, com o coração reposicionado e a esperança renovada, pode-se olhar para o outro lado, analisar a situação sob um outro ponto de vista e então voltar a confiar em Deus, mas agora com ainda mais vigor.

Quando colocamos o foco apenas no sofrimento em si, vemos o chão ruir quando faltam a paz, o conforto e o bem-estar tão desejados. Essa é uma visão pessimista que não consegue encontrar o verdadeiro refúgio e consolo no Senhor; acredita que Deus só pode fazer aquilo que nos agrada e jamais algo que possa nos fazer sofrer. Entender os planos de Deus e a forma como Ele age não é uma das tarefas mais fáceis, portanto, ficar afoito em busca de respostas pode nos levar a conclusões erradas. Por vezes, as pessoas atingem a um ponto tão profundo de desânimo, que chegam a pensar em abandonar a fé, achando que Deus deixou de cumprir com Sua parte não sendo mais fiel. Ao contrário disso tudo, o foco precisa estar em Deus, mesmo sem saber todas as respostas. É preciso olhar para Ele com confiança. Esperar pela intervenção de Deus pode ser surpreendente; a resposta certa pode vir a qualquer momento trazendo a paz e a alegria tão desejadas. Deixe de lado o ponto de vista do pessimismo e avance crendo e esperando no Pai de amor.

MINHAS REFLEXÕES

1º DE JULHO

TRANSFERINDO VERDADES

Povo meu, escute o meu ensino; incline os ouvidos para o que eu tenho a dizer. Em parábolas abrirei a minha boca, proferirei enigmas do passado; o que ouvimos e aprendemos, o que nossos pais nos contaram. Não os esconderemos dos nossos filhos; contaremos à próxima geração os louváveis feitos do SENHOR, o seu poder e as maravilhas que fez.

SALMO 78:1-4

MINHAS REFLEXÕES

Este salmo é uma longa composição que vai recapitulando eventos importantes da história de Israel. É um salmo instrutivo e tem a peculiaridade de se apresentar como uma parábola que expõe a conduta do povo de Deus na trajetória da nação israelita e alcança também todos os cristãos em todos os tempos. Os primeiros versos são como um prefácio que apresenta o objetivo do autor, introduzindo seus leitores na epopeia contada nos 72 versos de sua composição.

Tudo que o salmista registrou já havia sido relatado em outros livros que registram a história do povo de Israel, contudo não se perde nada em repetir a verdade e ampliar a compreensão sobre o que Deus nos revelou. E aqui destaco um ponto que considero muito importante: o fato de fazermos a conexão com a revelação de Deus por meio de Sua Palavra, como essa revelação impactou a nossa vida e como transferimos isso às gerações futuras. Não podemos guardar para nós as doces e antigas verdades que recebemos do Senhor através de pessoas que foram instrumentos para nos transmitir, mas precisamos passá-las para a próxima geração. Invista tempo em transferir as verdades bíblicas para pessoas da nova geração. Compartilhe as maravilhas de Deus com seus familiares, amigos, colegas e pessoas com as quais você se relaciona. Abrir sua boca para cumprir esta tarefa fará com que corações se abram para o Senhor e maravilhas aconteçam na vida dessas pessoas.

2 DE JULHO

REAVIVAMENTO DO TEMOR AO SENHOR

Os homens de Efraim, flecheiros armados, viraram as costas no dia da batalha; não guardaram a aliança de Deus e se recusaram a viver de acordo com a sua lei. Esqueceram o que ele tinha feito, as maravilhas que lhes havia mostrado. Ele fez milagres diante dos seus antepassados, na terra do Egito, na região de Zoã. Dividiu o mar para que pudessem passar; fez a água erguer-se como um muro. Ele os guiou com a nuvem de dia e com a luz do fogo de noite.

SALMO 78:9-14

Não sei se alguma vez você já viu um mar se abrir? Eu não, e isso me traz um profundo temor, pois o povo de Israel viu, e mesmo assim murmurou, desonrou e virou as costas para o Senhor. Espero que você leia todo o salmo e, ao ler com calma, observe o confronto que o salmista vai tecendo contra a nação pródiga. Se aquele povo foi capaz de esfriar na fé, imagine eu e você? Quando falta o temor do Senhor, sobra tolice e o mandamento: "não tentarás o Senhor teu Deus" (DEUTERONÔMIO 6:16) é transgredido. Tentar a Deus significa que ninguém deve ter a presunção de querer submeter Deus à prova. Deus não é como o homem, mentiroso e enganador, cuja fidelidade precisa ser testada e provada. Aquele povo tentou a paciência, a sabedoria, o poder e a ira de Deus.

Espero que a leitura do Salmo 78 gere em nós um reavivamento do temor do Senhor. E que nos apeguemos a Ele com todo nosso coração, com toda a nossa alma e todo entendimento e força. Que Deus nos guarde milagrosamente de nos afastarmos dele e de nos esquecermos de tudo que Ele tem feito em nós e por nós. Hoje será um dia de reavivamento de nosso temor e amor pelo Senhor! Amém!

MINHAS REFLEXÕES

ELIANDRO VIANA

3 DE JULHO

UM DAVI PARA MIM, EM DAVI EM MIM

Escolheu o seu servo Davi e o tirou do aprisco das ovelhas, do pastoreio de ovelhas para ser o pastor de Jacó, seu povo, de Israel, sua herança. E de coração íntegro Davi os pastoreou, com mãos experientes os conduziu.

SALMO 78:70-72

MINHAS REFLEXÕES

Separei para nosso devocional de hoje o recorte final do Salmo 78, em que o autor, depois de condenar toda apostasia do povo de Israel, mostra o amor e a bondade de Deus para com eles, levantando Davi para ser o líder dessa nação. Deus presenteia, de forma imerecida, o Seu povo com um grande rei, um grande poeta, um grande general e um grande pastor. Tudo isso em um homem só: Davi, Seu servo. Davi é sempre lembrado pela grandeza de suas ações e pela grandeza de seu coração.

Deus cuida de nós colocando pessoas em nossa vida para ser o que Davi foi para o povo de Israel. Davi suportou mais dificuldade, perseguição e rejeição do que muitos de nós enfrentamos na vida. Mesmo diante de nossa rebeldia e dureza de coração, Deus revela Seu amor e bondade para conosco por meio de pessoas que são manifestações da Sua graça em nossa vida. Essas pessoas possuem um coração íntegro e pastoral e acumulam experiência para caminhar ao nosso lado na jornada. Fique atento se há alguém especial que Deus já colocou ao seu lado para ser bênção na sua vida. Fique atento também se você não é o Davi de alguém.

4 DE JULHO

CONSTRUIR, DESTRUIR E RECONSTRUIR

Ajuda-nos, ó Deus, nosso Salvador, para a glória do teu nome; livra-nos e perdoa os nossos pecados, por amor do teu nome.
SALMO 79:9

O Salmo 79 é uma belíssima composição do patriota e poeta Asafe. Um lamento pelo momento de desalento que o povo de Deus enfrentava. O salmista escreve olhando para as ruínas de sua cidade tão amada. Seus olhos enxergavam Jerusalém arruinada, mas sua fé no Senhor arejava seu triste coração com a esperança de salvação e reconstrução. Sua poesia faz ecoar uma voz de consternação diante da devastação, uma oração em meio à provação, a inspiração em face da provocação.

Construir, destruir e reconstruir são três verbos que fazem parte da história do povo de Israel e da nossa também. Gosto muito da forma didática que Deus usa para falar ao coração do profeta Jeremias, da nação de Israel e para falar a nós também, através do oleiro e do vaso. No capítulo 18, Deus pede que Jeremias vá à casa do oleiro para observar o seu trabalho e, através dessa imagem, Deus falaria com Jeremias. E foi isso que aconteceu; o profeta entendeu que Deus faz e refaz, e que, quando as coisas não saem do Seu jeito, Ele dá um jeito de destruir para reconstruir à Sua maneira. Assim foi com a observação de Asafe: ele amava a cidade construída, estava profundamente triste diante dela destruída, mas em seu coração sabia que Deus não era um destruidor, nem opressor e que apenas permitiu tudo aquilo para manifestar Seu poder para salvar, perdoar e reconstruir. Deus pode perfeitamente reconstruir qualquer área que esteja quebrada ou destruída em sua vida. Ele só precisa que você entregue nas mãos dele todos os cacos quebrados. Ele fará um vaso novo para Sua glória e louvor!

MINHAS REFLEXÕES

ELIANDRO VIANA

TUDO PODE SER MUDADO PELA ORAÇÃO

Cheguem à tua presença os gemidos dos prisioneiros. Pela força do teu braço preserva os condenados à morte. Retribui sete vezes mais aos nossos vizinhos as afrontas com que te insultaram, Senhor! Então nós, o teu povo, as ovelhas das tuas pastagens, para sempre te louvaremos; de geração em geração cantaremos os teus louvores.
SALMO 79:11-13.

Asafe, andando no meio dos entulhos da cidade destruída, já enxergava a nova obra que Deus estava por fazer. Por mais que tudo estivesse devastado, ele sabia em seu íntimo que a destruição era apenas a matéria-prima para a reconstrução que Deus realizaria. O salmista clamava pelo novo de Deus. Quando Deus quer fazer algo novo, Ele às vezes precisa destruir a velha construção.

Tudo pode ser mudado pelo clamor da oração! Ela muda primeiro a nossa vida. A oração não tem a pretensão de mudar Deus, mas de conformar o nosso coração, nossa mente e a nossa vida à vontade do Senhor. A oração muda a forma como enxergamos os cenários de caos e sofrimento a nossa volta. Ela também nos faz entender o que precisa ser destruído para que o novo seja edificado. A oração muda nossa forma de falar com as pessoas e de encarar os problemas. Quando a oração muda a nossa vida, estamos, então, preparados para ver o sobrenatural acontecer em nós e ao nosso redor. Quando o gemido se torna oração, aprendemos a cantar a mais linda expressão de adoração. Quando as lágrimas se tornam oração, aprendemos a melodia de louvor que sai da alma. Erga sua cabeça, olhe acima dos entulhos que estão pelo chão e clame ao Senhor. Creia que Deus está fazendo algo novo em você e por você!

6 DE JULHO

CORAÇÃO E CÉU ABERTOS

Escuta-nos, Pastor de Israel, tu, que conduzes a José como a um rebanho; tu, que tens o teu trono sobre os querubins, manifesta o teu esplendor diante de Efraim, Benjamim e Manassés. Desperta o teu poder, e vem salvar-nos! Restaura-nos, ó Deus! Faze resplandecer sobre nós o teu rosto, para que sejamos salvos.

SALMO 80:1-3

Um coração aberto ao cuidado de Deus sempre enxergará o Céu aberto. Um coração de filho sempre verá Deus como Pai. Não podemos permitir que dificuldades momentâneas tirem nosso alicerce eterno de vida. Asafe, o autor do salmo, poderia estar totalmente desacreditado diante do cenário que seus olhos alcançavam, mas ele mantém seu coração aberto ao cuidado de Deus pela devoção e fé. Ele não enxerga a vida como escravo, mas como filho, e como tal ele acredita que o Pai não o entregaria ao mal. Sua confiança no cuidado do Pai o mantinha com esperança suficiente para continuar caminhando e crendo que Deus estava conduzindo sua vida e a vida do seu povo.

Deus tem poder para salvar! Deus tem poder para restaurar qualquer situação por mais cruel que seja. Um barco não afunda pela água que está fora dele, e sim quando essa água vem para dentro dele. Não permita que seu coração seja contaminado com a crise que está acontecendo do lado de fora. Não permita que sua fé naufrague. Confie no Senhor. O rosto do Senhor brilhará sobre a sua vida! A paz que vem do alto guardará o seu coração! Lembre-se: o Senhor é o nosso Pastor!

MINHAS REFLEXÕES

ELIANDRO VIANA

LIDANDO COM A DISCIPLINA

Repouse a tua mão sobre aquele que puseste à tua mão direita, o filho do homem que para ti fizeste crescer. Então não nos desviaremos de ti; vivifica-nos, e invocaremos o teu nome. Restaura-nos, ó SENHOR, Deus dos Exércitos; faze resplandecer sobre nós o teu rosto, para que sejamos salvos.

SALMO 80:17-19

MINHAS REFLEXÕES

Lendo o Salmo 80 atentamente, perceberemos que o poeta está relatando de forma dramática as duras consequências que o povo sofreu ao receber a aplicação da disciplina de Deus. A parte mais dolorosa da disciplina é colher as consequências por decisões erradas. Nos momentos em que o povo de Deus, nos registros bíblicos, sofre a disciplina, estão lidando com colheitas que eles mesmo plantaram por serem desobedientes ao Senhor. Quando chegamos nos versos finais vemos que, por mais que o autor tenha sido dramático nos registros, ele reconhece que tudo aconteceu porque o povo se desviou do que o Senhor havia dito. Tanto é que ele fala em nome do povo dizendo: "...não nos desviaremos de ti" (v.18). Foi doloroso para ele enxergar tanta devastação causada pelos desvios do povo, mas ele sabia que o remédio era o povo voltar-se para o Senhor.

Jamais se afaste do Senhor. A colheita decorrente disso não é nada boa. Se você ignorar uma placa de trânsito, pode enfrentar consequências muito desagradáveis por isso. E quando a disciplina é aplicada em função da não observância de um princípio legal, não adianta chorar ou implorar. Se não estamos felizes com o que temos colhido agora, pode ser que no passado tenhamos feito uma má semeadura. Veja por este lado: você pode hoje decidir plantar algo bom e agradável para no futuro ter uma excelente colheita. Resta-nos ter um coração submisso, lidarmos bem com a disciplina que nos corrige e sermos assertivos no que plantamos em nosso dia a dia.

8 DE JULHO

LOUVOR É UMA VIDA EM FESTA

Cantem de alegria a Deus, nossa força; aclamem o Deus de Jacó! Comecem o louvor, façam ressoar o tamborim, toquem a lira e a harpa melodiosa. Toquem a trombeta na lua nova e no dia de lua cheia, dia da nossa festa...
SALMO 81:1-3

Este salmo também foi uma composição do patriota Asafe. Ele amava o seu povo, e sua poesia era sempre uma canção que retratava pontos altos e baixos da história e da política de Israel. Ele começa o salmo convocando para uma ocasião memorável, uma grande festa — provavelmente, conforme os versos 1 ao 7, a celebração da Páscoa. Ele convida a congregação do povo de Deus a cantar de modo forte e alegre, pois havia razões para isso!

O Espírito Santo, que inspirou o poeta Asafe, convida-nos a fazer deste dia uma ocasião de festa e alegria! Há motivos para isso! Deus salvou-nos do pecado entregando Seu Filho para morrer por nós lá na cruz! É por causa dessa morte que podemos celebrar a vida! Faça de hoje um dia de exaltação ao Senhor. Nada de lamento e reclamação; ao contrário, celebre a vida que Deus lhe deu! Lembre-se de onde Ele o resgatou. Todos temos motivos de sobra para fazer da nossa vida um culto de celebração ao nosso Deus! O louvor vai muito além daquele período de culto na igreja. Louvor é uma vida em festa! Uma vida cheia do Espírito Santo, celebrando tão grande salvação recebida por meio do amor do Pai revelado em Jesus!

MINHAS REFLEXÕES

ELIANDRO VIANA

9 DE JULHO

SEM PESO

Ele diz: "Tirei o peso dos seus ombros; suas mãos ficaram livres dos cestos de cargas. Na sua aflição vocês clamaram e eu os livrei, do esconderijo dos trovões lhes respondi; eu os pus à prova nas águas de Meribá. Mas eu sustentaria Israel com o melhor trigo, e com o mel da rocha eu o satisfaria".

SALMO 81:6,7 e 16

MINHAS REFLEXÕES

As palavras ditas pelo salmista em sua poesia, nos versos 6 e 7, são uma recordação dirigida ao povo de Israel, sobre quando foram libertos da escravidão do Egito. O Senhor continua tirando o peso dos ombros de pessoas cansadas e aflitas ainda hoje. Vamos acumulando cargas pesadas ao longo da caminhada, muitas vezes até somatizando em sofrimento físico. O corpo geralmente grita as dores que a boca se calou achando que suportaria. Se não pararmos para uma avaliação bem honesta sobre a jornada, podemos seguir levando cargas que não são nossa responsabilidade. Levamos pesos excedentes que pessoas colocaram sobre os nossos ombros. É tempo de parar e permitir que o Senhor remova da sua vida as cargas desnecessárias.

O poeta registra a forma que o Senhor remove os pesados fardos sobre os ombros do Seu povo, relata o livramento da aflição e a forma como Ele os colocou à prova. E no último verso do salmo, a poesia vira profecia anunciando a forma tão cuidadosa e generosa que o Senhor cuidaria de Seu povo. Deus sabe como cuidar dos Seus filhos. Deus sabe como cuidar de você. Podemos quebrar a cabeça, pisar na bola, errar feio, contudo Ele prepara o momento certo na jornada de tratar de nossas feridas e colocar um banquete diante de nós. Isso é graça. Desfrute do cuidado do Senhor hoje. Fique atento ao que Ele pode falar e fazer por você para que você desfrute das promessas dele.

10 DE JULHO

POESIA COM VOZ PROFÉTICA

É Deus quem preside na assembleia divina; no meio dos deuses, ele é o juiz. "Até quando vocês vão absolver os culpados e favorecer os ímpios? Pausa Garantam justiça para os fracos e para os órfãos; mantenham os direitos dos necessitados e dos oprimidos. Livrem os fracos e os pobres; libertem-nos das mãos dos ímpios".
SALMO 82:1-4

O Salmo 82 é mais uma belíssima composição de Asafe. O salmista transforma sua poesia em voz profética de denúncia contra a corrupção da corte a da magistratura de seu tempo. Um salmo profético para corrigir injustiças daqueles que tinham como responsabilidade promover a justiça. Eugene Peterson, na versão bíblica *A Mensagem,* apresenta o primeiro verso da seguinte forma: "Deus convoca os juízes para seu tribunal, põe todos eles no banco dos réus". Ele se refere às pessoas que estavam com síndrome de deus e facilitando o trabalho do diabo. Asafe, revestido de coragem e firmeza, confronta os mais poderosos com a soberania e justiça do Senhor.

A poesia profética de Asafe é muito oportuna para nós hoje. As pessoas ainda continuam com síndrome de deus e abrindo caminho para a institucionalização da iniquidade. Vale lembrar que Jesus veio para trazer o reino de Deus. Nós somos agentes desse Reino. Nada nem ninguém está acima do Senhor; lembre as pessoas disso. Com fome de justiça, devemos combater toda corrupção, seja em qual for a instância. Para hoje, lembre-se de romper com toda forma de pecado e ser um promotor do reino de Deus.

MINHAS REFLEXÕES

ELIANDRO VIANA

11 DE JULHO

A JORNADA DE UM DISCÍPULO

Nada sabem, nada entendem. Vagueiam pelas trevas; todos os fundamentos da terra estão abalados. Eu disse: vocês são deuses, todos vocês são filhos do Altíssimo. Mas vocês morrerão como simples homens; cairão como qualquer outro governante. Levanta-te, ó Deus, julga a terra, pois todas as nações te pertencem.
SALMO 82:5-8

MINHAS REFLEXÕES

A presunção cega e tira qualquer capacidade de discernimento. Asafe está dando um diagnóstico dos juízes corruptos. A primeira observação é que eles "nada sabem", o que revela a ignorância oriunda da jactância daquela classe de pessoas *pseudopoderosas*. A segunda observação que ele faz é "nada entendem" — uma cegueira de quem fecha completamente os olhos da razão para o cumprimento de seu papel na sociedade e enxerga apenas aquilo que interessa a si mesmo. Outrossim estão prontos a enxergar o que o suborno propõe. Recusam-se a entender a causa da injustiça e a opressão aos mais vulneráveis. A terceira observação é "vagueiam pelas trevas" — a perversidade leva-os a vagar na escuridão, escondendo-se da luz e da verdade, sendo guiados pelas sombras do engano e do erro.

"Nada sabem", "nada entendem" e "vagueiam pelas trevas" são descrições que devem passar bem longe de nós. Os discípulos de Jesus estão aprendendo com Ele em cada etapa da jornada. O conhecimento que gera vida está presente em seu dia a dia, dando-lhes sabedoria para discernir o tempo e o modo que Deus está trabalhando. Eles estão prontos a compartilhar sobre o agir do Senhor. Os discípulos de Jesus ouvem e entendem a voz do Mestre. Entendem sobre seu papel e suas responsabilidades no mundo. Entendem sobre o certo e o errado e têm prazer em decidir e agir pelo bem. Os discípulos de Jesus andam na luz. Estão no caminho, na verdade e na vida, que é Cristo. Siga firme em mais este dia da jornada de um discípulo de Jesus.

12 DE JULHO

O SILÊNCIO DE DEUS

*Ó Deus, não te emudeças;
não fiques em silêncio nem te detenhas, ó Deus.*

SALMO 83:1

Tivemos uma boa porção de devocionais no bloco dos salmos de Asafe, e o Salmo 83 é a última vez que nos encontramos com esse poeta eloquente, patriota e de uma coragem admirável. Esse poeta-profeta parece ser a pessoa mencionada no registro de 2 Crônicas 20:14: "Então o Espírito do Senhor veio sobre Jaaziel, filho de Zacarias, neto de Benaia, bisneto de Jeiel e trineto de Matanias, levita e descendente de Asafe, no meio da assembleia". Há forte evidência que relaciona o tema do salmo com o contexto histórico nos tempos do rei Josafá.

Separei apenas um pequeno verso para o dia de hoje por uma razão: todos temos algum nível de estresse ligado ao silêncio de Deus. No verso 1, Asafe está profundamente incomodado isso. Não tenho nenhuma pretensão de responder à pergunta: "Por que Deus fica em silêncio?". É mais fácil lidar com o barulho do mundo do que lidar com o silêncio de Deus. Eu me atreverei a abordar sobre dois aspectos, os quais, penso eu, poderiam nos levar a entender o silêncio do Senhor. O primeiro talvez seja para que nós também fiquemos em silêncio. Solitude em silêncio de vez em quando é uma ótima disciplina espiritual. Esse exercício é essencial para ouvir melhor ao Senhor. Seria Deus chamando a nossa atenção. Tive um professor na faculdade que fazia isso quando a turma conversava demais. O segundo é quando Deus, assim como um professor na hora da prova, pede para a turma ficar em silêncio. O Senhor deseja nos levar à reflexão sobre o quanto aprendemos e amadurecemos quando Ele estava falando ao nosso coração. Fique em silêncio por alguns momentos e continue refletindo sobre esse tema.

MINHAS REFLEXÕES

PROFANAÇÃO X ADORAÇÃO

Faze com os seus nobres o que fizeste com Orebe e Zeebe, e com todos os seus príncipes o que fizeste com Zeba e Zalmuna, que disseram: "Vamos apossar-nos das pastagens de Deus". Faze-os como folhas secas levadas no redemoinho, ó meu Deus, como palha ao vento.

SALMO 83:11-13

Assim como cristãos hoje convivem com perseguição e insultos constantes, as nações pagãs eram constantemente um tropeço para o povo de Israel. O salmista estava revoltado com tudo que estava acontecendo e clamando para que Deus fizesse algo em favor do seu povo. Diante de nações fortes e poderosas afrontando o povo de Deus, o salmista firma sua alma no Senhor.

A profanação está presente nas expressões que o povo pagão usava para se referir a tudo que era consagrado ao Senhor. Eles desejavam se apropriar e desonrar os espaços de culto do povo de Israel. Desta mesma forma, há muitos que intentam profanar a nossa comunhão com o Senhor trazendo assuntos mundanos e expressões da cultura que jaz no maligno e no pecado para tentar e levar os filhos de Deus a pecar e deturpar seu relacionamento com Ele. A profanação naquele tempo era em um lugar físico; hoje o lugar é a nossa vida, e não um prédio. Mantenha seu temor ao Senhor aceso e sua vida no altar da presença de Deus. Cristãos com um estilo de vida adorador são a resposta para confrontar a cultura da profanação que impera hoje. Vigie contra todo sacrilégio do altar, o qual é a sua própria vida. Vamos seguir firmes contra a cultura de profanação no propósito de desenvolvermos a cultura de adoração.

14 DE JULHO

INTERVENÇÃO QUE TRAZ REVELAÇÃO

Saibam eles que tu, cujo nome é Senhor, somente tu, és o Altíssimo sobre toda a terra.

SALMO 83:18

O salmista encerra sua poesia com esta expressão reveladora do seu desejo de que seus inimigos, além de derrotados, observassem o testemunho da glória de Deus promovida por meio de sua vida. Um clamor da alma do poeta revela o anseio da notória intervenção de Deus por meio da qual viria também a revelação. Povos e reinos conheceriam o Altíssimo por intermédio da intervenção dele na vida do Seu povo.

A glória do Senhor tem sido revelada por meio de nossa vida? Eis uma boa pergunta. Sejam amigos ou inimigos, sejam conhecidos ou totalmente desconhecidos, as pessoas estão conseguindo perceber a glória do Senhor através do agir dele em nós? Se Deus está agindo em nós, Ele está se revelando através de nós! O trabalhar dele na vida de alguém produz movimentos visíveis de Sua graça e glória. Se Deus está trabalhando em nossa vida, Ele também está se tornando conhecido para os que nos observam, seja de perto ou de longe. O Deus que intervém é também o Deus que se revela. Permita que Ele continue trabalhando em sua vida. O agir de Deus em você produz movimentos visíveis do sobrenatural! Desta forma, o Senhor continuará se revelando a você e através de você.

MINHAS REFLEXÕES

ELIANDRO VIANA

A PÉROLA DOS SALMOS

Como é agradável o lugar da tua habitação, Senhor dos Exércitos! A minha alma anela, e até desfalece pelos átrios do Senhor; o meu coração e o meu corpo cantam de alegria ao Deus vivo. Até o pardal achou um lar, e a andorinha um ninho para si, para abrigar os seus filhotes, um lugar perto do teu altar, ó Senhor dos Exércitos, meu Rei e meu Deus. Como são felizes os que habitam em tua casa; louvam-te sem cessar.
SALMO 84:1-4.

Hoje e amanhã faremos nosso devocional baseados no Salmo 84. Não deixe de fazer a leitura completa dele nestes dois dias. Será como encostar em algo muito perfumado e macio que contagiará você e fará carinho em sua alma. O poema é de uma doçura singular e irradia suavemente uma beleza magistral. Se o Salmo 23 é o mais conhecido, o 103 o mais divertido e alegre, o 51 o mais dramático e o 119 o mais longo, certamente o 84 é o mais doce das poesias bíblicas carregadas de paz. Alguns estudiosos chamam-no de a pérola dos salmos. O anelo da alma do autor é tão intenso que ele chega a desfalecer. Diante da presença do Senhor, as pernas ficam bambas e tendem a se dobrar diante de Sua soberania e grandeza. A boca, o coração e o corpo todo, em uníssono, cantavam de alegria e amor ao Senhor. O poeta sente uma leve inveja dos passarinhos que faziam seus ninhos na comunheira do templo. Ele queria se aninhar na presença do Senhor.

Se a vida lhe parece amarga, há doçura no agir do Espírito por meio dessa poesia. Se a vida lhe parece bruta, há suavidade, acolhimento e carinho da parte do Senhor revelados através desse poema. Se a vida lhe parece sombria, há brilho celeste nessa poesia para clarear sua alma e seu coração. Desfrute da pérola dos salmos, ornamentando sua vida com a beleza e a riqueza espiritual que se encontram nessa inspiradora poesia.

16 DE JULHO

A JORNADA DO PEREGRINO

Como são felizes os que em ti encontram sua força, e os que são peregrinos de coração! Ao passarem pelo vale de Baca, fazem dele um lugar de fontes; as chuvas de outono também o enchem de cisternas. Prosseguem o caminho de força em força, até que cada um se apresente a Deus em Sião.
SALMO 84:5-7

O poeta descreve as experiências da peregrinação do povo de Deus rumo ao templo. Em cada etapa da jornada, eles desfrutavam de um renovo e também iam mudando o cenário, contagiando com suas canções, vencendo lugares inóspitos, deixando as marcas de seus acampamentos e colecionando doces lembranças da jornada.

Nós também somos peregrinos, e a jornada do povo de Israel até o templo pode servir de inspiração para nossa jornada até a Pátria celeste. Vamos renovando nossas forças no Senhor a cada etapa. Vamos transformando ambientes com nossas convicções, e nossos acampamentos temporários na jornada são fontes de inspiração para aqueles que virão depois de nós. Com nossos olhos postos no alvo final, a alegria contagia o coração e se torna um remédio para as pernas cansadas. Um verso da poetisa Cora Coralina diz assim: "É que tem mais chão nos meus olhos do que cansaço nas minhas pernas, mais esperança nos meus olhos do que tristeza nos meus ombros, mais estrada no meu coração do que medo na minha cabeça". Na jornada do peregrino, o caminhar é mais ou menos assim. Não importa o gosto da poeira, e sim os passos firmes na estrada desta vida até que cheguemos à Cidade Eterna. E em cada parada, contagiamos mais um, que vagueava perdido e que, mudando o rumo, segue conosco a jornada do peregrino.

MINHAS REFLEXÕES

ELIANDRO VIANA

17 DE JULHO

OS MILAGRES DIVINOS

Foste favorável à tua terra, ó Senhor; trouxeste restauração a Jacó. Perdoaste a culpa do teu povo e cobriste todos os seus pecados. Pausa Retiraste todo o teu furor e te afastaste da tua ira tremenda. Restaura-nos mais uma vez, ó Deus, nosso Salvador, e desfaze o teu furor para conosco.
SALMO 85:1-4

MINHAS REFLEXÕES

O Salmo 85 é uma oração para que Deus tenha misericórdia da pátria. O povo esperava por uma restauração da terra. O salmista explica que recordar o passado é perceber que as bênçãos recebidas são decorrentes de uma sucessão de obstáculos superados e que os tempos de refrigério e restauração surgem após a aflição. Judá não foi restaurada de uma vez só, foi um processo, pouco a pouco. E em cada pouco foi revelado muito amor e provisão. As bênçãos são permanentes e contornam cada fase difícil revelando o cuidado e o refrigério que vêm do Senhor.

A dificuldade em primeira instância traz às pessoas angústias, desânimo e medo. Parece ser um impedimento ao progresso e superação. Contudo, podemos aprender neste salmo que passar pela dificuldade é o caminho necessário para se chegar à conquista. A busca pelo agir de Deus permite ao homem provocar e experimentar os milagres divinos. Provocamos o milagre ao crermos! Provocamos o milagre quando andamos por fé! Qual tem sido sua preocupação? Ela o limita ou o impulsiona a provocar o milagre? Posicione-se hoje diante de Deus e não se curve diante de seus problemas. Você passará a bom termo e superará cada dificuldade com sanidade, ânimo e coragem, pois elas vêm do Senhor. Creia e verá que o melhor de Deus sempre está por vir.

PASSOS FIRMES E FLUTUANTES

O amor e a fidelidade se encontrarão;
a justiça e a paz se beijarão. A fidelidade brotará da terra,
*e a justiça descerá dos céus. O S*ENHOR
nos trará bênçãos, e a nossa terra dará a sua colheita. A justiça irá
adiante dele e preparará o caminho para os seus passos.
SALMO 85:10-13

Algumas virtudes são destacadas neste verso de modo sublime, um favor divino revelado ao povo de Judá, onde a graça e a verdade se encontrarão e se abraçarão. Um novo tempo ao povo e ao governo local, uma reforma marcada pelas palavras do Salvador. O salmista destaca que era chegada a hora das bem-aventuranças, que o Deus da salvação estava restabelecendo Seu povo e que um novo tempo estava se aproximando. Não era apenas uma poesia, mas uma profecia que se cumpriu e se faz real ainda hoje.

Deus sabe o que é melhor para o Seu povo e conhece um coração sedento, sincero e ensinável. Ele permite as provações, mas também libera a justiça, o auxílio, a honra e a abundância. Ele prepara e determina o caminho, os passos e a colheita. Crer nas palavras do Senhor é sinônimo de receber Suas promessas. Vamos seguir nossa jornada com passos firmes na Terra e com alma flutuante tocada pelo sobrenatural. Nossa caminhada é sustentada pelo Senhor. Ele já preparou cada ponto da jornada, já garantiu a provisão em cada colheita e nos defenderá em cada demanda.

MINHAS REFLEXÕES

A ESCASSEZ DA ALMA

Inclina os teus ouvidos, ó Senhor, *e responde-me, pois sou pobre e necessitado. Guarda a minha vida, pois sou fiel a ti. Tu és o meu Deus; salva o teu servo que em ti confia! Misericórdia, Senhor, pois clamo a ti sem cessar. Alegra o coração do teu servo, pois a ti, Senhor, elevo a minha alma. Tu és bondoso e perdoador, Senhor, rico em graça para com todos os que te invocam.* SALMO 86:1-5

MINHAS REFLEXÕES

Sabe quando aquela pessoa que você conhece está muito carente de atenção? Parece que ela gruda em você e não quer mais largar e, por mais que você se esforce, parece impossível amenizar a carência. Esta poesia do Salmo 86 é uma expressão de profunda carência. Aliás, só mesmo o Senhor para suprir nossas carências, pois todos temos uma escassez na alma. Esperar que outro ser humano supra isso é muito injusto e ineficaz. O poeta admite sua carência e sua necessidade de cuidado, proteção, alegria e perdão.

Do que você está carente hoje? Deixe-me perguntar novamente: de qual carência o Senhor pode suprir e corresponder a sua vida hoje? Não espere que pessoas façam isso. Entregue a carência de sua alma ao Senhor, que possui todos os recursos para lhe suprir plenamente. A escassez da alma e a aridez do coração, provocam acidez nas palavras e no comportamento. Só Deus é capaz de derramar chuva de provisão, de cura e perdão para mudar esse cenário e transformar um deserto em fonte.

20 DE JULHO

A SAÍDA DO *SHEOL*

Todas as nações que tu formaste virão e te adorarão, Senhor, glorificarão o teu nome. Pois tu és grande e realizas feitos maravilhosos; só tu és Deus! Ensina-me o teu caminho, SENHOR, para que eu ande na tua verdade; dá-me um coração inteiramente fiel, para que eu tema o teu nome. De todo o meu coração te louvarei, Senhor, meu Deus; glorificarei o teu nome para sempre. Pois grande é o teu amor para comigo; tu me livraste das profundezas do Sheol. SALMO 86:9-13

Podemos esperar coisas grandes do Senhor, pois Ele é o grande Deus. Seus feitos maravilhosos nos alcançam hoje. O poeta está preocupado com o aprendizado que gera um coração integralmente fiel ao Senhor, o único e verdadeiro Deus. Não podemos ser politeístas, ou seja, crer em Deus e dividir a Sua glória com pessoas ou coisas que ocupam um lugar em nossa vida. Se Deus não está em primeiro lugar nem é o único Senhor da sua vida, Ele não está em lugar nenhum. Um coração inteiramente fiel é o que crê na Verdade, anda e tem prazer nela, e a sua vida é aperfeiçoada na Verdade.

Mantenha a identidade de filho, a ocupação de servo e o caráter integralmente fiel. Pode parecer uma utopia, mas é o alto padrão que deve capturar nossa atenção para um viver digno do Senhor. O salmista termina o verso 13 com a expressão "...tu me livraste das profundezas do Sheol". Essa palavra pode ser traduzida por sepultura, mundo dos mortos ou até mesmo pelo estado de degradação extrema promovida pelo pecado na vida do ser humano. Na verdade, o estado de alguém sem Cristo é a morte, e Paulo nos lembra disso em Efésios 2: "Vocês estavam mortos em suas transgressões e pecados, nos quais costumavam viver" (v.1). Em Cristo acontece a nossa saída do Sheol, e podemos celebrar a vida que recebemos por meio de Seu grande amor.

MINHAS REFLEXÕES

ELIANDRO VIANA

21 DE JULHO

FÉ CÍVICA

O Senhor edificou sua cidade sobre o monte santo;
ele ama as portas de Sião mais do que qualquer outro lugar de Jacó.
Coisas gloriosas são ditas de ti, ó cidade de Deus.

SALMO 87:1-3

MINHAS REFLEXÕES

A pequena canção deste salmo é em honra a Sião, ou Jerusalém. É também uma declaração de como Deus ama e cuida dela. Um verdadeiro hino cívico e santo. O salmo, segundo os estudiosos, foi escrito pelos filhos de Corá, ou pelo menos dedicado a eles. É uma canção que une a piedade e a devoção ao Senhor com o compromisso e os valores cívicos.

Nossa fé também precisa impactar nossa vida cívica — amar a nossa nação e orar por ela constantemente. Respeitar as autoridades constituídas por Deus e também orar por elas é um dever de nossa fé cívica. Amar, honrar e trabalhar para o bem da nação, do estado ou do município onde vivemos é um compromisso cristão. Observe hoje as características geográficas, sociais e culturais do lugar onde Deus o plantou para morar e louve ao Senhor! Agradeça a Deus e se posicione profeticamente como um patriota amando e orando por sua nação.

22 DE JULHO

O ESCRIVÃO E AS DUAS CIDADANIAS

De fato, acerca de Sião se dirá: "Todos estes nasceram nela, e o próprio Altíssimo a estabelecerá". O Senhor escreverá no registro dos povos: "Este nasceu ali". Com danças e cânticos, dirão: "Em Sião estão as nossas origens!"

SALMO 87:5-7

Uma cidade santa é o lugar de um povo santo. À medida que o povo de Deus cresce, a cidade é santificada. "Venha o teu reino" é uma dimensão de santificação das pessoas e das estruturas criadas por elas, como a vida em sociedade, educação, cultura, instituições, entre muitas outras esferas. Um povo santo faz de uma cidade um lugar santo.

Uma expressão linda, contida nesses versos finais do salmo, é: "O Senhor escreverá no registro dos povos" (v.6). Que interessante! À semelhança de um registro em cartório, Deus se faz escrivão dos registros das origens de Seu povo. E assim também Ele faz quando escreve o nosso nome no Livro da vida. Temos o registro de nascimento daqui e, quando entregamos nossa vida a Cristo, nascemos de novo e temos um novo registro de nascimento. Assim sendo, temos duas nacionalidades — uma da Terra, que devemos honrar e amar, e outra do Céu, que faz de nós filhos, herdeiros e agentes do reino de Deus, e assim podemos clamar: "Venha o teu Reino; seja feita a tua vontade assim na terra como no céu" (MATEUS 6:10). Nossa cidadania celeste faz de nós agentes da santificação do lugar onde estamos, nossa cidade, estado e nação.

MINHAS REFLEXÕES

ELIANDRO VIANA

23 DE JULHO

ALÍVIO E CURA DE UMA ALMA DOENTE

Ó SENHOR, Deus que me salva, a ti clamo dia e noite. Que a minha oração chegue diante de ti; inclina os teus ouvidos ao meu clamor. Tenho sofrido tanto que a minha vida está à beira da sepultura!
SALMO 88:1-3

MINHAS REFLEXÕES

O Salmo 88 revela uma noite escura na alma do poeta. Um salmo tristonho, resultado das experiências do autor com os momentos de profunda tristeza ocasionados pelas tribulações da vida. O corpo e a alma adoecem, e nesse salmo encontramos a radiografia de uma alma doente e o clamor do salmista pelo alívio e pela cura.

A despeito de tantos versos e palavras tristes e aflitas, o salmista começa com um clamor. Três aspectos muitos importantes estão presentes na introdução do salmo e dão sustentação aos versos mais dramáticos da poesia. O primeiro aspecto é que a confiança do salmista no Senhor não estava morta; seu coração batia e ansiava pela salvação — "Ó SENHOR, Deus que me salva" (v.1). Deus salva você do pecado e o livra do poder que o pecado tem para afligir sua alma. Não importa o tamanho da sua dor e da angústia que domina você; se lá no fundo do seu coração a confiança em Deus estiver viva, você já conseguiu superar o momento de tribulação, e é só uma questão de tempo para você cantar o hino da vitória. O segundo aspecto é a sinceridade de abrir o coração pra Deus — "...a ti clamo..." (v.1). Geralmente temos a tendência de recorrermos a homens e isso acaba atrasando as coisas. Busque ao Senhor, recorra a Ele e antecipe o livramento. O terceiro aspecto é a perseverança — "...de dia e de noite" (v.1). Não pare, não desanime, ore até acontecer! Perseverança é a capacidade que a esperança tem de manter a chama da fé acesa em nosso coração. Sua perseverança será coroada com um lindo testemunho do sobrenatural cuidado de Deus com sua vida!

24 DE JULHO

APERFEIÇOADO NO SOFRIMENTO

Puseste-me na cova mais profunda, na escuridão das profundezas. Tua ira pesa sobre mim; com todas as tuas ondas me afligiste. Afastaste de mim os meus melhores amigos e me tornaste repugnante para eles. Estou como um preso que não pode fugir; minhas vistas já estão fracas de tristeza. A ti, Senhor, clamo cada dia; a ti ergo as minhas mãos. SALMO 88:6-9

Essas palavras são o clamor de alguém que grita por socorro a Deus (v.2), mas a resposta parece inexistir. Não significa dizer que Deus não atenderia ao seu pedido, mas, até aquele momento, ele não demonstra esperança. Só há lamentos por causa da aflição e do sofrimento. No entanto, por mais deprimido e saturado que o salmista estivesse, vejo que toda sua vida tinha uma razão de ser, um propósito. Mesmo que a morte parecesse algo certo, precisava crer e estar pronto para ter sua vida transformada e ser aperfeiçoado pelo sofrimento.

As expressões de sofrimento do salmista, tanto mental quanto físico, são muito fortes. Porém, lembramos dos exemplos de outras pessoas que também sofreram muito antes de experimentarem o cumprimento dos propósitos divinos em sua vida. Abrão foi cercado por trevas apavorantes antes de Deus estabelecer uma aliança com ele (GÊNESIS 15:12). José foi colocado na cova e na prisão antes de se tornar governador do Egito e sustentador de sua família (GÊNESIS 41:41; 45:7). Jonas precisou chegar aos lugares mais profundos até que pudesse obedecer ao chamado do Senhor (JONAS 2:1,2; 3:3). O melhor exemplo, porém, vem de Jesus, pois, mesmo depois de sofrer injustamente, Ele foi aperfeiçoado como Autor da nossa salvação (HEBREUS 2:10). Não desanime nem desista. O sofrimento pode ser parte do propósito de Deus para o aperfeiçoar. Até mesmo a dor e a aflição, suportados com o auxílio e consolo do Santo Espírito, poderão conduzi-lo a mais de maturidade espiritual e a um novo tempo de conquistas e realizações para glória de Deus.

MINHAS REFLEXÕES

ELIANDRO VIANA

25 DE JULHO

A TRISTEZA QUE NOS APROXIMA DE DEUS

*Mas eu, Senhor, a ti clamo por socorro;
já de manhã a minha oração chega à tua presença.*

SALMO 88:13

MINHAS REFLEXÕES

As aflições que o poeta enfrentava eram, aparentemente, prolongadas e misteriosas, mas sabemos, conforme Romanos 8:28 que "Deus age em todas as coisas para o bem daqueles que o amam, dos que foram chamados de acordo com o seu propósito". As marcas presentes na vida do salmista revelam sua luta contra a depressão, que como uma doença o abatia profundamente, restringia sua vida e removia seu vigor para cumprir com suas obrigações. Uma pulsão de morte o dominava, contudo ele rompe com essa pulsão através da pequena oração contida no verso 13. Em sua oração, ele derrama sua alma triste diante do Senhor. Com indagações solenes e confissões penetrantes e tristes, ele anseia pela compaixão, intervenção e restauração do Senhor.

Na vida, enfrentamos tristezas e tristezas. O apóstolo Paulo, classifica essas duas tristezas em 2 Coríntios 7:9: "A tristeza segundo Deus produz um arrependimento que leva à salvação e não remorso, mas a tristeza segundo o mundo produz morte". Angustiamo-nos com o autor do Salmo 88 em face de sua dor e tristeza, mas sabemos que Deus tinha um propósito para o que estava acontecendo com ele. Fica claro no texto de Paulo que existe uma tristeza vã, segundo o curso do mundo, que gera a morte, mas a tristeza proporcionada pelo Senhor tem um santo propósito. Podemos chamar de tristeza o que nos aproxima de Deus; ela age de modo a abalar nossas estruturas para nos levar ao caminho do cumprimento do propósito eterno de Deus em nós. O conforto de Deus enxuga as nossas lágrimas e nos desafia às mudanças que Ele quer promover em nós hoje.

26 DE JULHO

A MAJESTOSA ALIANÇA

Cantarei para sempre o amor do Senhor; com minha boca anunciarei a tua fidelidade por todas as gerações. Sei que firme está o teu amor para sempre, e que firmaste nos céus a tua fidelidade. Tu disseste: "Fiz aliança com o meu escolhido, jurei ao meu servo Davi: Estabelecerei a tua linhagem para sempre e firmarei o teu trono por todas as gerações". Os céus louvam as tuas maravilhas, Senhor, e a tua fidelidade na assembleia dos santos. Pois, quem nos céus poderá comparar-se ao Senhor? Quem dentre os seres celestiais assemelha-se ao Senhor?

SALMO 89:1-6

Chegamos hoje ao majestoso salmo da Aliança. São 52 versos recheados do mais precioso tema da teologia cristã: a Aliança. O poema já abre seus versos declarando confiantemente a fé na fidelidade do Senhor e a confiança na Sua Aliança. O amor de Deus é celebrado. O amor perfeito não tem variação. Não há necessidade de nos atemorizarmos e vivermos inseguros quanto ao amor de Deus. Nossa natureza humana tem por marca a instabilidade e a insegurança, e a tendência é transferir isso para o relacionamento com Deus, por isso precisamos corrigir nossa fraqueza na força e constância do amor do Senhor.

Deus fez uma aliança conosco em Jesus. Essa aliança é firmada na constância do amor e da fidelidade do Senhor. Uma aliança por decreto, por promessa e por juramento sacramentado por meio das palavras e das obras de Jesus Cristo. Descanse sua vida nessa Aliança. Conduza sua vida debaixo dela. Tome suas decisões baseadas nessa Aliança. Cultive seus relacionamentos a partir dessa Aliança. Enfrente os desafios confiando nessa Aliança. Tenha segurança na Salvação e creia no futuro eterno por causa dessa Aliança.

MINHAS REFLEXÕES

ELIANDRO VIANA

27 DE JULHO

ATRIBUTOS

*Ó Senhor, Deus dos Exércitos, quem é semelhante a ti?
És poderoso, Senhor, envolto em tua fidelidade. Tu dominas
o revolto mar; quando se agigantam as suas ondas,
tu as acalmas. Os céus são teus, e tua também é a terra; fundaste
o mundo e tudo o que nele existe. Tu criaste o Norte e o Sul;
o Tabor e o Hermom cantam de alegria pelo teu nome. O teu braço é
poderoso; a tua mão é forte, exaltada é tua mão direita.
A retidão e a justiça são os alicerces do teu trono; o amor e a fidelidade
vão à tua frente. Como é feliz o povo que aprendeu a aclamar-te,
Senhor, e que anda na luz da tua presença! Sem cessar exultam no
teu nome, e alegram-se na tua retidão, pois tu és a nossa glória
e a nossa força, e pelo teu favor exaltas a nossa força. Sim, Senhor,
tu és o nosso escudo, ó Santo de Israel, tu és o nosso rei.*
SALMO 89:8-9, 11-18

MINHAS REFLEXÕES

O majestoso cântico da Aliança destaca os atributos do Senhor soberano do Céu e da Terra. Ele é incomparável em Sua natureza e poder. É eterno e perfeito, incomparável e imutável. Em Sua sabedoria, santidade e poder, exerce justiça em perfeição e age com bondade e amor. Criador, provedor e redentor da humanidade, revela-se em cada ato criativo, em cada provisão e sobretudo manifestou Sua graça ao mundo por meio da redenção através de Seu Filho, Jesus Cristo.

Deus é tudo isso e muito mais do que nossa capacidade humana é capaz de entender e nossa linguagem capaz de expressar. E sabe de uma coisa maravilhosa? Ele é Emanuel, que significa Deus conosco! Ele está ao seu lado! Ele é o Deus que está com você! Ele o ama e cuida de você. Ele fala com você e responde a sua oração! Em meio a nossa confusão e rebelião, Ele se manifesta em graça e misericórdia para nos salvar do pecado e nos dar uma nova vida firmada nele. Hoje é um bom dia para a manifestação dos atributos de Deus em sua vida. Hoje é um bom dia para que os atributos de Deus contagiem os seus atributos pessoais.

28 DE JULHO

REINO INABALÁVEL

*Ele me dirá: "Tu és o meu Pai, o meu Deus,
a Rocha que me salva".
Também o nomearei meu primogênito,
o mais exaltado dos reis da terra.
Manterei o meu amor por ele para sempre,
e a minha aliança com ele jamais se quebrará.
Firmarei a sua linhagem para sempre,
o seu trono durará enquanto existirem céus.*
SALMO 89:26-29

Não adianta orar sem crer. O Salmo 89 mostra que o salmista, antes de fazer a sua súplica, professa a sua fé. Ele apoia seu clamor na suficiência da Aliança. O Antigo Testamento abre o conceito de Aliança, e, no Novo Testamento, esse conceito chega em sua plenitude através do nascimento, vida, obras, morte e ressurreição de Jesus Cristo. O evangelho é o som alegre e ditoso da aliança entre Deus e os homens. São as boas-novas do Pai de amor revelado nas obras do Filho Jesus, confirmadas e testificadas pelo agir do Santo Espírito.

Percebemos na poesia um Rei e um reinado inabaláveis. Temos como desafio para nossa vida sermos os súditos desse reino, abandonarmos os abalos provocados pelo pecado em nossa vida e nos entregar plenamente à dimensão de vida firmada na sublime e inabalável aliança. Essa vida firmada no Deus inabalável nos leva a viver acima da mediocridade, acima do que prega o mundo, acima do poder de Satanás, de toda a acusação, da morte e de toda turbulência que pretende nos abalar. Firmados na Aliança, temos uma vida de comunhão inabalável com Deus, que nos reveste de poder para viver em paz no Reino.

MINHAS REFLEXÕES

29 DE JULHO

A ORAÇÃO DE MOISÉS

Senhor, tu és o nosso refúgio, sempre, de geração em geração. Antes de nascerem os montes e de criares a terra e o mundo, de eternidade a eternidade tu és Deus.
SALMO 90:1,2

MINHAS REFLEXÕES

Este salmo é conhecido como a oração de Moisés, o homem de Deus, ou o cântico de Moisés. É o mais antigo dos salmos, composição única em sua grandeza. O autor do Pentateuco mostra suas habilidades de poeta abrindo seu coração para cantar a beleza e a proximidade afetiva do relacionamento entre Deus e Seu povo. Moisés foi poderoso em obras e palavras e percebemos isso nesse salmo. Um homem de Deus é um homem de oração, e este cântico é uma oração de um grande homem de Deus. Moisés era um homem especial, escolhido por Deus, inspirado e honrado por Ele. Esse profeta cumpriu um propósito extraordinário para a glória do Senhor.

Moisés canta a fragilidade do homem e a brevidade da vida, contrastando isso com a rica descrição dos atributos de Deus. Ele reforça o quanto a vida humana é passageira, que do pó foi formada e ao pó voltará, em contraste com a majestade de Deus revelada nos atributos que ele apresenta ao longo de sua poesia — eternidade, justiça, onisciência, onipresença, onipotência, imutabilidade, misericórdia, bondade e soberania. Cante e conte ao Senhor sobre suas fragilidades, mas faça isso ouvindo a melodia do Céu.

30 DE JULHO

DEUS TEM TODO O TEMPO

De fato, mil anos para ti são como o dia de ontem que passou, como as horas da noite.

SALMO 90:4

Deus tem em Suas mãos todo o tempo do mundo. Ele não tem nenhuma dificuldade em lidar com o tempo; nós é que temos. Você já ouviu falar de *kairós* e *cronos*? Estudiosos afirmam que o primeiro é a dimensão de tempo eterno, ou tempo divino. O Deus eterno não se preocupa com o relógio. Ele sabe, por Sua própria natureza, o tempo e o modo de agir. O segundo, *cronos*, é o tempo registrado pelas horas do nosso relógio. A natureza pecaminosa cria em nós uma tendência a não saber lidar bem com o tempo. Ansiedade, procrastinação, impaciência são apenas algumas das sequelas do pecado em nós, que dificultam a nossa boa gestão do tempo. Há um descompasso terrível entre o nosso relógio e a eternidade, e isso nos angustia e adoece.

Hoje você pode empenhar-se para lidar bem com o tempo, desenvolvendo e buscando apoio para ser um bom administrador das tarefas e adequá-las bem ao *cronos*. Mais do que isso, você pode hoje descansar sua alma no relógio da eternidade. Uma alma salva por Cristo descansa e vive o *kairós* do Senhor. Com a alma firmada na eternidade, nosso corpo vai lidando melhor com o *cronos* e vamos cumprindo melhor nossa missão em cada estação da vida. Sendo assim, alcançamos o que o verso 12 diz: "Ensina-nos a contar os nossos dias para que o nosso coração alcance sabedoria". Afinal, Deus tem todo o tempo do mundo para ver cumprido em nós o Seu propósito.

MINHAS REFLEXÕES

31 DE JULHO

SUPERABUNDANTE GRAÇA

Conheces as nossas iniquidades; não escapam os nossos pecados secretos à luz da tua presença.
SALMO 90:8

MINHAS REFLEXÕES

O amor de Deus apaga os pecados de uma vida. Como pode um Deus onisciente, que é capaz de conhecer todos os pecados de nossa vida inteira, os que já cometemos e os que ainda vamos cometer, perdoar-nos e estar pronto a esquecê-los por puro amor? O profeta Miqueias faz uma indagação retórica parecida com essa no texto: "Quem é comparável a ti, ó Deus, que perdoas o pecado e esqueces a transgressão do remanescente da sua herança? Tu que não permaneces irado para sempre, mas tens prazer em mostrar amor. De novo terás compaixão de nós; pisarás as nossas maldades e atirarás todos os nossos pecados nas profundezas do mar" (7:18,19). Podemos completar com o que Deus diz por meio dos lábios do profeta Isaías: "Sou eu, eu mesmo, aquele que apaga suas transgressões, por amor de mim, e que não se lembra mais de seus pecados" (43:25). Surgem lágrimas nos olhos de quem compreende esse amor tão rico, tão generoso e gracioso.

Se Ele busca os nossos pecados no passado e prevê os do futuro, não é para nos diminuir, mas para manifestar Sua abundante graça e cuidado conosco. Aliás, recordo-me do texto do apóstolo Paulo que diz: "Mas onde aumentou o pecado, transbordou a graça" (ROMANOS 5:20). Em outras versões, as palavras usadas são "abundou" e "superabundou", para descrever que Deus conhece todos os nossos pecados e que são abundantes, mas Ele nos perdoa com Sua graça de modo superabundante. Não lide com os seus pecados por você mesmo. Deixe que Deus lide com seus pecados a partir de Seu perdão e graça.

1º DE AGOSTO

NADA COMO ESTAR EM CASA

Aquele que habita no abrigo do Altíssimo e descansa à sombra do Todo-poderoso pode dizer ao Senhor: *Tu és o meu refúgio e a minha fortaleza, o meu Deus, em quem confio.* SALMO 91:1,2

Como é prazeroso viajar, conhecer novos lugares ou até voltar a lugares conhecidos para rever amigos e familiares. Com certeza é muito bom passearmos como turistas, mas nada se compara com a volta para casa. Independentemente se moramos em um humilde casebre ou em uma confortável mansão, não existe nada como estar em casa. Como filhos de Deus, temos uma residência espiritual: o abrigo do Altíssimo, lugar onde encontramos conforto e segurança e podemos descansar debaixo dos cuidados do Pai eterno. Nosso grande prazer deve ser estar em nossa habitação, pois ali temos liberdade e desfrutamos de intimidade com a família. Infelizmente alguns optam por serem como filhos rebeldes que não têm prazer de estar em casa. Filhos sem amor pelo Pai só voltam para casa para pedir algo ou para suprir alguma necessidade. Não faça do abrigo do Altíssimo uma casa de passagem onde as pessoas não permanecem, mas faça desse santo lugar sua habitação. Apenas aqueles que moram no Senhor têm garantia de Suas bênçãos.

O Senhor deve ser sua habitação permanente. Não corra para Ele apenas para suprir alguma necessidade ou quando a situação ficar difícil. Hoje é dia de você fixar residência em Deus, não apenas passear nos Seus átrios. É bom fazermos visitas a Sua majestosa presença, mas aquele que habita no Senhor se regozija e transborda na graça do Pai, pois não há nada como estar em casa.

MINHAS REFLEXÕES

ABNER BAHR

2 DE AGOSTO

ESCUDO FIEL

Ele o livrará do laço do caçador e do veneno mortal. Ele o cobrirá com as suas penas, e sob as suas asas você encontrará refúgio; a fidelidade dele será o seu escudo protetor.
SALMO 91:3,4

MINHAS REFLEXÕES

O escudo é um aparato indispensável em tempos de guerra. Nas batalhas da antiguidade, onde os confrontos eram travados corpo a corpo, cada soldado empunhava seu próprio escudo. Essa proteção essencial era garantia de sobrevivência diante dos ataques dos inimigos; nenhum combatente ousaria sair para um confronto sem esse item de defensório. O escudo é o armamento que não serve para o ataque, mas sem ele não existe possibilidade de defesa e seria impossível permanecer de pé no campo de batalha. Como filhos de Deus, descansamos na certeza de que a fidelidade do Senhor é imutável e não apresenta falhas. Uma vez que nosso escudo é confeccionado por essa fidelidade, sabemos que nossa defesa é intransponível. Efésios 6:16 diz que, ao nos revestirmos com a armadura de Deus, a fé é nosso escudo, que apaga as setas inflamadas do maligno. Essa é a função primordial do escudo — aplacar a ira do adversário que tenta tirar nossa vida. Aquele que carrega em seu braço um escudo não é alvejado, porque as investidas contra sua vida são bloqueadas pela sua proteção pessoal.

Neste dia, esconda-se atrás do próprio Deus, que é o nosso escudo fiel. Todos os ataques contra você não prosperarão e não causarão dano. As investidas furiosas dos seus inimigos não transpassarão Aquele que guarda você de dia e de noite. Não seja imprudente de sair para um dia de labuta sem empunhar o escudo que está sempre ao seu dispor. Preserve seu relacionamento com Deus e proteja-se nEle.

3 DE AGOSTO

SEM MEDO DO ESCURO

Você não temerá o pavor da noite, nem a flecha que voa de dia,
nem a peste que se move sorrateira nas trevas,
nem a praga que devasta ao meio-dia.
SALMO 91:5,6

Se fizermos uma lista dos principais medos das pessoas, o medo do escuro estará entre os principais. Por mais que muitos não admitam, a escuridão gera temor em desde as inocentes criancinhas até os mais valentes e destemidos adultos. Tenho certeza de que você já cantou um louvor para acalmar o coração, quando precisou ir até a cozinha em meio a uma madrugada escura. Quem nunca fez isso atire a primeira pedra. A escuridão gera medo, pois nos sentimos inseguros quando não conseguimos enxergar o que está ao nosso redor. Em nossa vida, passamos por períodos quando somos assolados pela escuridão da alma — essa é a noite da nossa existência. Em nossa escuridão interior, sentimo-nos enfraquecidos e distantes de Deus, desprotegidos e facilmente somos atingidos por ataques dos quais não conseguimos nos defender. Aqueles que não conseguem resistir aos momentos de escuridão perecem pelo caminho. Nesse período de maior fragilidade, lembre-se da palavra de Isaías 41:10: "Por isso não tema, pois estou com você; não tenha medo, pois sou o seu Deus".

Se você está passando por essa temível fase de escuridão e não consegue enxergar uma saída para as situações que o assombram, continue confiando em Deus. O Senhor não está com você apenas nos momentos em que você consegue senti-lo. Ele permanece ao seu lado mesmo quando você não o vê. Por isso, não tema o pavor da noite, nem a flecha que voa de dia, nem a peste que se move sorrateira nas trevas, nem a praga que devasta ao meio-dia, pois o Senhor permanece cuidando da sua vida.

MINHAS REFLEXÕES

4 DE AGOSTO

VOCÊ NÃO É TODO MUNDO

Mil poderão cair ao seu lado, dez mil à sua direita, mas nada o atingirá. Você simplesmente olhará, e verá o castigo dos ímpios.

SALMO 91:7,8

MINHAS REFLEXÕES

"Você não é todo mundo!" Essa era a justificativa que nossos pais sempre davam quando nos proibiam de fazer algo que "todo mundo" estava fazendo. De forma inconsciente, o objetivo dessa fala era gerar em nós uma identidade com opinião e vontade próprias, não sendo influenciado pelos outros. Em outras palavras, para não nos tornamos "Maria-vai-com-as-outras".

Deus não nos fez seres genéricos; somos únicos diante dele. Por isso, nossa vida não é conduzida de acordo com aqueles que estão a nossa volta. Ao olhar para o texto proposto no Salmo 97, vemos que grande parte das pessoas não suporta e perece no meio do caminho por causa das investidas do vil inimigo. Aqueles que são atingidos e caem não desfrutam da mão protetora do Senhor sobre sua vida. O cuidado e a segurança de Deus são sobre aqueles que fazem do Altíssimo sua habitação e descansam à sombra do Todo-poderoso. Jesus Cristo doou Sua vida para que todos que se entregarem a Ele tenham vida abundante na eternidade e possam desfrutar da proteção divina.

Hoje é dia de entregar sua vida nas mãos do Salvador. Assim você garantirá a vida eterna, mas, ainda aqui nesta vida, gozará do Seu cuidado e proteção. 1 João 5:18 diz: "Sabemos que todo aquele que é nascido de Deus não está no pecado; aquele que nasceu de Deus o protege, e o Maligno não o atinge". Por certo, as lutas continuarão se levantando contra você, mas, por mais que todos a sua volta sejam atingidos e caiam diante dos ataques do inimigo, você permanecerá em pé, porque, afinal, você não é todo mundo.

5 DE AGOSTO

MUROS INVISÍVEIS

Se você fizer do Altíssimo o seu refúgio, nenhum mal o atingirá, desgraça alguma chegará à sua tenda.

SALMO 91:9,10

No decorrer da história, os muros sempre foram a representação de segurança para as pessoas. As cidades fortificadas se orgulhavam de seus altos muros, e os castelos e palácios, ainda hoje, ostentam suas imponentes muralhas. Da mesma forma, os muros ao redor de nossas casas, além de delimitarem o espaço do terreno, protegem o local de possíveis invasores.

Quando nos refugiamos em Deus, temos a promessa de que nenhuma desgraça chegará em nossa tenda, pois, ao redor dela, o Senhor se encarrega de edificar muros de proteção — muros invisíveis, que nos protegem contra qualquer mal que tente alcançar nossa família. As tendas são habitações extremamente frágeis, incapazes de proteger seus residentes de ataques inimigos e forças da natureza como ventos e chuvas fortes. Essas residências vulneráveis foram durante muito tempo a casa dos peregrinos no deserto. Como peregrinos nesta Terra, estamos expostos a acidentes, doenças, ataques e levantes do inimigo contra nossa família. Onde a fragilidade de nossas paredes não consegue impedir o mal de nos alcançar, os muros invisíveis celestiais tornam-se nossa fortaleza.

Neste dia, coloque sua família debaixo da proteção do Altíssimo. O cuidado do Senhor não está limitado a um espaço físico. Quero dizer que sua família não estará protegida apenas quando estiver debaixo do teto de sua casa. A proteção sobre sua tenda se estende por onde quer que esteja cada membro da sua família. Busque em Deus o refúgio e confie que, ao redor da sua tenda, os muros do Senhor zelarão pela integridade das pessoas que você ama.

MINHAS REFLEXÕES

6 DE AGOSTO

CUIDADO PARA NÃO TROPEÇAR

Porque a seus anjos ele dará ordens a seu respeito, para que o protejam em todos os seus caminhos; com as mãos eles o segurarão, para que você não tropece em alguma pedra. Você pisará o leão e a cobra; pisoteará o leão forte e a serpente.

SALMO 91:11-13

MINHAS REFLEXÕES

O famoso escritor brasileiro, professor e psiquiatra Augusto Cury disse: "Não tropeçamos nas grandes montanhas, mas nas pequenas pedras". Essa frase exemplifica a ideia de que não são as grandes situações que dificultam nossa caminhada de vida, mas, sim, os pequenos detalhes. Quando somos alcançados pelo amor de Deus e experimentamos uma transformação em nossa vida, buscamos avidamente andar de acordo com Sua vontade. Procuramos nos afastar de alguns pecados, pois consideramos que eles são grandes montanhas que nos impedem de chegar até Cristo, mas não nos atentamos para as pequenas pedras, situações corriqueiras do dia a dia, que podem causam desequilíbrio em nosso relacionamento com o Pai. Precisamos cuidar das inocentes mentiras, os pequenos desvios de caráter, descuidos insignificantes com nosso testemunho que nos fazem tropeçar, e por vezes, cair em nossa caminhada com Jesus.

O Senhor o fortalece para você passar ileso por perigosos inimigos. Mas, na jornada da vida, você certamente encontrará pedras pelo caminho. No dia de hoje, preste atenção onde os seus pés pisam, pois os pedregulhos não devem fazer você cair. Evite caminhos tortuosos onde seus passos podem vacilar e conte com a proteção dos anjos do Senhor, que o segurarão em suas mãos para que você transpasse as regiões pedregosas sem tropeçar.

7 DE AGOSTO

HONRA AO MÉRITO

Porque ele me ama, eu o resgatarei; eu o protegerei, pois conhece o meu nome. Ele clamará a mim, e eu lhe darei resposta, e na adversidade estarei com ele; vou livrá-lo e cobri-lo de honra. Vida longa eu lhe darei, e lhe mostrarei a minha salvação.
SALMO 91:14-16

Quando, ao final de uma competição, alguém recebe um troféu ou uma medalha onde está gravada a expressão "Honra ao mérito", entendemos assim que essa premiação foi merecida. O atleta se torna digno de receber essa honraria devido aos seus próprios méritos.

A lei da semeadura, que diz que colhemos aquilo que plantamos, é uma ideia aceitável à consciência humana. Com esse pensamento, desejamos que as pessoas recebam aquilo que merecem, seja algo bom, por ter um caráter idôneo, ou uma punição, como resultado de um delito. Mas no reino de Deus as coisas não funcionam de acordo com os padrões da Terra. Efésios 2:8,9 diz: "Pois vocês são salvos pela graça, por meio da fé, e isto não vem de vocês, é dom de Deus; não por obras, para que ninguém se glorie". O apóstolo Paulo está nos dizendo que a salvação não é mérito nosso, mas, pela graça, somos honrados com ela.

As palavras que finalizam o Salmo 91 relatam que Senhor cobrirá de honra Seus filhos. Mas qual é o nosso mérito para sermos honrados? Nossa natureza pecaminosa não nos torna merecedores de premiações divinas. O salmista relata os únicos méritos que o Senhor pode encontrar em nós: amar a Deus e conhecer Seu nome. Ame a Deus com intensidade e busque conhecê-lo mais e mais. Esse é o caminho para, ao final da sua vida, você receber a coroa da justiça como "Honra ao mérito".

MINHAS REFLEXÕES

DO ALVORECER AO ANOITECER

Como é bom render graças ao Senhor e cantar louvores ao teu nome, ó Altíssimo, anunciar de manhã o teu amor leal e de noite a tua fidelidade, ao som da lira de dez cordas e da cítara, e da melodia da harpa.
SALMO 92:1-3

MINHAS REFLEXÕES

O salmista escreve este salmo com o objetivo de entoá-lo em dias de consagração ao Senhor. Quando reconhecemos o grande amor e a fidelidade de Deus sobre nossa vida, não nos resta outra opção a não ser exaltar Seu santo nome o dia todo. Logo pela manhã, somos despertados pelo Pai Eterno, que manifesta Seu amor leal em pequenos detalhes no decorrer do dia. Os pássaros que cantam, a flor que desabrochou no quintal, o sol que nos aquece, a chuva que rega a terra, ou até mesmo um contrato fechado ou a meta batida na empresa são expressões do amor e cuidado divino sobre nossa vida. Ao findar o dia, quando vamos descansar de uma jornada de trabalho, vale a pena trazer à memória os vários momentos em que a boa mão de Deus esteve conosco, e assim louvar Sua fidelidade.

Neste dia, consagre cada minuto ao Senhor. Renda-lhe graças e mantenha sua vida prostrada diante do trono de glória do Altíssimo. Honre-o em cada pensamento e atitude. Desde o alvorecer ao anoitecer, louve Seu amor, que se mostra leal, pois não falha e não desampara Seus filhos amados. Faça menção e celebre Sua fidelidade, que é imutável e digna de confiança, a qual não o decepcionará e não o deixará sozinho pelo caminho. Esses atributos divinos sustentarão sua vida e lançarão fora todo o medo. Viva hoje rendido aos pés do Criador.

9 DE AGOSTO

SEUS FRUTOS NÃO CESSARÃO

Os justos florescerão como a palmeira, crescerão como o cedro do Líbano; plantados na casa do Senhor, florescerão nos átrios do nosso Deus. Mesmo na velhice darão fruto, permanecerão viçosos e verdejantes, para proclamar que o Senhor é justo. Ele é a minha rocha; nele não há injustiça.
SALMO 92:12-15

Assim como o ciclo humano de vida, as árvores também passam por fases de desenvolvimento. Ao final de sua vida, a árvore chega à velhice sem folhas, com galhos frágeis, com sua casca seca e sua capacidade de gerar frutos comprometida. Nessa fase, entendemos que se aproxima o fim da vida vegetal, pois, aos olhos humanos, a árvore outrora frondosa agora nada mais tem a oferecer.

É triste o fim daqueles que estão plantados em terrenos distantes de Deus, que, depois de servirem a muitos, findam sua vida infrutíferos e, com a sua existência seca, aguardam sem vigor e esperança seu destino. Mas aqueles que estão plantados na casa de Deus contrariam as forças da natureza. O tempo pode passar, mas a essência de vida do cristão permanece. Os frutos, que normalmente cessariam na velhice, continuam sendo gerados; o tronco e os galhos, que se quebrariam facilmente, apresentam-se viçosos e cheios de vigor, pois não estão arraigados em terra escassa, mas na abundância divina, e sua vida se renova em Deus.

Não importa quantos anos de vida sua certidão de nascimento registre. Você pode estar ainda na tenra idade ou já ter acumulado muitos e muitos anos em sua história. Independentemente disso, se você estiver plantado na casa do Senhor, sua vida permanecerá viçosa e verdejante. Continue frutificando em Deus, porque muitas pessoas ainda se alimentarão da sua vida, pois os seus frutos não cessarão.

MINHAS REFLEXÕES

10 DE AGOSTO

VESTIDO DE MAJESTADE

O Senhor reina! Vestiu-se de majestade;
de majestade vestiu-se o Senhor e armou-se de poder!
O mundo está firme e não se abalará.
O teu trono está firme desde a antiguidade;
tu existes desde a eternidade.

SALMO 93:1,2

Nas Escrituras Sagradas, as vestes representam a vida de uma pessoa. Identificam seu caráter e apontam para quem realmente são. Muitas vezes reconhecemos as pessoas e suas funções olhando a forma que estão vestidas. Um médico, um policial, um jogador de futebol e tantos outros são denunciados por suas roupas. Da mesma forma, um rei é reconhecido pelas vestimentas reais e não poderia assumir seu trono para exercer seu ofício sem as vestes apropriadas. As roupas de um rei demonstram nobreza e autoridade e são respeitadas por seus servos e temidas por seus inimigos. Nosso Deus é rei supremo e Seu reino é mais elevado do que qualquer outro que já existiu e que virá a existir. O Senhor está vestido de majestade e armado de poder e glória. Desde a eternidade e pelos séculos dos séculos, a majestade do Altíssimo é e será reconhecida em toda Terra.

O Rei dos reis e Eterno Senhor exerce governo sobre todas as coisas. Nada foge do controle de Suas poderosas mãos. Ele demonstra Seu poder colocando debaixo de Seus pés o cruel inimigo. Sua nobreza é evidenciada por tratar com justiça Seus servos. Mesmo não sendo nobres, Ele nos chama de filhos e nos convida a um banquete real e nos concede acesso à Sala do Trono. Que grande privilégio temos que, mesmo sendo "plebeus", temos a honra de estar na presença do Todo-poderoso Rei vestido de majestade!

11 DE AGOSTO

ENFEITADOS COM SANTIDADE

Os teus mandamentos permanecem firmes e fiéis;
a santidade, SENHOR, é o ornamento perpétuo da tua casa.
SALMO 93:5

Como é gratificante cuidar da nossa casa. Fazer uma reforma, uma nova pintura, renovar as cortinas, quadros, porta-retratos, trocar os enfeites da prateleira ou as flores que estão murchando nos vasos por outras recém-colhidas no quintal. Pode despender muito dinheiro ou não ter custo algum, mas os enfeites e ornamentos que colocamos em nossa casa dão um toque especial e deixam o lugar onde habitamos a nossa cara. O mesmo acontece com nossa vida. Depois que aceitamos Jesus como Salvador, tornamo-nos habitação do Espírito Santo; somos a morada de Deus. Em 1 Pedro 1:16 diz: "Pois está escrito: 'Sejam santos, porque eu sou santo'". Somos ornamentados com Sua santidade para ficarmos a cara dele. C. H. Spurgeon disse: "A santidade é a parte visível da salvação", isto é, identificamo-nos como filhos de Deus e demonstramos ao mundo que somos salvos quando vivemos em santidade.

A habitação do Senhor não é uma casinha sem graça e sem alegria, mas adornada com enfeites e que se destaca em meio a vizinhança. Isso provoca a fúria do inimigo que utiliza muitas formas para nos afastar de uma vida santa. São muitas as tentações que intentarão tirar aquilo que adorna nossa vida. Neste dia, aproxime-se de Deus, eleve seus pensamentos aos céus, refreie sua língua e repense suas atitudes. Não dê para o inimigo a oportunidade de retirar aquilo que identifica você com Deus. Viva com pureza diante de Deus e dos homens, pois sua vida é enfeitada com santidade.

MINHAS REFLEXÕES

ABNER BAHR

12 DE AGOSTO

DEUS SABE TODAS AS COISAS

Será que quem fez o ouvido não ouve? Será que quem formou o olho não vê? Aquele que disciplina as nações os deixará sem castigo? Não tem sabedoria aquele que dá ao homem o conhecimento? O S<small>ENHOR</small> conhece os pensamentos do homem, e sabe como são fúteis.

SALMO 94:9-11

MINHAS REFLEXÕES

Lembro-me de que, quando eu era criança, cantava uma música que dizia: "Cuidado olhinho o que vê, o Salvador do Céu está olhando para você, cuidado olhinho o que vê". Assim por diante, a canção infantil ia citando os demais órgãos do corpo e suas funções, sempre alertando que dos altos Céus, o Senhor, está ciente de todas as nossas ações. De certa forma, as crianças ficam amedrontadas ao saber que existe Alguém que é capaz de saber tudo o que elas fazem, inclusive aquilo que é feito longe dos olhos dos pais.

Como adultos, não devemos ter medo, mas temor diante de Deus no que se refere as nossas ações e pensamentos. Por outro lado, o fato de Deus saber todas as coisas deve confortar nosso coração, pois todos nossos anseios e angústias estão diante dAquele que pode aliviar nossa alma. A onisciência, o saber de todas as coisas, é um atributo que apenas Ele tem. Por isso, tudo que fazemos, pensamos e sentimos é do conhecimento do Pai; nada lhe fica em oculto.

Seria Deus surdo, incapaz de ouvir suas súplicas? Por acaso cego, impossibilitado de contemplar suas dores e lágrimas? Não! Porque, se assim fosse, Ele negaria Sua natureza. No dia de hoje, saiba que Deus ouve o sussurrar de suas orações; Ele vê a aflição da sua alma cansada e conhece os seus pensamentos. Confie no direcionamento divino, pois, por mais que você não tenha compartilhado com ninguém o momento que está passando, Deus sabe todas as coisas.

13 DE AGOSTO

A ALEGRIA DE SER DISCIPLINADO

Como é feliz o homem a quem disciplinas, Senhor, aquele a quem ensinas a tua lei; tranquilo, enfrentará os dias maus, enquanto que, para os ímpios, uma cova se abrirá.

SALMO 94:12,13

Parece uma incoerência dizer que alguém que sofre uma disciplina deve sentir-se feliz. Mas a Palavra de Deus é especialista em desfazer alguns paradigmas humanos. As correções e disciplinas aplicadas pelo mundo afora são, em sua maioria, punições por atitudes erradas. Ninguém se alegra ao ser punido; por vezes esses castigos geram rancor e anseio de vingança e em nada contribuem para direcionar o caminho correto. Quando somos disciplinados por Deus, não estamos sendo punidos, mas instruídos a viver de forma que agrade o Pai e assim não cair em condenação. Aquele que aceita a correção, enfrenta os dias maus com tranquilidade, porque já sabe a maneira certa de proceder. O pastor Carlito Paes disse: "Disciplinar diz respeito a corrigir o caminho, a colocar de volta na direção certa. Por isso, disciplinar é um ato de amor". Devemos entender que, quando o Senhor exerce disciplina em nossa vida, Ele demonstra que nos ama e se importa conosco a ponto de nos livrar de caminhos errados.

Quando lemos a Palavra de Deus, somos por ela disciplinados. O Espírito Santo faz com que os textos lidos sirvam de "puxões de orelha". Mas Ele também usa pessoas com autoridade sobre nossa vida para serem agentes disciplinadores. Pastores, líderes, amigos, familiares e irmãos em Cristo são ferramentas do Senhor para nos corrigir e assim evitar que venhamos a sofrer danos maiores. Alegre-se ao ser disciplinado, pois, se Deus se propôs a corrigi-lo, é porque o ama muito para deixar que você se perca.

MINHAS REFLEXÕES

ABNER BAHR

14 DE AGOSTO

DEUS ACIMA DE TODOS

*Venham! Cantemos ao S*ENHOR *com alegria! Aclamemos a Rocha da nossa salvação. Vamos à presença dele com ações de graças; vamos aclamá-lo com cânticos de louvor. Pois o S*ENHOR *é o grande Deus, o grande Rei acima de todos os deuses.*

SALMO 95:1-3

MINHAS REFLEXÕES

Na tentativa de se fazer um discurso politicamente correto, sem menosprezar nenhuma crença, a sociedade coloca nosso Deus Eterno no mesmo patamar de qualquer outro deus. Querem comparar o incomparável. Rebaixam *Elohim* — o Deus criador, ao nível de criaturas. Incontáveis são os deuses criados por mãos humanas que visam suprir a necessidade dos homens em se conectar com o divino. Mas a verdade é que Deus não tem iguais; Deus não tem rivais, porque nenhum inimigo consegue realmente se opor a Ele. Isaías 43:13 diz: "Ainda antes que houvesse dia, eu era; e nenhum há que possa livrar alguém das minhas mãos; agindo eu, quem o impedirá?" (ARA). Ele é o grande Rei, e ninguém, em sã consciência, ousaria questionar as ações da realeza. Como se não bastassem os ídolos, no anseio de preencher o vazio de sua existência, o homem sem Deus faz de bens materiais o objeto de sua adoração. Torna-se deus tudo aquilo que rouba a veneração devida apenas ao Todo-poderoso.

Neste dia, venha! Cante e exalte a Deus com alegria. Ele é o único digno de receber sua adoração. Não coloque nada nem ninguém no lugar do Senhor. Ele é o primeiro e o único a quem você deve dedicar sua vida. Isaías 42:8 diz: "Eu sou o SENHOR; esse é o meu nome! Não darei a outro a minha glória nem a imagens o meu louvor". Não desvie seu louvor honrando criaturas e bens materiais. Nosso Deus é incomparável, supremo e soberano. Grande em poder, Ele reina em majestade e glória. Ele está acima de todos.

15 DE AGOSTO

JOELHOS DOBRADOS

Nas suas mãos estão as profundezas da terra, os cumes dos montes lhe pertencem. Dele também é o mar, pois ele o fez; as suas mãos formaram a terra seca. Venham! Adoremos prostrados e ajoelhemos diante do SENHOR, o nosso Criador...

SALMO 95:4-6

A Bíblia é repleta de expressões corporais que transmitem um significado em uma cultura particular. O ato de se prostrar diante de alguém, dentre outras coisas, significa humilhação, reverência, respeito, súplica ou até mesmo estar sujeito ao senhorio dessa pessoa. Mas, quando os joelhos se dobram diante do Deus vivo, além de tudo isso, demonstramos obediência e submissão, isto é, entrega total, sem reservas. Só faz sentido se ajoelhar em adoração ao Senhor quando nosso espírito já está prostrado. De nada vale se ajoelhar se não existir um quebrantamento sincero. A expressão física deve ser apenas o reflexo do que já aconteceu dentro do coração. O Deus Eterno é o único que merece adoração e apenas diante dele devemos nos prostrar. Nenhum outro que se intitule deus deve ser adorado, pois a adoração é destinada apenas ao Criador, aquele que criou o homem, não para aqueles que pelo homem foram criados.

Quando nos ajoelhamos diante do Altíssimo, declaramos que Ele é o Senhor da nossa vida e Seu governo está sobre nós. Comece seu dia de joelhos dobrados, rendendo adoração e demonstrando obediência e submissão. Se dificuldades físicas o impossibilitam dobrar os joelhos, mantenha seu espírito quebrantado e sua vida prostrada em expressões de adoração contínua.

MINHAS REFLEXÕES

16 DE AGOSTO

ARAUTOS

Cantem ao Senhor, *bendigam o seu nome; cada dia proclamem a sua salvação! Anunciem a sua glória entre as nações, seus feitos maravilhosos entre todos os povos!*
SALMO 96:2,3

MINHAS REFLEXÕES

Nas páginas do Antigo Testamento, vemos a figura do arauto. Ele tinha a incumbência de ser o mensageiro oficial do governo. Era conhecido por correr à frente da comitiva real proclamando alguma instrução ou a vontade do rei. Por vezes o arauto trazia notícias dos campos de batalha e proclamava as vitórias e conquistas do reino.

Ao olharmos para o Novo Testamento, vemos que Jesus designou função semelhante à de arauto aos Seus seguidores. Quando enviou Seus discípulos, Ele os instruiu: "Por onde forem, preguem esta mensagem: 'O Reino dos céus está próximo.'" (MATEUS 10:7). Jesus demonstra claramente que Seus discípulos são mensageiros oficiais do reino dos Céus. A nobre função de proclamar e anunciar a salvação, a grandiosa glória e os incontáveis feitos maravilhosos estão sobre todo aquele que aceitou Jesus como seu Senhor e Salvador. O salmista conclama a proclamarmos o reino dos Céus todos os dias, isto é, sem perdermos a oportunidade.

Somos convocados a sermos arautos, correndo aos familiares, vizinhos, amigos e a quem mais o Senhor ordenar. Fomos chamados a proclamar as boas-novas do evangelho, anunciando a todas as nações que existe esperança, pois a salvação foi conquistada por Jesus na cruz. Talvez você não tenha a oportunidade e nem condições de percorrer o mundo levando a mensagem oficial do Rei dos reis, mas hoje você pode ser arauto para uma pessoa próxima a você. Pode ser um amigo que não conhece a Cristo ou mesmo um desconhecido que Deus colocará em seu caminho. Ore ao Senhor para que Ele gere a oportunidade de você ser um arauto dele neste dia.

17 DE AGOSTO

OFERTA VIVA

Deem ao Senhor, ó famílias das nações, deem ao Senhor glória e força. Deem ao Senhor a glória devida ao seu nome, e entrem nos seus átrios trazendo ofertas.
SALMO 96:7,8

Este salmo é um cântico de celebração escrito quando a Arca da Aliança, que representava a presença de Deus, foi colocada no meio da tenda que Davi havia armado para ser o templo de adoração a Deus. Em arrependimento, demonstrando obediência a Deus, entrega total e clamando por paz e saúde, o povo adentrava os átrios do templo e dedicava ao Senhor ofertas de animais, alimentos e cereais. Toda oferta era um sacrifício de adoração que tinha o objetivo de glorificar a Deus e aproximar o ofertante de seu Criador. Em nossos dias, o Senhor não requer ofertas utilizando sacrifícios de animais, pois, para perdão dos nossos pecados, Jesus Cristo se sacrificou como cordeiro perfeito. Paulo instrui em Romanos 12:1: "Portanto, irmãos, rogo-lhes pelas misericórdias de Deus que se ofereçam em sacrifício vivo, santo e agradável a Deus; este é o culto racional de vocês". Fica evidente que a oferta que agrada a Deus é a nossa própria vida. É necessário nos entregarmos a Ele por inteiro, sem reservas.

Não é nada fácil dedicar a vida por completo ao Senhor, porque esse ato exige renúncias. Significa sacrificar as nossas vontades e abrir mão de tudo que nos afasta de Deus. Oferte o seu melhor tempo, a sua disposição, sua criatividade, seus recursos financeiros, seu fôlego de vida, aquilo que é importante para que você possa assim dar a Ele a glória devida. Não queira entrar em Seus átrios com as mãos vazias; tenha algo a oferecer. Coloque hoje sua vida no altar do Senhor como oferta viva para agradar o Seu coração.

MINHAS REFLEXÕES

ABNER BAHR

CORAÇÕES DERRETIDOS

Os montes se derretem como cera diante do Senhor, diante do Soberano de toda a terra.
SALMO 97:5

Quando estudamos química, aprendemos que uma substância sólida se derrete quando atinge seu ponto de fusão. É uma temperatura tão elevada que imprime tamanha força capaz de desfazer a mais forte estrutura. Algo que derreteu não resistiu a uma força maior, sucumbiu diante do poder do calor.

Não é de se admirar que o salmista diz que grandes amontoados de rochas se assemelham a cera derretida diante do poderio do Eterno. Gosto de pensar que Deus manifesta Seu poder para abalar e mudar estruturas; assim Ele faz com a nossa vida. As impurezas impregnadas em nosso coração o tornam como pedra, endurecido para ouvir a voz de Deus e obedecer a Sua vontade. Então o Senhor manifesta Seu poder, a estrutura petrificada de nossa vida não suporta o fogo consumidor e assim nos quebrantamos diante do Soberano. Nosso coração se derrete em Sua presença.

Corações derretidos são maleáveis, prontos para serem moldados de acordo com a vontade do Pai. Corações derretidos são sensíveis à voz do Espírito Santo e se quebrantam com facilidade. Corações derretidos se arrependem de seus pecados e não tardam em pedir perdão. Corações derretidos são ensináveis e não orgulhosos. Corações derretidos se compadecem com as necessidades e expressam amor ao próximo. Corações derretidos sentem fome pela presença de Deus e por isso abandonam suas práticas e pensamentos mundanos para desfrutar da plenitude do Espírito Santo. Decida hoje mudar sua estrutura endurecida e deixe o poder de Deus derreter seu coração.

19 DE AGOSTO

AFASTE-SE DO MAL

Odeiem o mal, vocês que amam o SENHOR, pois ele protege a vida dos seus fiéis e os livra das mãos dos ímpios.
SALMO 97:10

A maldade humana é instintiva. Desde o jardim do Éden, quando o homem sucumbiu ao pecado, o mal está impregnado em nossa existência. Ninguém precisa ensinar uma criança a puxar o cabelo do amigo; ela nasce sabendo. Contudo, precisamos ensiná-la a abraçar e demonstrar afeto, sem contar o tempo que gastamos tentando ensinar a difícil lição de compartilhar os brinquedos. Chego à conclusão que, enquanto a maldade faz parte da natureza humana, a bondade, por sua vez, precisa ser aprendida. Na verdade, só encontramos a verdadeira bondade quando conhecemos plenamente o amor de Deus. Enquanto vivemos de acordo com nossa natureza pecaminosa, o mal dominará nossas ações e pensamentos. Mas passamos a odiar o mal quando Cristo governa nossa vida. Demonstramos que amamos a Deus quando amamos aquilo que Ele ama e, da mesma forma, odiamos o que Deus odeia. Os discípulos de Jesus devem se afastar de toda palavra maledicente que difama e testemunha falsamente contra alguém, todo ato de maldade que promove injustiça e todo pensamento maldoso que julga as pessoas mesmo sem conhecê-las.

A Palavra de Deus nos instrui em 1 Tessalonicenses 5:15: "Tenham cuidado para que ninguém retribua o mal com o mal, mas sejam sempre bondosos uns para com os outros e para com todos". Mesmo que venhamos sofrer com palavras ou atos de maldade, nós, que odiamos o mal, devemos seguir o exemplo de Jesus, que mesmo sendo crucificado não desejou o mal para os soldados que tanta maldade lhe infligiram. Neste dia, afaste-se do mal! Ele pode estar disfarçado em atos aparentemente inocentes, mas, como filho de Deus, não contribua para sua propagação.

MINHAS REFLEXÕES

ABNER BAHR

20 DE AGOSTO

PODEROSAS MÃOS

Cantem ao SENHOR *um novo cântico, pois ele fez coisas maravilhosas; a sua mão direita e o seu braço santo lhe deram a vitória!*
SALMO 98:1

MINHAS REFLEXÕES

Os escritores sagrados inúmeras vezes atribuíram a Deus características humanas para exemplificar as ações divinas. Sua face, pés e olhos sempre foram descritos para levar o leitor à compreensão da grandeza de Deus. Mas as Suas poderosas mãos merecem menção especial, pois os Seus feitos grandiosos são evidentes em a toda história de Seu povo. Presentes desde a criação do Universo, as poderosas mãos moldaram com capricho o barro para depois soprar o fôlego nas narinas e dar vida ao ser humano. A mão de Deus foi responsável por cada livramento, milagre, direcionamento e proteção. Desde o mar que se abriu até o homem que saiu andando de seu sepulcro mesmo estando morto há quatro dias, se não fosse a mão do Senhor, pouca esperança restaria aos Seus filhos. Em nossa vida também podemos reconhecer essas poderosas mãos escrevendo cada linha da nossa história.

O que seria de nós se dependêssemos apenas das obras das nossas mãos? Você pode ser habilidoso no que faz, quem sabe o melhor na sua profissão, mas a dependência do favor de Deus é o segredo para conseguir alcançar patamares mais altos. Ao olharmos para a Bíblia, vemos que o sucesso dos discípulos era acompanhado por uma simples afirmação: "A mão do Senhor estava com eles" (ATOS 11:21). Que neste dia, a mão do Senhor esteja com você protegendo, guiando, abrindo caminho e operando milagres. Deposite sua vida nas mãos do Altíssimo. Assim você cantará e celebrará com alegria, pois a vitória é certa quando não depende de nós, e sim das poderosas mãos do Deus Criador de todas as coisas.

21 DE AGOSTO

A CRIAÇÃO ADORA A DEUS

Ressoe o mar e tudo o que nele existe, o mundo e os seus habitantes! Batam palmas os rios, e juntos, cantem de alegria os montes; cantem diante do Senhor, *porque ele vem, vem julgar a terra; julgará o mundo com justiça e os povos, com retidão.*
SALMO 98:7-9

O salmista utiliza a linguagem poética para dar vida à natureza inanimada que se junta aos habitantes da Terra para celebrar com grande júbilo a entronização do seu Criador. Ao olhamos para a criação, vemos o governo do Senhor sobre todos os seres e o respeito à ordem por Ele estabelecida. O evangelho de Marcos relata a obediência da natureza diante daquele que a criou: "Ele se levantou, repreendeu o vento e disse ao mar: 'Aquiete-se! Acalme-se!' O vento se aquietou, e fez-se completa bonança" (4:39). O fato é que a criação não apenas se sujeita ao governo divino e obedece à voz do Senhor, mas também o adora com intensidade. A criação adora a Deus com o ressoar das agitadas ondas, com o canto dos passarinhos ou com o brilho dos raios do sol. A criação adora a Deus com o sopro do vento, quando a árvore floresce e com o voo da borboleta. A criação adora a Deus quando a terra molhada pela chuva faz brotar a semente que caiu de um fruto qualquer. O som da cachoeira, o balido da ovelha e também o bufar de uma baleia são expressões de adoração ao Deus Eterno.

Inúmeras são as formas que a criação adora a Deus. O que precisamos aprender com a natureza é que sua adoração nunca cessa. O Senhor é celebrado continuamente, pois a única forma que os seres criados encontram para continuar vivendo é continuar adorando. Se em todo tempo a criação adora a Deus, nós também devemos adorá-lo.

MINHAS REFLEXÕES

ABNER BAHR

22 DE AGOSTO

OBEDIÊNCIA

Moisés e Arão estavam entre os seus sacerdotes, Samuel, entre os que invocavam o seu nome; eles clamavam pelo SENHOR, *e ele lhes respondia. Falava-lhes da coluna de nuvem, e eles obedeciam aos seus mandamentos e aos decretos que ele lhes dava.*
SALMO 99:6,7

Se existe uma palavra para explicar o porquê a bênção de Deus repousa sobre determinadas pessoas, esta palavra seria: obediência. Não vemos na Bíblia alguém que tenha sido desobediente a Deus e mesmo assim aprovado por Ele. Por outro lado, são vários os exemplos de homens e mulheres que viveram em fidelidade e obediência ao Senhor, e por isso Deus lhes confiou posições de destaque e desfrutaram das Suas bênçãos. Moisés foi líder do povo de Deus; Samuel, chamado para ser profeta; Davi, ungido rei; José, elevado a governador do Egito; Paulo, designado para ser apóstolo aos gentios; sem contar Abraão, patriarca da nação de Israel e chamado amigo de Deus por fazer algo conforme o Senhor lhe havia pedido. A obediência gera confiança, por isso, Deus tem reservado algo especial para entregar nas mãos apenas daqueles que lhe obedecem.

A grande questão é: se a obediência traz tantos benefícios, por que ainda desobedecemos a Deus? Precisamos ter a Bíblia como nosso padrão de prática e fé e assim nos afastaremos daquilo que desagrada o Pai. O Salmo 119 diz: "Guardei no coração a tua palavra para não pecar contra ti" (v.11). Para viver em obediência, siga este valioso conselho: guarde a Palavra de Deus no coração, medite nela, pratique-a e pense de acordo com a Palavra.

23 DE AGOSTO

PERDÃO IMERECIDO

Tu lhes respondeste, SENHOR, nosso Deus; para eles, tu eras um Deus perdoador, embora os tenhas castigado por suas rebeliões.
SALMO 99:8

Vivemos em uma cultura que recompensa as pessoas de acordo com seus feitos. Entendemos que é justo um trabalhador receber seu salário no fim do mês, afinal ele trabalhou arduamente durante o mês inteiro. Tendo em mente esse pensamento de que é necessário fazer por merecer, muitas vezes temos dificuldades de compreender o perdão divino, pois o Senhor oferece Seu perdão mesmo que não tenhamos feito nada para merecê-lo. O perdão de Deus é de graça para todo aquele que entregar sua vida a Jesus e se arrepender dos seus pecados. Em suas peregrinações, a nação de Israel sempre desfrutou da presença do Senhor com eles. Várias foram as vezes em que o povo se rebelou, duvidou e cultuou outros deuses. Como um Pai amoroso, o Senhor sempre estendia Seu perdão e trazia-os novamente à comunhão. Mas a disposição em perdoar não significa aceitar toda transgressão passivamente. Por vezes foram castigados com derrotas nas batalhas. Esses fracassos eram a consequência do distanciamento da vontade de Deus.

O perdão de Deus nos é ofertado mediante o sacrifício de Jesus. Um perdão imerecido, pois nada fizemos para conquistá-lo. Se fôssemos receber o que nos é de direito, teríamos a condenação eterna como recompensa pelos pecados. A morte que merecíamos Jesus já levou sobre si, o preço pelo perdão já foi pago na cruz. Resta-nos hoje nos rendermos a Cristo para recebermos o perdão imerecido e desfrutarmos da vida eterna.

MINHAS REFLEXÕES

24 DE AGOSTO

ACLAMADO EM TODA A TERRA

Aclamem o Senhor todos os habitantes da terra!
Prestem culto ao Senhor com alegria;
entrem na sua presença com cânticos alegres.
SALMO 100:1,2

MINHAS REFLEXÕES

Em todo o planeta, existem inúmeras religiões com milhares de deuses criados pelo homem. A infinidade de deuses existentes no mundo torna impossível a missão de catalogá-los. Cada um desses deuses tem seus adoradores. A maioria é venerada apenas localmente, em uma determinada região ou até mesmo restrito a um grupo familiar. Apenas o Deus Criador, Soberano e Eterno é adorado em toda a Terra. Em cada parte do planeta, existem filhos do Deus verdadeiro, que está acima de todos os deuses. Em alguns lugares, celebram-no em grandes ajuntamentos em imponentes templos; em outros, por serem perseguidos e proibidos de cultuar, adoram ao Senhor em porões às escondidas. Não importa como e onde, o Senhor é aclamado em toda a Terra. O ato de aclamar denota barulho, por isso vemos que aqueles que têm liberdade de prestar culto celebram com intensidade e alegria. A diversidade cultural pode apresentar diferentes expressões de adoração, mas independentemente se são palmas, músicas ou danças, todas visam venerar ao Deus Eterno.

Quando entregamos nossa vida ao Senhor, passamos a pertencer a uma grande família. Não o adoramos com uma voz solitária. Nós nos juntamos ao grande coral disperso por todas as nações para entregar-lhe louvor. Levante sua voz, erga suas mãos, se quiser, celebre com palmas e danças ao Único merecedor de toda adoração. Apenas o Altíssimo é aclamado em toda a Terra.

25 DE AGOSTO

A ALEGRIA DE PERTENCER

Reconheçam que ele é o nosso Deus. Ele nos fez e somos dele: somos o seu povo, e rebanho do seu pastoreio.
SALMO 100:3

As reuniões de integração são comuns em escolas, empresas e igrejas. O objetivo da integração é fazer com que as pessoas que estão chegando se sintam parte daquele novo ambiente. A necessidade de pertencer a um grupo é inerente ao ser humano. Como é triste chegar a um local onde todos se conhecem, menos você! A sensação de estar deslocado, deixado de lado, gera solidão e abatimento, mas devemos nos alegrar, pois servimos a um Deus que nos acolhe e não nos deixa de fora. Quando Jesus nos salvou, fomos inseridos no Seu povo e passamos a pertencer à família de Deus. Quando andávamos fora da Sua vontade, éramos como ovelhas sem pastor, mas o Bom Pastor não nos deixou desgarrados; Ele nos fez parte do Seu rebanho. Povo de Deus, rebanho, família na fé, corpo... são expressões que denotam pertencimento a um grupo de pessoas. No entanto, mais importante do que pertencer a uma comunidade, é o fato de que pertencemos a Ele próprio. Foi Deus quem nos criou e por isso somos dele.

Passamos boa parte da nossa vida nos esforçando para sermos aceitos e nos sentirmos parte de algum ambiente. Estudamos muito para pertencer ao grupo de alunos de uma universidade, mandamos nosso currículo com o desejo de fazer parte do quadro de funcionários de uma grande empresa e nos batizamos para pertencermos a uma igreja. Creio que a lista de locais e grupos que você gostaria de pertencer é extensa. Mas, neste dia, priorize o que realmente importa. Entregue sua vida a Jesus e tenha a alegria de pertencer a Ele e ao Seu povo.

MINHAS REFLEXÕES

ABNER BAHR

CORAÇÃO GRATO

Entrem por suas portas com ações de graças, e em seus átrios, com louvor; deem-lhe graças e bendigam o seu nome. Pois o SENHOR é bom e o seu amor leal é eterno; a sua fidelidade permanece por todas as gerações.
SALMO 100:4,5

O salmista faz uma convocação para render louvores ao Senhor. A porta de entrada para a presença do Eterno é a gratidão. Não existe louvor sincero sem primeiro haver uma alma agradecida. O evangelho de Lucas relata a cura de dez leprosos. Após receberem o milagre, apenas um dos homens curados voltou para agradecer. Jesus questionou onde estavam os demais e disse ao agradecido: "Levante-se e vá; a sua fé o salvou" (17:19). Interessante pensar que dez leprosos foram curados, mas apenas um foi salvo, aquele que voltou para agradecer. Isso deixa claro que ter um coração grato nos proporciona acessarmos tesouros do Céu e desfrutarmos de bênçãos reservadas apenas para aqueles que são agradecidos. O coração grato é dócil e não exigente. Contenta-se com pequenas demonstrações de afeto e por isso recebe grandes dádivas. Não finge humildade para barganhar e receber mais, mas faz da gratidão seu estilo de vida e agradece sem visar nada em troca, apenas celebra o que já recebeu.

O que você tem a agradecer neste dia? Somos hábeis e sempre prontos a pedir algo para Deus, mas poucas vezes nos achegamos a Ele apenas para agradecer por tudo que fez por nós. Olhe ao seu redor; se você tem um teto sobre sua cabeça, comida na mesa, roupa para vestir, saúde, família, amigos, você tem motivos de sobra para demonstrar gratidão. Neste dia, entre na presença do Senhor com ações de graça, pois existem incontáveis bênçãos que só serão acessadas por quem tiver um coração grato.

DA PORTA PARA DENTRO

Seguirei o caminho da integridade; quando virás ao meu encontro? Em minha casa viverei de coração íntegro. Repudiarei todo mal. Odeio a conduta dos infiéis; jamais me dominará!

SALMO 101:2,3

Para sermos aceitos em ambientes onde as pessoas não nos conhecem muito bem, por vezes representamos ser o que não somos. Ganhamos a confiança do chefe sendo prestativos e simpáticos com os colegas. Com os amigos, nós nos apresentamos bem humorados e extrovertidos. Somos acolhedores na igreja e demonstramos espiritualidade elevada. Mas é da porta para dentro de nossa casa que demonstramos quem realmente somos. Em meio à intimidade familiar, não há espaços para personagens, pois ali nos conhecem de fato. A declaração do salmista expressa o anseio de quem escolheu o caminho da verdade. Ser íntegro da porta para dentro talvez seja um dos maiores desafios, pois é muito mais fácil apresentar um bom testemunho diante daqueles que não convivem diariamente conosco. C. H. Spurgeon disse: "Não pode ser um bom rei aquele cujo palácio é reduto de vícios, nem é um santo verdadeiro aquele cuja habitação é um palco de discórdia, nem é um ministro fiel aquele cuja casa teme sua chegada ao aconchego da lareira".

Do que vale ser espiritual apenas no templo? Qual a honra em tratar com doçura apenas os amigos? Que mérito há em ser simpático somente com os de fora? A partir de hoje, tenha em seu coração o mesmo desejo do rei Davi: seguir o caminho da integridade e ser verdadeiro para a família, pois são eles que o conhecem muito bem. Quando houver retidão e verdade em todo seu viver, você não terá vergonha de mostrar para todo mundo quem você realmente é da porta para dentro.

MINHAS REFLEXÕES

ABNER BAHR

SEM OUVIDOS, SEM FOFOCA

Longe estou dos perversos de coração; não quero envolver-me com o mal. Farei calar ao que difama o próximo às ocultas. Não vou tolerar o homem de olhos arrogantes e de coração orgulhoso.
SALMO 101:4,5

MINHAS REFLEXÕES

Vivemos em um mundo onde é crescente a guerra das palavras. Em meio a uma avalanche de *fake news*, fica difícil discernir quais são as fontes em que podemos confiar. As palavras difamatórias são lançadas sorrateiramente e, como armas letais, apontam para a honra, caráter e bom testemunho. O que precisamos entender é que todas as palavras envenenadas com difamação e fofoca só prosperam quando encontram ouvidos dispostos a recebê-las. O grande problema é que as pessoas se deleitam em ficar sabendo segredos obscuros de outros. Se você quiser deixar alguém apreensivo e ansioso, basta dizer: "Ficou sabendo da última?". Essa frase tem o poder gerar coceira nos ouvidos dos curiosos. Davi, prestes a assumir o trono de Israel, escreve os versos desse salmo, demonstrando uma conduta digna da realeza. Afastar-se da perversidade humana não dando ouvidos àqueles que tentam em oculto difamar com fofocas agressivas deve ser também a postura de todos os filhos de Deus.

Faça da afirmação do salmista uma prática de vida. Não se envolva em rodas de difamação. A propagação da fofoca não acontece apenas pela boca, quando alguém ajuda a espalhar a notícia; também ocorre quando uma pessoa empresta seus ouvidos para recebê-la, pois assim mais alguém fica sabendo do que não deveria. Ao ser procurado para ser depósito de palavras difamatórias, repreenda e reserve-se o direito de não ouvir. Faça calar quem difama em oculto, pois, sem ouvidos, sem fofoca.

29 DE AGOSTO

"SOS"

Ouve a minha oração, Senhor! Chegue a ti o meu grito de socorro! Não escondas de mim o teu rosto, quando estou atribulado. Inclina para mim os teus ouvidos; quando eu clamar, responde-me depressa!
SALMO 102:1,2

Se você já assistiu a um filme em que havia alguém perdido em alguma ilha, montanha ou floresta, com certeza já se deparou com a sigla "SOS". A associação dessas três letras é um sinal universal de perigo, ou seja, um pedido de socorro. Seu significado literal em inglês é Save Our Souls, que trazido quer dizer: "Salve nossas almas". Quando uma mensagem de "SOS" é identificada, prontamente equipes de resgate não medem esforços para salvar as vidas que correm perigo. Sinais de fumaça, luzes refletidas, fogos de artifícios, sinalizadores e até grandes letras escritas na areia da praia são usados para pedir socorro. O objetivo de quem está desesperado é ser visto e ouvido, por isso ninguém pede por socorro de maneira discreta sem querer ser notado, isso seria uma incoerência. Alguém que necessita urgentemente ser socorrido, junta todas as forças que lhe restam, enche os pulmões e grita para se fazer ouvir.

Qual é o grito que ecoa em seu interior? Quais os sinais que você já emitiu devido a sua aflição e ninguém deu atenção? Saiba que Deus Pai é mais eficaz do que a melhor equipe de resgate. Ele ouve claramente o "SOS" emitido do seu coração. O Senhor identifica os gritos que você não consegue verbalizar e prontamente age em seu favor. Em tempos de desespero e aflição, mesmo perdido em meio às adversidades, clame a Deus. Ele é socorro bem presente na angústia, por isso grite: "Salve minha alma!". Saiba que o socorro de Deus já está a caminho.

MINHAS REFLEXÕES

30 DE AGOSTO

UMA ANDORINHA SÓ NÃO FAZ VERÃO

Como a relva ressequida está o meu coração; esqueço até de comer! De tanto gemer estou reduzido a pele e osso. Sou como a coruja do deserto, como uma coruja entre as ruínas. Não consigo dormir; tornei-me como um pássaro solitário no telhado.

SALMO 102:4-7

MINHAS REFLEXÕES

Dentre as dores que assolam a existência humana, talvez uma das mais comuns seja a solidão. O ditado popular que diz: "Uma andorinha só não faz verão" representa esse sentimento de abandono, os esforços solitários empregados por alguém que luta, sem êxito, por uma causa impossível. Esse sentimento assola nossa alma quando estamos diante de situações em que ninguém pode nos ajudar. Quando nos sentimos como pássaro solitário no telhado, sem ter a quem recorrer, adentramos no inverno da nossa existência. Nosso coração parece congelar, não conseguimos abrigo, pois as folhas caíram, não encontramos o alimento para nutrir nossa alma, porque não há frutos, e o calor da comunhão com Deus parece muito distante. Neste momento precisamos trazer à nossa mente que foi o Senhor que criou o pássaro e Ele não o desempara, independentemente da estação do ano.

Uma andorinha só não faz verão! Eu acredito que não mesmo. Deus, o Criador, é que faz o verão e tem o controle de todas as estações da nossa vida. O verão não depende de nenhum passarinho para acontecer. Quando enfrentamos o frio das adversidades com nossa própria força, somos como andorinhas que tentam fazer o verão acontecer sozinhas. Entenda que não é você que vai mudar uma estação gélida que está passando, mas o Deus Soberano, no momento certo, dissipará as nuvens cinzas e fará com que o sol de verão venha raiar sobre você.

31 DE AGOSTO

APENAS O QUE É ETERNO PERMANECE

No princípio firmaste os fundamentos da terra, e os céus são obras das tuas mãos. Eles perecerão, mas tu permanecerás; envelhecerão como vestimentas. Como roupas tu os trocarás e serão jogados fora. Mas tu permaneces o mesmo, e os teus dias jamais terão fim.
SALMO 102:25-27

De acordo com estudos, os geólogos concluíram que a idade da Terra é de 4,5 bilhões de anos. Mas o que é mais surpreendente é que a Bíblia nos afirma que Deus estava presente quando os fundamentos da Terra foram firmados. O Deus Criador não foi criado. Ele sempre existiu desde a eternidade e sempre existirá, mesmo que se passem outros bilhões de anos. Por outro lado, mesmo a mais imponente criação perecerá, envelhecerá e um dia não existirá mais. Mateus 24:35 diz: "O céu e a terra passarão, mas as minhas palavras jamais passarão". Jesus está dizendo que tudo é passageiro nesta vida. Se aquilo que é extremamente sólido envelhecerá e perecerá, quanto mais nossas lutas, dificuldades e desafios, que parecem infindáveis. Todas essas coisas duram por um período, mas ficarão para trás e nem lembranças restarão. Da mesma forma, coisas boas da nossa vida também são limitadas pelo tempo. Não devemos nos assegurar nelas, pois elas não garantem eternidade.

Apenas permanecerá o que é eterno. Deus é eterno, Suas palavras e propósitos são eternos, e Jesus já abriu o caminho para que possamos passar a eternidade com Ele. Em Romanos 8:18 diz: "Considero que os nossos sofrimentos atuais não podem ser comparados com a glória que em nós será revelada". As lutas passageiras desta vida são insignificantes diante da glória que é eterna. Entregue sua vida a Cristo e garanta sua eternidade nos braços do Pai, pois nesta vida tudo passa; apenas o que é eterno permanece.

MINHAS REFLEXÕES

ABNER BAHR

1º DE SETEMBRO

DIÁLOGO ÍNTIMO

Bendiga ao Senhor *a minha alma!*
Bendiga ao Senhor *todo o meu ser!*
SALMO 103:1

MINHAS REFLEXÕES

Estamos diante de mais um salmo em que o autor se convida para bendizer ao Senhor por reconhecer a grandeza e profundidade do Seu amor que não muda, sem levar em conta o que os homens são, nem o que fazem. A propósito, é importante lembrar que não há nada que eu ou você possamos fazer para que Deus nos ame menos. Tendo verdades como essa em mente, o salmista se lança em um louvor com todo o seu ser e com todas as suas forças. São usadas palavras tão profundas e adequadas ao louvor a Deus, que só poderiam brotar de um coração que conhece verdadeiramente o seu Deus e que, por consequência, nos inspira a louvar também. Realmente me parece ser difícil ler esse salmo sem cantar junto.

Observando com um pouco mais de atenção, é como se o salmista estivesse tendo um diálogo íntimo, convidando sua própria vida para louvar ao Senhor. Ele invoca todo o seu ser para um tempo devocional e de declaração do seu amor pelo Senhor, ao mesmo tempo em que é impulsionado a não se esquecer de nenhuma das bênçãos com que o Senhor já havia alcançado sua vida. Desde as primeiras palavras do salmo, somos convidados também a louvar o Senhor e bendizer o Seu nome. Seja encorajado neste dia também a fazer o mesmo, lembrando que o amor de Deus está sendo derramado sobre sua vida hoje. Ao invés de ocupar o seu tempo pensando nas suas fraquezas e culpas, lembre-se de que é Deus quem perdoa, cura e restaura, resgata e cobre você de cuidado e proteção. Separe um tempo para ter um diálogo íntimo, uma conversa franca com seu coração, e você verá que há muito mais de milhares de razões para louvar ao Senhor.

2 DE SETEMBRO

LEMBRETE

Bendiga ao Senhor a minha alma!
Não esqueça de nenhuma de suas bênçãos! SALMO 103:2

O Senhor abençoa sempre e a todos, e isso nos dá motivos de sobra para louvarmos o Seu nome. Porém, a ingratidão não permite palavras, tampouco atitudes de verdadeiro louvor a Deus. O Senhor nos dá total liberdade para concluirmos por nós mesmos a nossa dependência do Seu amor e cuidado e sermos, assim, impulsionados a celebrar o Seu nome. Contudo, Deus reprova quando temos outro alvo do nosso louvor que não Ele. Questiono como é possível alguém ser tão indiferente aos feitos maravilhosos de Deus a favor de cada pessoa individualmente e por toda a humanidade. Muito provavelmente é o detestável e cruel esquecimento humano que deixa morrer no coração as incontáveis graças com que Deus tem alcançado a todos indistintamente.

Autoconvidar-se a lembrar das bênçãos de Deus mostra o desejo do salmista de conhecermos todos os benefícios que ele recebeu do Senhor, mas principalmente para que, em nenhum momento, ele carregasse o peso da culpa e do pecado, do esquecimento ou da ingratidão. Pensando nisso podemos conceituar a fé como uma luz prevista ou um foco antecipado acerca de Deus, de Sua Palavra e de Suas promessas. Isso não nos impede de olharmos para trás, trazermos à memória tudo o que o Senhor já realizou em nosso favor, para então ganharmos força e continuarmos avançando e confiando. Declare, de tempos em tempos, todas as bênçãos com que Deus alcançou você, e essas palavras serão como um manancial de entusiasmo e fé. Quando estiver angustiado ou triste, olhe para o Senhor, e Ele enviará o consolo. Permaneça firme no Senhor, louve-o em todo o tempo reconhecendo Seu cuidado e direção e lembre-se de que o Senhor está com você todos os dias de sua vida.

MINHAS REFLEXÕES

3 DE SETEMBRO

O TOQUE DA CURA

*É ele que perdoa todos os seus pecados
e cura todas as suas doenças.*

SALMO 103:3

MINHAS REFLEXÕES

Em meio a tantos motivos de louvor, o salmista declara palavras de ações de graças por ter suas orações respondidas e sua enfermidade curada pela ação poderosa do Senhor. É uma canção que surge da profunda gratidão de alguém que experimentou o toque da cura de Deus, alguém que se sentiu muito próximo da presença majestosa do Senhor. Mesmo sabendo que a vida é muito curta e passageira, que os dias dos seres humanos são como uma flor do campo, o salmista coloca em evidência a soberania, o amor e a eternidade de Deus. Suas palavras mostram a confiança de alguém que reconhece que é o Senhor que cura as suas doenças, todas elas, e de alguém que está firmado na promessa de que a cura toma por base o caráter de Deus e que a dimensão dessa cura inclui a integridade física. "...eu sou o Senhor, que os cura" (ÊXODO 15:26).

Se podemos estar debaixo dessa aliança de cura e ainda desfrutar de todos os demais benefícios de Deus, como perdão, salvação, amor e bondade, então devemos nos alegrar e descansar em paz e com fé. A graça de Deus tem um peso muito maior do que todos os nossos pecados. Sua misericórdia e perfeição em nos redimir da culpa possuem valores que não podem ser contabilizados. O Senhor tem um amor e ternura paternais e reconhece em cada um de Seus filhos a dependência do Seu cuidado, e é por isso que Ele sempre está tão perto de cada um de nós.

Assim como o Salmo 23 é inspiração para a oração de provisão e o Salmo 91 para proteção, ore o Salmo 103 para clamar por sua saúde física. Esteja certo de que Deus, através do Seu filho Jesus, já tem preparado um suprimento integral para o bem-estar de toda sua vida, sua casa e sua família.

4 DE SETEMBRO

ABRANGENTE E ABSOLUTO

Pois como os céus se elevam acima da terra, assim é grande o seu amor para com os que o temem; e como o Oriente está longe do Ocidente, assim ele afasta para longe de nós as nossas transgressões.
SALMO 103:11,12

O Salmo 103 é realmente uma canção que louva a Deus, pois é somente Ele que possui muitos atributos poderosos e realiza atos surpreendentes. A grande quantidade de assuntos abordados, não apenas relacionados a sua vida, levam-me a crer que o salmista é Davi e que dessa vez ele não está enfrentando uma situação específica, como perseguição ou pecado. O seu louvor é abrangente e absoluto, a ponto de convidar a si mesmo e todas as pessoas a louvarem também.

O que quero destacar aqui é que Davi louva ao Senhor, porque só Ele é digno e por causa de Suas virtudes e qualidades, que o salmista reconhece pertencerem somente a Deus. O seu louvor é dado a Deus por causa de Sua misericórdia, visto que esse é o atributo que mais vezes é mencionado no salmo. Davi sabe que não merece, mas as expressões de amor e compaixão do Senhor o encorajam a receber esse favor. Dessa forma, atitudes de paciência e misericórdia também deveriam ser dirigidas aos Seus servos, ao invés de se irar com eles. O louvor também é dado ao Senhor por Sua bondosa inclinação em perdoar os pecados, pois, mesmo que haja uma ação corretiva, logo em seguida é o próprio Senhor que restaura. Davi compreende que o Senhor não abre mão de agir como protetor dos desamparados, mas também é o justo juiz que traz punição aos injustos. Louvar ao Senhor pela Sua justiça também é especialmente importante. Sobretudo, seja inspirado hoje a louvar a Deus pela Sua grandeza, porque Ele é soberano sobre toda a Terra, porque Ele é Senhor absoluto sobre os Céus. Que o amor de Deus o eleve em louvor hoje e em todos os dias da sua vida.

MINHAS REFLEXÕES

ELENILSON SOUZA

5 DE SETEMBRO

GÊNESIS

Quantas são as tuas obras, Senhor! Fizeste todas elas com sabedoria! A terra está cheia de seres que criaste.
SALMO 104:24

MINHAS REFLEXÕES

Você também deve ter observado a semelhança desse salmo com a narrativa da criação, como está registrada no capítulo 1 de Gênesis. Surgiu daí o título para o devocional de hoje. Não se trata, obviamente, de uma explicação de como foi o processo criativo, mas, sim, para celebrar e louvar ao Senhor pela maravilha de Suas obras. Não há como não ser inspirado a render louvor ao Senhor quando contemplamos a força e a beleza da natureza; a firmeza com que a Terra está alicerçada; a profundeza das águas nos oceanos sem, contudo, ultrapassarem os limites que Deus estabeleceu para elas. Como não ficar encantado ao olhar para os céus, ver as nuvens e imaginar a riqueza de toda a atmosfera com todos os seres celestes, estrelas e planetas. Além de tudo isso, ainda podemos perceber o terno cuidado e sustento de Deus dispensado à toda a criação, desde a erva do campo até os animais; ou seja, não existe nada que esteja alheio ao cuidado particular de Deus.

Ao falar da criação, não podemos esquecer que isso também se refere a nós. Ser criado à imagem de Deus significa, de alguma forma, que somos capazes de raciocinar, de expressar emoções e ter livres ações. Também creio no potencial humano para manter uma íntima comunhão com o Criador, bem como, possuindo uma essência espiritual, fazer com que a vida humana seja inerentemente espiritual, passando por experiências naturais.

O poder e a grandeza de Deus são claramente demonstrados em todas as coisas maravilhosas que Ele criou, ainda mais quando compreendemos que foi a partir do nada que tudo se fez, tão somente pelo poder da Sua palavra. Medite sobre toda essa manifestação divina e gloriosa na criação e louve ao Senhor!

6 DE SETEMBRO

SEM PREOCUPAÇÃO

Todos eles esperam em ti para que lhes dês o alimento no tempo certo; tu lhes dás, e eles o recolhem, abres a tua mão, e saciam-se de coisas boas.

SALMO 104:27,28

Saber que as aves, os peixes do mar e tantos outros animais são sustentados pelos insondáveis planos de Deus nos inspira a olharmos com fé para o Senhor e contar com Sua provisão. Olhar para toda a criação e ver nela o cuidado de Deus nos ensina a encarar a vida de maneira mais sábia, deixando de lado a ansiedade e a futilidade de muitas coisas. Se pensarmos assim, podemos concluir com facilidade que viver preocupado, ansioso e ocupado com banalidades certamente desagrada a Deus. Até mesmo porque o Senhor valoriza muito mais a vida do que todas as coisas que de fato são necessárias para sua manutenção. O poder de Deus nos assegura de tudo aquilo que a nossa preocupação não consegue cuidar, cabendo a nós orar e não nos preocuparmos. O Pai tem muito mais amor por nós do que por qualquer outra coisa criada por Ele.

Quem não conhece a Deus, e não o reconhece como Pai, não pode compreender como Ele trabalha, e por isso fica preso às coisas de que precisa, sem contar com a provisão do Senhor. Se Deus dá atenção até mesmo às flores do campo, não cuidará de nós e nos dará aquilo que Ele tem de melhor? Não fique aflito, pois há muitas outras coisas mais importantes na vida do que se preocupar com o que comer ou vestir. Veja toda as maravilhas que Deus criou, toda a flora exuberante e a fauna encantadora — todos cuidados e sustentados pelo Senhor. Tenha como diretriz viver conforme a realidade da disposição de Deus em cuidar de você e conceder Sua provisão.

MINHAS REFLEXÕES

ELENILSON SOUZA

7 DE SETEMBRO

A INDISCUTÍVEL EXISTÊNCIA DE DEUS

Perdure para sempre a glória do Senhor!
Alegre-se o Senhor em seus feitos! SALMO 104:31

MINHAS REFLEXÕES

Há um contexto que não necessita de nenhum conhecimento científico avançado, pelo qual fui convencido a respeito da existência de Deus. Estou me referindo à criação e à provisão. Dois textos da Bíblia me ensinaram sobre isso: "Desde que Deus criou o mundo, as suas qualidades invisíveis, isto é, o seu poder eterno e a sua natureza divina, têm sido vistos claramente. Os seres humanos podem ver tudo isso nas coisas que Deus tem feito e, portanto, eles não têm desculpa nenhuma" (ROMANOS 1:20) e "Eu lhes mandarei chuva na estação certa, e a terra dará a sua colheita e as árvores do campo darão o seu fruto" (LEVÍTICO 26:4). Se você olhar para o céu em uma noite estrelada, ou então para o pôr do sol na beira de uma praia, por exemplo, observará uma riqueza tão complexa e em total equilíbrio, fazendo entender que Deus não apenas existe, mas que é também aquele que estabelece as leis da ciência que promovem essa harmonia no Universo. Essas manifestações tão grandiosas da criação e da sustentação de tudo evidenciam a glória de Deus e nos permitem captar, além de Sua natureza, Seu poder e bondade imensuráveis.

Pensar sobre esses atributos divinos e como Ele faz a orquestração do Universo sinalizam Deus como um ser existente desde sempre, criador e sustentador de tudo. Esses testemunhos das Escrituras Sagradas são como adições ao conhecimento, porque, diante da maravilha da criação, talvez o ser humano não precise de mais razões para crer na existência de Deus e contemplar a Sua glória. Porém, alerto para, muito mais do que crer na existência de Deus, a necessidade de ir mais profundo no Seu conhecimento e manter um relacionamento crescente de amor, obediência e fidelidade a Ele.

8 DE SETEMBRO

ALIANÇA INFALÍVEL

Ele se lembra para sempre da sua aliança, por mil gerações, da palavra que ordenou, da aliança que fez com Abraão, do juramento que fez a Isaque.

SALMO 105:8,9

O Salmo 105 é a narrativa histórica do povo de Israel desde a Aliança de Deus com Abraão até chegarem a Canaã, a Terra Prometida. Esse é o tipo de canção histórica de Israel, que tinha como objetivo central exaltar os feitos do Senhor, bem como lembrar todo povo de sempre utilizarem esse, e outros cânticos históricos, como memória da libertação do Egito. Portanto, essas canções falavam sobre a grande salvação de Deus do cativeiro egípcio e dignificavam os Seus grandes feitos. Tinham o propósito de fortalecer a fé do povo e manter viva a esperança de que Deus voltaria a agir da mesma forma, sempre que necessário. Essa ideia de esperança está firmada na fidelidade do Senhor e na Sua aliança infalível. O tema fundamental do louvor a Deus é por causa de Sua palavra que não muda e de Suas promessas inevitáveis.

Devemos também ter um relacionamento com Deus levando em conta Sua firmeza e fidelidade. O que Deus fala Ele cumpre. Não há nenhuma possibilidade de variação, nem sombra de dúvidas no cuidado do Senhor para com os que são Seus. A resposta que devemos dar ao Senhor precisa ser muito mais do que por simples alegria ou contentamento. Somos instruídos pela Sua Palavra a obedecermos aos Seus mandamentos e a reverenciarmos o Seu santo nome. A Aliança infalível de Deus exige de nós a responsabilidade de honrar o Seu nome à medida que vivemos uma vida de santidade e de alinhamento com a Sua vontade. Por tudo o que essa canção representou para o povo de Israel, que ela também inspire você a louvar o Senhor, exaltá-lo por tudo o que tem feito em sua vida e, mais ainda, viver uma vida que dignifique o Seu santo nome.

MINHAS REFLEXÕES

ELENILSON SOUZA

9 DE SETEMBRO

MODELO DE VIDA

Então enviou seu servo Moisés, e Arão, a quem tinha escolhido, por meio dos quais realizou os seus sinais miraculosos e as suas maravilhas na terra de Cam. Ele enviou trevas, e houve trevas, e eles não se rebelaram contra as suas palavras.
SALMO 105:26-28

MINHAS REFLEXÕES

O relato de como Deus libertou Seu povo da escravidão no Egito, conduziu-o pelo deserto e, por fim, deu-lhes Canaã como possessão nos surpreende pela grandeza dos Seus feitos. Mas também nos faz enxergar a importância de se ter pessoas que o Senhor use como instrumento em Suas mãos na realização dos Seus propósitos. Moisés e Arão eram servos de Deus e foram escolhidos por Ele, dotados de poder e com disposição para obedecer às ordens do Senhor. Se olharmos um pouco mais para trás na história bíblica, veremos que José já havia feito sua parte, enfrentando dificuldades, mas alcançando vitórias. No relato desse salmo, Moisés e Arão estão com a responsabilidade de conduzir o povo sob a direção de Deus.

A questão que desejo pontuar aqui é que cada pessoa tem seu próprio "Egito" para enfrentar, suas próprias batalhas e dificuldades para vencer. O grande diferencial entre aqueles que verdadeiramente são vencedores e conquistam e aqueles que apenas murmuram e ficam estagnados é a capacidade de decidir estar sob a direção de Deus — ou seja, ser instrumento em Suas mãos para o cumprimento de Seus planos, tanto na sua própria vida como na história de outras pessoas. Tenha como modelo de vida Moisés e Arão, que foram achados aptos para serem escolhidos por Deus, cheios do Seu poder e com o desejo sincero de obedecer à Sua palavra. E lembre-se de que superar limites e ir além das expectativas humanas são características bem definidas daqueles que são instrumentos de Deus para a concretização dos Seus propósitos.

10 DE SETEMBRO

SINAIS DE DEUS

Ele estendeu uma nuvem para lhes dar sombra, e fogo para iluminar a noite. Pediram, e ele enviou codornizes, e saciou-os com pão do céu. Ele fendeu a rocha, e jorrou água, que escorreu como um rio pelo deserto.
SALMO 105:39-41

Ao longo da história do relacionamento de Deus com Israel, ficaram destacadas as maravilhas realizadas pelo Senhor em favor do povo, a Sua fidelidade em guardar a aliança com eles e cumprir as promessas feitas aos seus antepassados. Esse salmo em que o povo louva o Senhor por Suas maravilhas, permite-nos conhecer um pouco melhor Deus na história, ou melhor, o Deus conhecido por aquilo que fez na história de Israel, Seu povo. Essas maravilhas com que Deus alcançou o Seu povo estavam claramente baseadas na Sua aliança infalível e tinham como objetivo e motivação a preparação de um povo particular e exclusivamente Seu, de Sua propriedade. Nesse sentido, eu e você fazemos parte também de uma aliança, que agora é nova, pois nos alcança hoje, quando somos remidos da escravidão do pecado e passamos a ser guiados pelo Santo Espírito de Deus. Raça escolhida, sacerdotes do Rei, a nação dedicada a Deus, o povo que pertence a Ele, para anunciar os Seus atos poderosos (1 PEDRO 2:9).

É importante notar que todas essas intervenções de Deus, Suas maravilhas e milagres em favor do Seu povo eram sinais que anunciavam a Sua presença entre o povo e proclamavam a todas as nações a Sua vontade soberana. O maná, que era recolhido da terra, as aves que caíram do céu e a água que brotou da rocha eram sinais da provisão milagrosa de Deus. Neste dia, lembre-se de cada sinal, cada milagre que Deus realizou na sua vida, e faça do seu testemunho uma proclamação do evangelho de Jesus, da Sua graça e da Sua provisão. Assim como acontecia com os apóstolos na Igreja Primitiva, que sua palavra e pregação sejam seguidas por milagres e maravilhas entre todos.

MINHAS REFLEXÕES

ELENILSON SOUZA

LOUVOR CONFESSIONAL

Pecamos como os nossos antepassados; fizemos o mal e fomos rebeldes. Contudo, ele os salvou por causa do seu nome, para manifestar o seu poder. SALMO 106:6,8

MINHAS REFLEXÕES

No Salmo 106, bem como no Salmo 105, a estrutura é o histórico de salvamento do povo de Israel. O que se destaca aqui é o conteúdo de profunda lamentação e de louvor confessional. Ou seja, é a descrição clara e provada através da história de um povo que fica maravilhado com os grandes feitos de Deus, mas, no momento seguinte, é desobediente, rebelde e hipócrita. Depois, reconhece seu pecado e então começa a gritar por libertação, que, na verdade, não merece. O salmista questiona se há alguém à altura de louvar a Deus e ser ouvido, tendo em vista tamanha indiferença a Ele. Até mesmo porque esse louvor confessional estava inevitavelmente ligado aos pecados antigos do povo de Deus assim como aos pecados do povo naquele momento, de todos, sem exceção.

Poderíamos concluir que, depois de tanta lamentação, seguida por um louvor, mesmo que confessional, o povo permaneceria fiel e temente a Deus. Infelizmente não foi assim; quando menos se esperava, eles cometiam os mesmos erros novamente. Isso nos mostra como o ser humano tem a tendência de levar mais a sério o medo de sofrer os resultados dos pecados do que colocar Deus em primeiro lugar na vida e usufruir de Suas bênçãos e promessas. Sabemos o que temos feito que desagrada a Deus, mas contamos com o perdão e a libertação, que também reconhecemos não merecer. Sem a misericórdia do Senhor, seríamos destruídos. Esse é o tempo de um louvor confessional, de você declarar a Deus o seu pecado, não ser indiferente a Ele, com Sua bondade, Seus milagres e sobretudo Sua salvação. Louve ao Senhor e peça perdão, sabendo que Ele está ouvindo e o atenderá, não pelo que você é ou tem, mas simplesmente porque Deus é Deus, e será assim para sempre.

12 DE SETEMBRO

BONDADE E AMOR

Aleluia! Deem graças ao Senhor porque ele é bom; o seu amor dura para sempre. SALMO 106:1

Creio que o maior motivo para adorarmos e rendermos graças a Deus é porque Ele é bom e Seu amor é eterno. Se Deus não fosse o que é, já teríamos sido destruídos, e talvez muitos de nós, inclusive eu mesmo, não estaríamos nem vivos mais. É preciso ter uma consciência do pecado e cantar aleluia em cada novo amanhecer, pois as misericórdias do Senhor se renovaram. Nem que seja através de um lamento, dê graças ao Senhor, assim como fez Jeremias — "Graças ao grande amor do Senhor é que não somos consumidos, pois as suas misericórdias são inesgotáveis" (LAMENTAÇÕES 3:22).

Pensar no que Deus é nos faz reconhecer quão misericordioso e compassivo é o Seu amor. A bondade e fidelidade do Senhor são eternas e infalíveis; prova disso é a salvação com que Ele nos alcançou. Mas é claro que Deus é especialmente bom para os que o amam e desejam ter um relacionamento próximo com Ele. Nenhum desses será rejeitado por Deus, mas, ao contrário, Ele usará de compaixão e graça em todo o tempo. Ainda que seja necessária alguma repreensão ou disciplina, Deus não permite dano nem dor que não seja para uma finalidade proveitosa. Não se queixe, mesmo que você viva hoje uma vida simples, pois, sendo pecador e merecedor de castigo eterno, você tem ao seu alcance a bondade e o amor de Deus. Lembre-se de que o verdadeiro arrependimento só pode ser demonstrado com o abandono da vida de pecado e do retorno aos braços do Pai. Permaneça apenas nas coisas que agradam e glorificam a Deus. Reconhecer Jesus como Senhor e Salvador, estar perto de Deus hoje e andar sob a direção do Seu Santo Espírito levarão você para a eternidade onde vai experimentar bem de perto a bondade e o amor de Deus.

MINHAS REFLEXÕES

HAJA PACIÊNCIA!

Mas Deus atentou para o sofrimento deles quando ouviu o seu clamor. SALMO 106:44

MINHAS REFLEXÕES

Talvez você já tenha tido a experiência de pedir inúmeras vezes algo para alguém e não ser atendido, ou, ao contrário, alguém tenha investido muito tempo em lhe dar uma instrução, e você insistiu em não atender. No relacionamento de Deus com o povo de Israel, aconteceu algo muito parecido. Deus tinha um objetivo claro para cumprir, por isso Ele se mostrava paciente, mesmo estando descontente com o comportamento do povo. Essa intenção divina se alicerçava na administração da justiça e do amor de forma harmoniosa com o objetivo final de aperfeiçoar um povo que seria reconhecido como povo de Deus.

Vamos concordar com uma coisa: haja paciência, não é mesmo? Quantas vezes o Senhor abençoou o povo de Israel, e, mesmo assim, logo depois, eles murmuravam, blasfemando e desonrando a Deus. Ao invés de louvarem ao Senhor por Sua misericórdia constante, decidiram ser rebeldes. Mesmo sabendo que mereciam a destruição por causa de seus pecados, o perdão e a disciplina do Senhor não fizeram com que se alinhassem à Sua vontade. Deus já fizera a promessa de restauração do Seu povo, mas, como recompensa, recebeu a ingratidão e a indiferença. Foi necessária muita paciência da parte de Deus para suportar tantas respostas más em reação à Sua bondade.

Seria oportuno você avaliar as suas respostas diante de tudo o que Deus tem feito por você e por sua família. A misericórdia do Senhor tem acompanhado você e dado provisão e livramentos, muitos dos quais você nem mesmo percebe. Saiba que, mesmo quando o Senhor precisou discipliná-lo, foi com o objetivo de afastá-lo do pecado e mostrar o caminho de arrependimento e retorno à comunhão com o Pai. Deus é paciente; responda a isso com amor e fidelidade.

14 DE SETEMBRO

AMOR NECESSÁRIO

*Deem graças ao Senhor porque ele é bom;
o seu amor dura para sempre.* SALMO 107:1

Pode até parecer repetitivo ver em tantos salmos as mesmas palavras. Contudo, ainda que essas palavras fossem declaradas por todos nós juntos, durante toda nossa vida humana, elas não seriam suficientes para expressar a grandiosidade da bondade e do amor de Deus. No caso desse salmo, vemos quatro relatos marcantes em que pessoas passaram por situações difíceis e experimentaram a intervenção divina. Mais uma vez então fica claro o amor imutável de Deus e a sua aplicação em face das necessidades humanas.

O primeiro exemplo é daqueles que se perderam na viagem, desviaram-se e agora apelam para Deus para encontrarem o caminho para um lugar seguro e de descanso (DEUTERONÔMIO 32:10). A segunda menção feita pelo salmista são daqueles que foram colocados em prisões e condenados à punição (DEUTERONÔMIO 2:14,15). A outra citação é sobre as pessoas que decidiram seus próprios caminhos, que, ao final, eram caminhos de pecado, fruto de escolhas tolas, que causaram doenças e aflição (NÚMEROS 21:5,6). Por fim, temos o testemunho de libertação de pessoas que escaparam de um naufrágio, como marinheiros em uma tempestade (JONAS 1:11-15). Seja dando direção no caminho ou saciando a sede no calor do deserto; seja despedaçando as portas e os grilhões da prisão; seja enviando cura através da ação de Sua palavra, ou ainda acalmando a tempestade, em cada um desses casos, a intervenção de Deus foi oportuna e necessária.

Essas são situações que você pode estar vivendo. Mas Deus quer dirigir os seus passos e não o deixar desanimar com as dificuldades nos desertos da vida. Clame ao Senhor, e a libertação virá. Deus curará suas feridas, acalmará as tempestades e derramará sobre você Sua bondade e amor, que duram para sempre.

MINHAS REFLEXÕES

ELENILSON SOUZA

15 DE SETEMBRO

REVIRAVOLTAS

Reflitam nisso os sábios e considerem a bondade do SENHOR.
SALMO 107:43

MINHAS REFLEXÕES

Quando vemos um cristão louvando a Deus, com um largo sorriso no rosto e com um testemunho para contar, certamente trata-se de alguém que provou a provisão, a libertação ou então uma reviravolta que Deus fez em sua vida. Traz alegria ao coração lembrar tudo o que Deus já fez em nosso favor e saber que Ele está sempre presente e pronto a mudar a nossa história. Assim, não podemos responder de forma rasa àquilo que Deus fez e faz em profundidade. Diante de tantos livramentos contados pelo salmista, devemos reconhecer a nós mesmos como aqueles que precisam da bondade e do amor de Deus. Com essa autocompreensão, é a fidelidade de Deus que deve ser louvada e é a Ele que devemos render graças.

É o caráter imutável da bondade e do amor de Deus que persiste em nos alcançar, apesar de tudo, apesar do nosso pecado, e que nos inspira a louvar o Seu nome. Esse é o momento de pensarmos em quantas vezes já tivemos a história de nossa vida mudada e a realidade de nossa família transformada; quantas reviravoltas Deus já fez, colocando-nos em lugar protegido sob Seu cuidado. É um amor que experimentamos, mas não o explicamos. Deus nos tira de situações de deserto e nos coloca em terra fértil; é Ele quem nos liberta da escravidão do pecado e nos redime da culpa. O Senhor envia sobre nós a Sua palavra e somos curados; e quando já cansados e com o enjoo característico de quem está navegando por uma tempestade, Ele acalma o mar das dúvidas e incertezas do coração e nos leva em segurança conduzindo o leme do barco de nossa vida. Você deve persistir em louvar a esse Deus que faz reviravoltas, afinal, as situações difíceis surgirão novamente, mas o amor de Deus, ainda que imerecido, não muda e está sempre disponível.

16 DE SETEMBRO

APRENDENDO LIÇÕES

Na sua aflição, clamaram ao Senhor, e ele os tirou da tribulação em que se encontravam. SALMO 107:28

Dar graças ao Senhor por Sua bondade e amor com a intensidade que se observa neste salmo é fruto de lições aprendidas por alguém que viu de perto a intervenção de Deus na sua história e de pessoas à sua volta. As lições aprendidas e descritas nesse salmo se relacionavam àqueles que foram libertos da escravidão do Egito, mas podem ser aprendidas por todos os que consideram as coisas boas e as bênçãos em sua vida, tendo como única fonte o Senhor.

A direção no caminho que conduz à paz e ao descanso vem de Deus. O povo de Israel foi guiado durante toda a jornada do deserto, protegido, alimentado e tendo sua sede suprida. Esse mesmo povo foi liberto da opressão no exílio. Eles haviam caído nas mãos dos inimigos, e não havia quem pudesse ajudá-los. Com a forte mão divinal, o povo opressor foi destruído, afinal, para haver libertação, é necessário a destruição do que causa a prisão. O Senhor também os protegeu da vida tortuosa que levavam, livrando-os dos efeitos do pecado e das doenças concedendo-lhes cura. E quando estiveram diante da morte ao enfrentarem o mar revolto, Deus os conduziu a salvo para o porto.

Diante de cada necessidade ou dificuldade, houve uma série de intervenções do Senhor para livrar o Seu povo e dar a eles a disciplina adequada com a finalidade de corrigir os seus caminhos. Com isso em mente, aprenda essas lições, pois você tem a oportunidade de reconhecer a misericórdia de Deus sobre sua vida. O Senhor também deseja guiá-lo na direção correta e alinhada com a Sua vontade. A libertação do peso e da culpa do pecado está à sua disposição. Aproprie-se dessa salvação e viva em liberdade a vida plena que Deus já tem preparada para você.

MINHAS REFLEXÕES

17 DE SETEMBRO

A DEUS TODA HONRA!

Exalta-te, ó Deus, acima dos céus; estenda-se a tua glória sobre toda a terra! SALMO 108:5

Somente quem tem uma fé firme e inabalável no Senhor pode amanhecer cantando louvores com tanto entusiasmo. Não existe qualquer novidade em vermos o salmista Davi expressando de forma tão enfática a sua confiança e segurança no Senhor em suas canções. Nesse caso, quando relembra os grandes livramentos que recebera do Senhor, ele une parte de duas outras canções, os Salmos 57 e 60, para agradecer a Deus por Sua presença e proteção. A entoação crescente do louvor tem como propósito o testemunho da glória de Deus a todos os povos. Os grandes e poderosos feitos de Deus são temas para serem exaltados, não apenas por Davi e seus companheiros, mas por todas as pessoas do mundo.

A glória de Deus deve ser proclamada em todos os lugares. Deus é digno de honra e glória não apenas pelas coisas maravilhosas que Ele faz, mas essencialmente como as faz. O alcance de Sua misericórdia e amor não tem limites. Ele está sempre pronto para exercer Sua fidelidade. "Quanto mais profundo o teu amor, mais ele se eleva" (SALMO 57:10 A MENSAGEM). Sem dúvida, não podemos deixar de mencionar a atitude honrosa de Davi que, quando teve a oportunidade de reagir com violência aos ataques do rei Saul, que o perseguia, decidiu ser leal e continuar fugindo. Esse foi o contexto em que o Salmo 57 foi escrito e que é a base dessa nova canção. O caráter de Davi é merecedor de elogios, mas em nenhum momento ele faz menção de dar mérito a si mesmo. O apóstolo Paulo ensina: "A quem honra, honra" (ROMANOS 13:7). Você deve, sim, honrar as autoridades manifestando respeito e obediência, porém Davi traz a inspiração para você fazer uma correta aplicação e então poder dizer: "A quem honra, honra. A Deus toda honra!"

18 DE SETEMBRO

LOUVANDO A DEUS EM TODO O TEMPO

*Meu coração está firme, ó Deus!
Cantarei e louvarei, ó Glória minha!* SALMO 108:1

Nem sempre as coisas estão boas e acontecem da maneira como planejamos. Até mesmo naquele dia em que tudo parece estar caminhando para um final bem-sucedido, de repente os planos são frustrados, e o que era para ser alegria se torna tristeza e desgosto. O que quero dizer é que, mesmo que haja momentos difíceis, podemos manter a mente positiva e a esperança viva. Nesse sentido, os momentos ruins e de tristeza a que todos nós estamos sujeitos podem ser transformados à medida que tivermos um coração grato a Deus, não somente por tudo o que Ele já fez, mas que está fazendo e ainda fará.

Como já venho dizendo em vários outros devocionais, temos mais de mil razões para louvarmos a Deus. E essa intenção do coração precisa estar alicerçada na convicção de que não importam as circunstâncias, sempre louvarei ao meu Deus. Basta trazer à memória o fato de que Deus é fiel e jamais voltará atrás, uma palavra sequer, em tudo aquilo que Ele prometeu. É preciso confiar na Sua Palavra quando dita pela boca do profeta Isaías de que "o braço do SENHOR não está tão curto que não possa salvar, e o seu ouvido tão surdo que não possa ouvir" (ISAÍAS 59:1). Deus ouve as nossas orações e, segundo Sua vontade e soberania, nos atende. Outra razão muito importante para ser ressalta é a capacidade de Deus nos preservar em meio a um mundo tão cruel e hostil. O Seu objetivo com isso é nos manter separados, escolhidos, como povo Seu. Ao final da canção, Davi nos mostra o que é ter confiança quando declara: "Em Deus faremos proezas!" (v.13 ARA). Realmente existem muitos motivos para você render hoje ao Senhor uma verdadeira adoração, mas nunca se esqueça de Sua salvação, de Sua direção através do Santo Espírito e da Sua contínua presença todos os dias da sua vida.

MINHAS REFLEXÕES

19 DE SETEMBRO

AUTOANÁLISE

Mas tu, Soberano SENHOR, *intervém em meu favor, por causa do teu nome. Livra-me, pois é sublime o teu amor leal!*
SALMO 109:21

MINHAS REFLEXÕES

Numa primeira leitura deste salmo, temos a impressão de que se trata de alguém muito irritado por causa de uma perseguição injusta que está sofrendo e pela calúnia de pessoas de quem se esperava receber um tratamento melhor. É difícil, às vezes, compreender que palavras como essas tenham sido ditas por homens usados por Deus para revelar Sua Palavra. Porém, é importante entendermos a situação dentro do seu próprio contexto. O que nos serve de lição é que o salmista recorre a Deus para que o ajude e intervenha em sua situação.

Agora, sejamos honestos: não nos parece familiar esse tipo de atitude? Vemos aqui palavras que revelam características humanas bastante comuns, como o espírito vingativo, a autopreservação e o sentimento de sempre se estar com a razão. Essas palavras foram escritas por uma pessoa sincera e honesta, e é dessa forma que deveríamos ler esse salmo. Não apenas observando aquilo que se acha digno e desprezando o que soa como deplorável ou desonroso, mas reconhecendo que não são raras as vezes em que temos sentimentos muito semelhantes. É preciso tirar lições da fé do salmista, da certeza e confiança que ele teve com relação ao auxílio que receberia do Senhor e, principalmente, da simplicidade e honestidade com que se apresentou diante de Deus. Enquanto não se admitir as próprias falhas, se reconhecer dependente da misericórdia do Senhor, dificilmente se poderá amar os inimigos e lançar sobre eles uma palavra de bênção ao invés de amaldiçoá-los. Tenha um coração bondoso e atitudes de compaixão com aqueles que lhe causam dor ou sofrimento, lembrando que esse foi o exemplo de Jesus.

20 DE SETEMBRO

MESSIAS, SACERDOTE E REI

O Senhor disse ao meu Senhor: Senta-te à minha direita até que eu faça os teus inimigos um estrado para os teus pés.
SALMO 110:1

Este salmo escrito por Davi através da inspiração do Santo Espírito de Deus faz uma referência clara a Jesus, o Cristo. Em relação à natureza humana, Jesus é descendente de Davi, e, quanto à natureza divina, é descendente de Deus o Senhor. As palavras usadas no salmo, todas as características e ações do rei, são grandiosas e poderosas demais para serem executadas por outra pessoa que não seja Jesus, o Rei. Apesar de, na Sua vida aqui na Terra, ter sido morto pelos Seus inimigos, só Ele é vitorioso e único em juízo, na Lei, no discernimento e equilíbrio.

Fica aqui então a pergunta: quem é Jesus para você? Os fariseus de Sua época esperavam por um Messias com poderes para libertar Israel da opressão e conceder a eles as riquezas e privilégios que desejavam como povo escolhido de Deus. Conheciam e aguardavam apenas pelo filho de Davi, mas não o Senhor de Davi; aquele que viria estabelecer o reino de Deus em bondade e amor. Jesus é o Cristo, o Ungido de Deus, é Filho do Deus vivo, que veio ao mundo para trazer vida e luz a toda a humanidade. Ele se colocou no lugar de todos para pagar o preço pelos pecados da humanidade, tornando-se o mediador entre Deus e os homens, o Cordeiro de Deus que tira o pecado do mundo. Jesus é o Rei que governa soberano, mesmo que os inimigos estejam ao redor; Ele estará sempre ao lado daqueles que o receberam como Salvador e Senhor para os ajudar e proteger. Jesus é o grande Messias, Sacerdote e Rei! Que seja essa a resposta que você dará a quem perguntar: "O que você pensa a respeito de Jesus Cristo?".

MINHAS REFLEXÕES

ELENILSON SOUZA

21 DE SETEMBRO

DEUS DE MARAVILHAS

*Aleluia! Darei graças ao Senhor de todo o coração
na reunião da congregação dos justos. Grandes são as obras
do Senhor; nelas meditam todos os que as apreciam.*

SALMO 111:1,2

MINHAS REFLEXÕES

Certamente esse é um salmo que vale a pena memorizar. Cada um de seus versos nos inspira a louvar a Deus, dentre outras coisas, por toda a demonstração do Seu poder e graça ao traçar um plano de cuidado e redenção para a humanidade. Só poderão contemplar a beleza das obras de Deus na eternidade aqueles que sentem alegria ao vê-las realizadas aqui na Terra também, afinal de contas, tanto Seu caráter como Seus atributos são perfeitamente revelados em toda criação — "A glória de Deus viaja pelos céus, as obras de arte de Deus estão expostas no horizonte" (SALMO 19:1,2 *A MENSAGEM*). São muitos os motivos para adorarmos a Deus, principalmente se levarmos em conta o fato de que Ele não se lembra dos nossos pecados arrependidos e confessados, caso contrário, nenhum de nós teria qualquer chance de escapar do Seu juízo. Contudo o perdão e amor estão em Suas mãos.

Diante de coisas tão maravilhosas reveladas nas palavras da lei de Deus, esse salmo nos ensina a colocarmos o Senhor Deus no trono, no lugar principal de nossa vida. Buscar o discernimento para compreender e obedecer a Deus é o fundamento da sabedoria. O sentimento de temor reverente que é expresso através das palavras do salmista são um convite para adorar a Deus para sempre, na certeza de que Suas promessas também são eternas e dignas de toda aceitação e confiança. Que sua vida seja uma constante adoração, e cada dia um tempo novo de louvor e ação de graças ao Deus, que é digno, pois quem busca Sua vontade e caminha nela será bem-sucedido, evitará que seus caminhos sejam de destruição e que a vida seja levada pelo engano do pecado.

22 DE SETEMBRO

TEMER A DEUS É UMA ALEGRIA

Aleluia! Como é feliz o homem que teme o SENHOR *e tem grande prazer em seus mandamentos!* SALMO 112:1

Não sabemos quem escreveu este salmo, mas é clara a impressão de que ele está observando as pessoas que temem e servem a Deus, que buscam por Suas palavras e se alegram com elas. Parece também que, mesmo sendo íntegras e tementes ao Senhor, essas pessoas são mais alegres e abençoadas por pertencerem a Deus e terem o privilégio de serem canal das bênçãos decorrentes desse pertencimento para outras pessoas.

Temer a Deus e obedecer aos Seus mandamentos faz delas alvo de Suas bênçãos, pois o resultado da prática desses ensinamentos é a sabedoria e a santidade necessárias para se experimentar uma comunhão maior com o Senhor. Como canais das bênçãos de Deus, também impressionam positivamente outros ao seu redor, mostrando que ser bem-sucedidas não faz delas arrogantes. Pelo contrário, elas agem com justiça e generosidade, socorrendo os necessitados sem buscar benefício próprio e sem exploração. O temor ao Senhor também produz em seu coração uma coragem que não permite que as situações adversas o abalem, afinal, sua confiança está firmada no relacionamento com o Deus soberano. Não se trata de arrogância, tampouco irresponsabilidade, mas, sim, da ideia de que Deus, como Pai bondoso que é, cuida e age em favor daqueles que são Seus.

Essas características dos que temem a Deus, a generosidade, a justiça e a prosperidade, revelam uma diferença clara que existe entre eles e aqueles que não temem e nem obedecem a Deus. Que sejam essas também as virtudes encontradas em você, pois o Pai tem alcançado sua vida com bênçãos e cuidado constantes. Seja exemplo e inspiração para outras pessoas, abençoando suas vidas e honrando ao Senhor.

MINHAS REFLEXÕES

ELENILSON SOUZA

23 DE SETEMBRO

TÃO LONGE, TÃO PERTO

Quem é como o Senhor, *o nosso Deus, que reina em seu trono nas alturas, mas se inclina para contemplar o que acontece nos céus e na terra?* SALMO 113:5,6

MINHAS REFLEXÕES

A superioridade e excelência que fazem parte da característica transcendental e inseparável de Deus obviamente nos distancia de Sua presença, por causa de Sua justiça e santidade. Por outro lado, nos aproxima, em função do Seu amor e misericórdia, que se renovam todos os dias sobre nós. Olhando para Jesus é possível observar essa realidade, pois Ele encarnou e habitou entre os homens, submetendo-se a experimentar a realidade humana com todas as suas limitações, dores e sofrimentos, mesmo sendo o Filho de Deus, para poder cumprir o plano de ser o agente da salvação para todas as pessoas, reconciliando-as com Deus.

É por isso que não faltam motivos para louvarmos a Deus. Ele é tão excelso e sublime, incomparavelmente maior e mais majestoso do que tudo o que possa existir; é exaltado sobre todas as nações e reinos, e Sua glória está acima dos céus. Mesmo assim, Ele se inclina para se aproximar de nós, olhar para nossa necessidade e nos livrar de toda a humilhação, vergonha e miséria. Faz com que sejamos honrados e nos coloca próximos de pessoas importantes e de destaque entre a sociedade. Abençoa com filhos os casais, fazendo-os se alegrarem por viver em família.

Não permita que as adversidades da vida ou até mesmo o pecado o afaste de Deus, mas busque um relacionamento íntimo com Pai através de uma vida de oração e meditação na Sua Palavra. Esteja pronto para uma vida plena prometida por Jesus e a presença constante do Santo Espírito de Deus dando a direção em todos os seus caminhos. Saiba que, ainda que Ele pareça estar tão longe de nós, se você desejar, Deus estará muito mais perto do que você possa imaginar.

24 DE SETEMBRO

A MARCHA QUE SACUDIU A TERRA

Estremeça na presença do Soberano, ó terra, na presença do Deus de Jacó!
SALMO 114:7

O salmista está falando de quando Deus tirou o Seu povo do Egito, onde eram escravos, e passou a estar com eles durante a peregrinação pelo deserto. Conduziu-os como Seu povo escolhido, fazendo-os ver os Seus sinais, prodígios e maravilhas como demonstração do Seu cuidado e direção. O que nos impressiona aqui é a forma como a poesia foi escrita, transformando uma dura caminhada pelo deserto em uma grande marcha, um acontecimento espantoso e tão assustador quanto um trovão, perturbador como um terremoto.

Vemos, em um primeiro momento, um povo que sai de uma terra estrangeira e se torna povo escolhido de Deus, ainda que suas atitudes não estivessem totalmente alinhadas com a santidade divina. Mas, em seguida, o mar e o rio recuam, dando passagem para o povo; as montanhas e as colinas parecem saltitar de alegria e animação pela chegada em marcha do povo escolhido e o seu grande Deus. A terra treme pela presença do Senhor como que reconhecendo o Seu poder, que é capaz até mesmo de fazer uma rocha se transformar em uma fonte de água.

Isso tudo foi feito por Deus para que Seu povo chegasse a Canaã, uma terra que Ele havia prometido aos seus antepassados. É assim que Ele quer fazer na sua vida. O Senhor Deus quer livrá-lo da escravidão do pecado, passar a habitar em você, sustentá-lo, preservá-lo através do Seus milagres e livramentos, até que você possa viver o cumprimento de todas as promessas que Ele tem para sua vida, e por fim, aguardar a sua chegada junto com toda a família de Deus na Jerusalém celestial, a Terra Prometida para todos os Seus filhos.

MINHAS REFLEXÕES

25 DE SETEMBRO

A GLÓRIA É DE DEUS

*Não a nós, SENHOR, nenhuma glória para nós,
mas sim ao teu nome, por teu amor e por tua fidelidade!*
SALMO 115:1

MINHAS REFLEXÕES

Vale a pena lembrar que os salmos são canções que foram escritas em momentos específicos da história do povo de Israel e que eram utilizadas como parte do culto oferecido a Deus. Nesse caso, o tema é a natureza do Deus de Israel, que é digno de ser louvado pela Sua onipotência, principalmente, se comparado com outros deuses. E aquele era o momento oportuno para se declarar essas verdades, pois a ajuda e providência do Senhor foram questionadas, mas, como resposta, a bênção de Deus foi preanunciada com a promessa de um louvor em ação de graças.

O povo reconhecia que a glória pertence ao Senhor por causa da Sua misericórdia e fidelidade. Mesmo que houvesse indagações capciosas a respeito de Deus, a argumentação estava firmada na Sua presença e cuidado, pois é soberano nos Céus e na Terra, realizando todas as coisas da forma que lhe agrada. E ainda que alguém pudesse subir tão alto quanto os céus ou descer nas mais profundas águas do mar, ali o Senhor estaria para guiar e sustentar. Ídolos nulos, porém, nada podem fazer a não ser contaminar os que neles confiam, tornando-os mudos, surdos e cegos, impedidos assim de invocar o Deus verdadeiro, não podendo ver a Sua glória nem ouvir e entender a Sua Palavra.

Ser bendito de Deus é a maior bênção que alguém pode ter; dar alegria a Ele e ter uma vida que o agrade. Hoje também é o momento oportuno de você confiar no Senhor, pois Ele é força e proteção. Ele nunca se esquece de você, mas, antes, abençoa a todos os que o temem, não importa se proeminente ou humilde, bem como toda a sua geração. Erga sua voz e dê glórias a Deus!

26 DE SETEMBRO

SOMOS UM

*Mas nós bendiremos o Senhor,
desde agora e para sempre! Aleluia!*
SALMO 115:18

Essa bela canção era cantada por todo o povo de Israel e expressava a alegria que tinham de estarem unidos como povo do Senhor. Louvavam a Deus porque traziam à memória o livramento da escravidão e por estarem certos de que somente o Deus de Israel era poderoso o suficiente para realizar uma maravilha tão grande como essa, e que, por isso, era diferente de todos os deuses das outras nações. Os outros povos zombavam porque não podiam ver o Deus de Israel, mas os ídolos que eles tinham, feitos de ouro e prata, não passavam de uma massa inorgânica e inanimada.

É por isso que Israel tinha alegria em clamar e adorar a Deus, convidando todos a confiarem no Senhor, pois Ele é auxílio e proteção. Tinham a certeza de que o Senhor, que se lembrara deles quando eram escravos, os abençoaria agora e nas gerações futuras. O povo reconheceu a bênção de Deus sobre eles, desejavam uns aos outros essa bênção e bendiziam todos juntos ao Senhor. Durante toda essa canção, pode-se observar uma comunidade de adoração se encorajando a confiar no Senhor de forma cada vez mais profunda. Nós também precisamos sempre do auxílio mútuo que a adoração em comunidade proporciona. Quando lembramos que pertencemos à família de Deus, somos alcançados por Suas bênçãos e seguimos na confiança de que Ele sempre nos abençoará. Que essa canção o encoraje a continuar confiando e esperando no Senhor, pois Sua bondade e misericórdia continuarão a segui-lo por todos os seus dias. Basta que você creia em Seu poder e busque uma comunhão com Deus cada vez mais íntima. Você experimentará o Seu auxílio e proteção e poderá louvar com toda a família da fé, a uma só voz, exaltando e bendizendo ao Senhor.

MINHAS REFLEXÕES

ELENILSON SOUZA

27 DE SETEMBRO

FIQUE EM PAZ

Retorne ao seu descanso, ó minha alma, porque o SENHOR tem sido bom para você! SALMO 116:7

MINHAS REFLEXÕES

"Eu amo o Senhor." Se essa for a sua resposta a Deus mediante Sua intervenção na sua vida, você alegrou o Seu coração, pois demonstrou verdadeira gratidão pela resposta às suas orações. Afinal, o Deus que atende as orações é o Deus a quem se deve recorrer. Dizer ao Senhor que o amamos com todo o nosso coração, só é possível quando compreendemos que foi Ele quem nos amou primeiro. Devemos então apresentar ao Senhor todo o nosso sofrimento, tanto os físicos quanto os mentais e espirituais, e clamar a Ele pedindo Seu auxílio e Sua salvação. A compaixão e a fidelidade do Senhor serão reveladas, Sua proteção e defesa serão colocadas à nossa disposição, e o que nos restará é uma autoexortação para que fiquemos em paz e descansemos no cuidado do Pai.

As ações espirituais de quem é fiel e grato a Deus podem ser expressas através da celebração da morte e ressurreição de Jesus participando do ato da Ceia, através do clamor e oração ao Senhor, por meio da entrega feita com alegria dos dízimos e ofertas como atitude de gratidão e oferecendo um sacrifício santo de ação de graças com a sua vida e coração derramados diante do Senhor em louvor e adoração. Mesmo que as lutas pareçam não ter fim, as aflições e os sofrimentos sejam intensos, clame pelo Senhor, e Ele responderá trazendo as soluções e o livramento. A sua alma aflita poderá se acalmar novamente e descansar em Deus, confiando no Seu cuidado e proteção. Você erguerá a voz em louvor ao Senhor e dirá o quanto o ama, pois Ele ouviu o seu clamor e teve compaixão das suas dores. Faça um compromisso com Senhor de que, quando a tribulação chegar, você correrá para Sua presença. É lá que você receberá a paz que excede o entendimento, o descanso e o alívio para sua alma.

28 DE SETEMBRO

ALELUIA!

Louvem o Senhor, *todas as nações; exaltem-no, todos os povos!*
Porque imenso é o seu amor leal por nós,
e a fidelidade do Senhor *dura para sempre. Aleluia!*

SALMO 117

Amor e fidelidade são dois dos atributos mais reafirmados nos salmos. Em outras traduções, temos a misericórdia, mas a essência permanece a mesma. Poderíamos até traduzir de forma mais objetiva dizendo que Deus é bom. O que apoia essa conclusão é o fato de que, quando Jesus foi abordado por alguém chamando-o de "Bom Mestre", Ele respondeu que não havia ninguém bom, senão apenas Deus. Saber o quão forte é o Seu amor por nós e que a Sua fidelidade é capaz de atravessar gerações nos leva quase que automaticamente a louvarmos o Seu nome. O caráter imutável do Senhor, bem como Sua palavra que nunca volta atrás, serve-nos como um bálsamo tranquilizador que nos traz paz e dissipa a depressão e o temor. Um coração cansado pode ser aliviado de suas dores ao cantar louvores a Deus por tudo o que Ele faz e adorá-lo por tudo o que Ele é.

O louvor e a adoração são marcas da Igreja de Cristo porque são o testemunho vivo do cumprimento das promessas de Deus, que deseja que todos sejam salvos. Dessa forma, o convite desse salmo é para que todos os povos e nações louvem ao Senhor. Afinal, Deus é o Salvador de todo o mundo, então todos o louvam e o adoram pela salvação que Jesus conquistou. Esta é a maior demonstração do amor de Deus ao mundo — enviar Seu filho para pagar o preço pela nossa redenção.

Louve a Deus por causa do Seu amor e fidelidade, pois em Jesus nenhuma promessa de Deus falhará. Louve a Deus por Sua graça, que não tem limite, e por Sua Palavra, que é eterna. Todos as pessoas, de todos os lugares, em todos os tempos, louvem ao Senhor!

MINHAS REFLEXÕES

29 DE SETEMBRO

AÇÕES DE GRAÇAS

*Deem graças ao SENHOR porque ele é bom;
o seu amor dura para sempre.*
SALMO 118:1

Esse salmo tem agradecimento do começo ao fim. Muitas coisas estão incluídas quando se pensa sobre a vontade de Deus para os homens; uma das mais importantes, certamente, é o coração grato. Ter esse senso de gratidão vai muito além de algumas atitudes que expressem gratidão, mas a própria vida deve refletir a intenção de ser grato. Russell Norman Champlin disse: "Se eu tivesse mil vidas, todas elas seriam Tuas". O próprio Jesus dá exemplos de gratidão nos relatos dos evangelhos, quando, por exemplo, repartiu a ceia com os discípulos. Mas é preciso entender que se trata de algo ordenado por Deus, pois as instruções do apóstolo Paulo na carta aos filipenses também nos orientam a não nos preocuparmos com nada, mas, antes, o que se necessita deve ser apresentado a Deus, acompanhado de oração e de um coração agradecido (FILIPENSES 4:6). As declarações feitas nessa canção apontam para temas que são utilizados várias vezes pelo povo de Israel como motivação para o louvor a Deus. Uma delas é a constância do amor de Deus que nunca muda, e a outra, o fato de que o cuidado e livramento vêm sempre e somente de Deus.

Tenha hoje uma nova percepção da sua urgente e constante necessidade da ajuda de Deus e do Seu cuidado, mas, ao mesmo tempo, sinta-se aliviado pelo fato de que Deus enviou Jesus para salvar você. Dê graças a Deus todas as vezes que você despertar pela manhã e esteja pronto, pois este é o dia que o Senhor fez e será para você um dia de alegria e felicidade; um dia que extravasa para a eternidade, onde daremos, para todo o sempre, graças a Deus.

30 DE SETEMBRO

TE AGRADEÇO, MEU SENHOR!

Tu és o meu Deus; graças te darei!
Ó meu Deus, eu te exaltarei!
SALMO 118:28

Ter um coração grato foi o que fez de Davi um homem diferenciado e, sob o meu ponto de vista, ser reconhecido como um homem segundo o coração de Deus. Diante das palavras dessa canção, fica clara a intenção do coração do salmista de render graças ao Senhor por tudo e por todas as coisas, até mesmo pela disciplina, que serviu não apenas como correção, mas também resultou em sua preservação. Em meu coração também está um louvor de gratidão neste momento em que escrevo este devocional e quero compartilhar: "Por tudo o que tens feito, por tudo que vais fazer. Por tuas promessas e tudo o que és, eu quero te agradecer com todo o meu ser" (Artista: Diante do trono).

São tantas as bênçãos com que Deus nos alcança todos os dias, são tão grandes os livramentos, mas igualmente grande é o Seu amor para com os Seus filhos. É um amor, bondade, fidelidade e misericórdia que permanecem para sempre. Ainda que as situações sejam adversas, é em Deus que podemos depositar confiança, e esse também é um motivo de louvor, pois o Senhor cuida e protege aqueles que são Seus. Essa confiança está firmada na certeza de que somente o Senhor é capaz de transformar toda e qualquer situação, por mais complicada que seja, fazendo com que todas elas cooperem para o nosso bem. Quando somos guiados e dirigidos por Deus, vemos Sua mão de poder e sabedoria conduzindo não apenas a nossa vida, mas toda a história, e por isso devemos ser gratos. Esses são os motivos expressos pelo salmista, além de um outro que é ainda mais importante, o que faz menção de uma salvação ainda mais plena, maior e completa: fazer parte do Seu reino eterno. Faça sua essas palavras do salmo e cante hoje: "Te agradeço, Senhor!".

MINHAS REFLEXÕES

ELENILSON SOUZA

1º DE OUTUBRO

DIÁRIO DE BORDO DO SALMO 119

Introdução ao Salmo 119.
Leremos o Salmos 119 em 22 porções.

MINHAS REFLEXÕES

Hoje começamos, com excelente expectativa, mais um mês e chegamos no salmo mais longo. O Salmo 119 é também o capítulo mais longo de toda a Bíblia Sagrada. Será uma pequena jornada com um diário de bordo escrito a partir da grande experiência do autor com as Escrituras Sagradas. Na grande maioria das fontes de pesquisa, os estudiosos apontam que é provável que o poeta autor do salmo tenha sido Davi.

O Salmo 119 é um acróstico do alfabeto hebraico, que, por sua vez, é constituído de 22 letras, e, para cada letra, portanto, há uma estrofe. As 22 estrofes são formadas por blocos de oito versículos cada, todos eles, no hebraico, começam com a letra correspondente e assim vai de *Álef* até *Tau*, o que seria para nós de A a Z. Um verdadeiro capricho do autor para atrair a atenção e expandir os recursos de memorização de seus leitores originais e desafiar sua própria capacidade poética. A clareza e elegância da poesia é também um cuidado do Espírito Santo para nos inspirar e edificar no estudo da Palavra de Deus. Longe de ser repetitivo e monótono, ele não é somente o salmo mais longo, mas também destaque por sua amplitude de reflexão, profundidade de sentido e intenso em seu fervor espiritual. Prepare-se para *saborear* com a mente e o coração cada porção desse maravilhoso salmo.

2 DE OUTUBRO

VIDA FELIZ

Como são felizes os que andam em caminhos irrepreensíveis, que vivem conforme a lei do Senhor! Como são felizes os que obedecem aos seus estatutos e de todo o coração o buscam! Não praticam o mal e andam nos caminhos do Senhor. Tu mesmo ordenaste os teus preceitos para que sejam fielmente obedecidos. Quem dera fossem firmados os meus caminhos na obediência aos teus decretos. Então não ficaria decepcionado ao considerar todos os teus mandamentos. Eu te louvarei de coração sincero quando aprender as tuas justas ordenanças. Obedecerei aos teus decretos; nunca me abandones.
SALMO 119:1-8

Gostaria de desafiar você a ler várias vezes cada bloco, começando pelo de hoje, ver o que consegue guardar em sua mente e perceber o que tocou o seu coração. Talvez esse recurso seja um exercício que amplie em sua vida a capacidade de entender com mais clareza e saborear melhor a doçura da Palavra de Deus. Uma vida santa, costuma ter constância e sustância no relacionamento com Deus através da Bíblia aberta. Essa Bíblia aberta vai abrindo nossa mente e nosso coração para que o caminho do Senhor seja construído de dentro pra fora. E se o Espírito Santo já abriu estradas dentro de você, será muito mais fácil você andar no caminho e obedecer aos decretos do Senhor.

A estrofe inicial se refere ao estilo de vida feliz daquele que tem, interiorizados e aplicados, os princípios da Palavra de Deus; uma vida dirigida por propósitos, com regozijo e perseverança em buscar ao Senhor de todo o coração. Viva fundamentado nos princípios do Senhor. Coloque-os em prática no seu dia a dia. Produza frutos de uma vida transformada e contagiada pela Palavra de Deus. Desfrute da provisão e das bem-aventuranças oriundas de uma vida firmada na Palavra.

MINHAS REFLEXÕES

ELIANDRO VIANA

3 DE OUTUBRO

O JOVEM PERGUNTA, O SÁBIO RESPONDE

Como pode o jovem manter pura a sua conduta? Vivendo de acordo com a tua palavra. Eu te busco de todo o coração; não permitas que eu me desvie dos teus mandamentos. Guardei no coração a tua palavra para não pecar contra ti. Bendito sejas, Senhor! Ensina-me os teus decretos. Com os lábios repito todas as leis que promulgaste. Regozijo-me em seguir os teus testemunhos como o que se regozija com grandes riquezas. Meditarei nos teus preceitos e darei atenção às tuas veredas. Tenho prazer nos teus decretos; não me esqueço da tua palavra.
SALMO 119:9-16

MINHAS REFLEXÕES

Os estudiosos indicam que o Salmo 119 é fruto de uma jornada de vida em comunhão com Deus por meio de Sua santa Palavra. E neste recorte, que temos chamado de estrofes, um moço pergunta e um sábio responde, muito provavelmente fruto da construção da maturidade espiritual do próprio autor no curso de sua jornada espiritual. O jovem, correndo os riscos que suas fortes paixões, seu juízo imaturo e inexperiência podem trazer, aprende com o sábio a ter sua vida regulada ou equilibrada pelos preceitos do Senhor.

A graça de Deus não gera filhos imaturos, pelo contrário, ela gera em nós a sabedoria para um viver digno como Seus filhos. A graça de Deus planta em nós um santo anelo pela presença do Senhor; um desejo ardente e poderoso por uma vida que honre a Deus. Não parcial, mas plenamente. Não com dúvidas, mas firmados e convictos na fé. Não relutando, mas se prontificando para cumprir a boa, perfeita e agradável vontade de Deus. Jamais de modo desleixado, mas diligentemente com toda dedicação. Não fria, mas fervorosamente. Não de modo inconstante, mas com regularidade e perseverança. Assim a nobre aspiração e o poderoso anelo pela presença do Senhor fazem da nossa vida uma inspiração para todos que estão com os olhos postos sobre nós.

4 DE OUTUBRO

ABRE OS MEUS OLHOS

Trata com bondade o teu servo para que eu viva e obedeça à tua palavra. Abre os meus olhos para que eu veja as maravilhas da tua lei. Sou peregrino na terra; não escondas de mim os teus mandamentos. A minha alma consome-se de perene desejo das tuas ordenanças. Tu repreendes os arrogantes; malditos os que se desviam dos teus mandamentos! Tira de mim a afronta e o desprezo, pois obedeço aos teus estatutos. Mesmo que os poderosos se reúnam para conspirar contra mim, ainda assim o teu servo meditará nos teus decretos. Sim, os teus testemunhos são o meu prazer; eles são os meus conselheiros. SALMO 119:17-24

É incrível como o autor consegue condensar tanto conteúdo em uma pequena estrofe. E ele ainda escreve a partir de uma realidade em que confessa, ele próprio, estar com a vista embaçada, senão em completa cegueira. A expressão "Abre os meus olhos" (v.18) nos leva a pensar muito sobre o que realmente estamos enxergando e o que ainda está completamente desconhecido ou no escuro em nossa vida. Há maravilhas no evangelho e no relacionamento com Deus, por meio de Sua palavra, que nós desconhecemos. Se a tristeza causada por essa cegueira me leva à convicção de que sou pecador e careço da graça de Deus, então as coisas estão no caminho certo. O problema está nos meus olhos, e não na revelação de Deus. Não há absolutamente nada que, pelo propósito divino, não tenha sido revelado em Sua Palavra. A oração do salmista deve ser a nossa oração: "Abre os meus olhos". Se não podemos ou estamos limitados de modo que não conseguimos ver, ter humildade e sabedoria para pedir que Ele abra nossos olhos é o caminho correto.

Veremos e desfrutaremos das maravilhas de Deus quando nossos olhos forem abertos por Ele, através da ação do Santo Espírito em nós. Deus continua abrindo olhos, e hoje podem ser os seus. Clame ao Senhor, e seus olhos se abrirão para a Sua revelação.

MINHAS REFLEXÕES

ELIANDRO VIANA

UM CORAÇÃO HUMILDE E APRENDIZ

Agora estou prostrado no pó; preserva a minha vida conforme a tua promessa. A ti relatei os meus caminhos e tu me respondeste; ensina-me os teus decretos. Faze-me discernir o propósito dos teus preceitos, então meditarei nas tuas maravilhas. A minha alma se consome de tristeza; fortalece-me conforme a tua promessa. Desvia-me dos caminhos enganosos; por tua graça, ensina-me a tua lei. Escolhi o caminho da fidelidade; decidi seguir as tuas ordenanças. Apego-me aos teus testemunhos, ó SENHOR; não permitas que eu fique decepcionado. Corro pelo caminho que os teus mandamentos apontam, pois me deste maior entendimento.
SALMO 119:25-32

MINHAS REFLEXÕES

A primeira frase deste recorte é uma espécie de amálgama que liga nossa fraqueza à força do Senhor. É o quebrantamento, o reconhecimento que somos pó que justamente produz em nós o coração necessário para recebermos o cuidado de Deus. O Senhor dá graça aos humildes; em contrapartida, os orgulhosos Ele abate. Nossa fraqueza é transformada em força pelo caminho do arrependimento e quebrantamento. Há uma doce revelação do evangelho na expressão "por tua graça, ensina-me a tua lei" (v.29). É no caminho da graça que entendemos a plenitude dos princípios revelados na lei do Senhor.

Na sequência, percebemos que outro fator importante é o coração aprendiz do poeta. Você já teve de lidar com uma pessoa que "sabe tudo"? Que não tem o mínimo de abertura para aprender algo novo? Ou aquela que só quer ensinar e nunca está disposta a aprender? Não é fácil. Por acaso você não é assim? Espero que não! Somos discípulos de Jesus, e isso implica ter um coração disposto a aprender sempre. Quem para de aprender começa a morrer. Aprender é um grande vislumbre da vida. Aprender mais para arrogar-se mais conhecimento? Jamais! Aprender sempre para servir sempre, como um bom discípulo de Jesus Cristo.

6 DE OUTUBRO

ESCOLHAS E RENÚNCIAS

Ensina-me, Senhor, o caminho dos teus decretos, e a eles obedecerei até o fim. Dá-me entendimento, para que eu guarde a tua lei e a ela obedeça de todo o coração. Dirige-me pelo caminho dos teus mandamentos, pois nele encontro satisfação. Inclina o meu coração para os teus estatutos, e não para a ganância. Desvia os meus olhos das coisas inúteis; faze-me viver nos caminhos que traçaste. Cumpre a tua promessa para com o teu servo, para que sejas temido. Livra-me da afronta que me apavora, pois as tuas ordenanças são boas. Como anseio pelos teus preceitos! Preserva a minha vida por tua justiça! SALMO 119:33-40

Não há firmeza e constância na vida espiritual se andarmos com o coração dividido. O profeta Elias, no primeiro livro dos Reis, fez uma repreensão ao povo de Deus que reforça isso: "Elias dirigiu-se ao povo e disse: 'Até quando vocês vão oscilar entre duas opiniões? Se o Senhor é Deus, sigam-no; mas, se Baal é Deus, sigam-no'. O povo, porém, nada respondeu" (18:21).

Quanto mais longe os seus pés o levarem pelo caminho do pecado, menos os seus olhos comtemplarão as belezas de uma vida na presença de Deus. Quanto mais você se entregar ao prazer carnal, menos satisfação sentirá na edificação da vida espiritual. Quando mais o seu coração for contaminado pela iniquidade, menos vida fluirá dele. Quanto mais sua vida for orientada pelo pecado, mais perdido e desorientado você se encontrará. Vale lembrar que, ou a Palavra de Deus afasta você do pecado, ou o pecado afasta você da Palavra de Deus. Nossa vida é o conjunto de escolhas e renúncias que fazemos. Não deixaremos de provar as consequências tanto das escolhas quanto das renúncias, sejam boas ou más. Separe hoje um tempo para pensar profundamente sobre isso.

MINHAS REFLEXÕES

ELIANDRO VIANA

7 DE OUTUBRO

RENDA-SE

Que o teu amor alcance-me, Senhor, e a tua salvação, segundo a tua promessa; então responderei aos que me afrontam, pois confio na tua palavra. Jamais tires da minha boca a palavra da verdade, pois nas tuas ordenanças coloquei a minha esperança. Obedecerei constantemente à tua lei, para todo o sempre. Andarei em verdadeira liberdade, pois tenho buscado os teus preceitos. Falarei dos teus testemunhos diante de reis, sem ser envergonhado. Tenho prazer nos teus mandamentos; eu os amo. A ti levanto minhas mãos e medito nos teus decretos.

SALMO 119:41-48

MINHAS REFLEXÕES

Na primeira expressão, o poeta garante que Deus encurta distâncias. Somos inspirados a crer que, não importa o quão longe de Deus você se sinta, o Seu amor o alcança! O amor de Deus o resgata e modela sua vida a partir do sonho que Ele tem para você! O resgate de Deus nos garante uma vida em plena liberdade, para andarmos e falarmos livremente sobre o nosso relacionamento com Deus a fim de que mais pessoas sejam livres. O poeta fala sobre liberdade como um jeito de viver, um jeito ousado de declarar e testemunhar das grandezas de Deus. Essa liberdade proporciona uma alegria em conhecer e praticar os preceitos do Senhor.

Em nossa jornada com o Senhor, somos chamados à dignidade de uma vida que professa livremente a Palavra de Deus, que desfruta dos prazeres e das benesses que emanam das Escrituras para nós. Na última expressão do recorte que lemos hoje, o poeta levanta suas mãos se rendendo ao Senhor, rendendo-se à grandeza da Palavra de Deus para a sua vida. Façamos o mesmo! Não resista, mas entregue-se e aplique-se a estudar, desfrutar e viver os princípios santos da Palavra de Deus!

8 DE OUTUBRO

COMPARTILHAR JESUS

*Lembra-te da tua palavra ao teu servo, pela qual me deste esperança. Este é o meu consolo no meu sofrimento: A tua promessa dá-me vida. Os arrogantes zombam de mim o tempo todo, mas eu não me desvio da tua lei. Lembro-me, S*ENHOR*, das tuas ordenanças do passado e nelas acho consolo. Fui tomado de ira tremenda por causa dos ímpios que rejeitaram a tua lei. Os teus decretos são o tema da minha canção em minha peregrinação. De noite lembro-me do teu nome, S*ENHOR*! Vou obedecer à tua lei. Esta tem sido a minha prática: Obedecer aos teus preceitos.* SALMO 119:49-56

Nesse texto, o poeta está profundamente incomodado com a injúria dos descrentes, que, com o coração cheio de orgulho, ridicularizam e zombam da fidelidade e sujeição dos servos do Senhor. De fato, é muito difícil para as pessoas carnais, que não têm conhecimento do Senhor e da Sua Palavra, entenderem a dimensão de vida dos cristãos piedosos. Tudo parece loucura quando se olha de fora para dentro, quando não se tem acesso à revelação da Palavra por meio do Espírito. Acredito que todo cristão deve se alegrar por ser ridicularizado por uma pessoa incrédula, afinal isso é uma prova de que há alguma diferença entre a nossa vida e a vida dos que estão imersos em trevas neste mundo.

Devemos ficar atentos, pois há muitos que zombam ou ridicularizam, mas na verdade estão curiosos para saber como a nossa vida mudou, como aconteceu a nossa transformação e como temos prazer nas coisas de Deus. Quando nos deparamos com esse fato curioso, na verdade encontramos uma porta aberta no coração da pessoa para compartilhamos da Palavra de Deus. É nessa hora que podemos evangelizar e, no poder do Espírito Santo, testemunhar do poder de Deus, que transformou a nossa vida e pode transformar a vida dessa pessoa também. Não perca nenhuma oportunidade para compartilhar do amor de Jesus.

MINHAS REFLEXÕES

ELIANDRO VIANA

LIVRE-SE DAS CORDAS DOS ÍMPIOS

Tu és a minha herança, Senhor; prometi obedecer às tuas palavras. De todo o coração suplico a tua graça; tem misericórdia de mim, conforme a tua promessa. Refleti em meus caminhos e voltei os meus passos para os teus testemunhos. Eu me apressarei e não hesitarei em obedecer aos teus mandamentos. Embora as cordas dos ímpios queiram prender-me, eu não me esqueço da tua lei. À meia-noite me levanto para dar-te graças pelas tuas justas ordenanças. Sou amigo de todos os que te temem e obedecem aos teus preceitos. A terra está cheia do teu amor, Senhor; ensina-me os teus decretos.

SALMO 119:57-64.

Se nossa mente for iluminada pela Palavra de Deus, nossos pés estarão nos trilhos dos princípios de Deus para nós. Seu contato diário com a Palavra garante um avivamento de consciência e uma vigorosa experiência com o sobrenatural. Quando a chama da vida devocional está acesa, ampliamos diariamente nosso conhecimento de Deus e vemos que Ele é completamente bom, infinitamente precioso, indiscutivelmente gracioso, generosamente abençoador e eternamente seguro.

O salmista usa uma frase que eu gostaria de destacar: "Embora as cordas dos ímpios queiram prender-me, eu não me esqueço da tua lei" (v.61). Há algo muito importante aqui. Essas cordas ainda estão tentando prender a vida de muita gente. É possível que você já tenha lutado com essas cordas ou esteja lutando nestes dias. Não fique preso a elas! Há muita gente enrolada nisso. Foi a entrega do salmista à Palavra e à oração que fez dele um vencedor quando essas cordas insistiam em prendê-lo. E mais um aspecto interessante, que certamente influenciou a vida dele, foi o fato de ele ter amigos do bem: "Sou amigo de todos os que te temem e obedecem aos teus preceitos" (v.63). Com uma vida de oração e na Palavra, com amigos do bem, você terá bem mais chances de não ficar preso por cordas.

10 DE OUTUBRO

ACEITE A DISCIPLINA, ELA É FRUTO DO AMOR

Trata com bondade o teu servo, Senhor, conforme a tua promessa. Ensina-me o bom senso e o conhecimento, pois confio em teus mandamentos. Antes de ser castigado, eu andava desviado, mas agora obedeço à tua palavra. Tu és bom, e o que fazes é bom; ensina-me os teus decretos. Os arrogantes mancharam o meu nome com mentiras, mas eu obedeço aos teus preceitos de todo o coração. O coração deles é insensível, eu, porém, tenho prazer na tua lei. Foi bom para mim ter sido castigado, para que aprendesse os teus decretos. Para mim vale mais a lei que decretaste do que milhares de peças de prata e ouro. SALMO 119:65-72

É sempre bom lembrar que há perigos na prosperidade e benefícios na adversidade. Em tempos prósperos corremos riscos de nos afastarmos do Senhor. O salmista se afastou da presença de Deus, e percebemos que ele recebeu alguma advertência ou disciplina do Senhor, o que fez com que ele se voltasse para Deus. O Senhor não nos abençoa porque somos bons, mas, sim, porque *Ele* é bom. Quando somos abençoados, não quer dizer que somos aprovados; quando recebemos bênçãos também somos testados com respeito a nossa fidelidade a Deus. Ao final desta estrofe, percebemos que, para o salmista, a prosperidade que importa é o conhecimento dos princípios do Senhor para a sua vida.

Entenda que, se Deus tiver que disciplinar você para resgatá-lo, Ele o fará. Se o Senhor tiver de aplicar uma disciplina para não perder você, Ele o fará. Receba a disciplina com o coração de filho obediente, afinal filho rebelde acaba se tornando escravo. Deus o ama e, quando, em algum momento de sua jornada, você estiver se afastando dele, tenha certeza de que Ele fará o necessário para resgatá-lo, ainda que isso cause dor nele e em você também.

MINHAS REFLEXÕES

ELIANDRO VIANA

11 DE OUTUBRO

O PECADO DEFORMA
E A PALAVRA DÁ FORMA

As tuas mãos me fizeram e me formaram; dá-me entendimento para aprender os teus mandamentos. Quando os que têm temor de ti me virem, se alegrarão, pois na tua palavra coloquei a minha esperança. Sei, Senhor, que as tuas ordenanças são justas, e que por tua fidelidade me castigaste. Seja o teu amor o meu consolo, conforme a tua promessa ao teu servo. Alcance-me a tua misericórdia para que eu tenha vida, porque a tua lei é o meu prazer. Sejam humilhados os arrogantes, pois prejudicaram-me sem motivo; mas eu meditarei nos teus preceitos. Venham apoiar-me aqueles que te temem, aqueles que entendem os teus estatutos. Seja o meu coração íntegro para com os teus decretos, para que eu não seja humilhado. SALMO 119:73-80

MINHAS REFLEXÕES

O salmista diz, em sua primeira frase, que as mãos do Senhor o formaram, e, lendo todos os versos até o de número 80, percebemos que a Palavra do Senhor é que forma em nós o caráter de Jesus Cristo. O pecado deforma, e a Palavra de Deus dá forma. Quando entregamos nossa vida ao Senhor Jesus Cristo, começa a transformação, e o Senhor vai nos dando essa nova forma por meio da instrução de Sua Palavra e do agir do Espírito Santo em nós. O que o está deformando que o Senhor pode transformar hoje?

Os processos pelos quais atravessamos para que tenhamos uma nova forma são dolorosos, mas o Senhor dispõe de consolo e encorajamento. Ele renova a nossa esperança nas etapas cruciais. Na aflição, Ele alivia a dor, e na perseguição Ele nos defende. Entregue-se sem reservas ao processo de transformação e permita que Deus cuide de você em cada etapa. Ele enxugará suas lágrimas e estará ao seu lado em todo o momento, e você se alegrará quando vir cumprido em você o propósito de Deus. Depois de muitas lágrimas e muita transpiração, você será inspiração para muitos.

12 DE OUTUBRO

ARMAS E ARMADILHAS

Estou quase desfalecido, aguardando a tua salvação, mas na tua palavra coloquei a esperança. Os meus olhos fraquejam de tanto esperar pela tua promessa, e pergunto: "Quando me consolarás?" Embora eu seja como uma vasilha inútil, não me esqueço dos teus decretos. Até quando o teu servo deverá esperar para que castigues os meus perseguidores? Cavaram uma armadilha contra mim os arrogantes, os que não seguem a tua lei. Todos os teus mandamentos merecem confiança; ajuda-me, pois sou perseguido com mentiras. Quase acabaram com a minha vida na terra, mas não abandonei os teus preceitos. Preserva a minha vida pelo teu amor, e obedecerei aos estatutos que decretaste.

SALMO 119:81-88

A vida de um cristão é uma morte para o pecado — "Nós, os que morremos para o pecado, como podemos continuar vivendo nele?" (ROMANOS 6:2). O que precisa falecer e o que não pode desfalecer? Sempre haverá mais motivos para falecermos para o pecado do que desfalecermos diante da graça salvadora de Jesus Cristo. Em quase todas as estrofes até aqui, o poeta ressalta que a sua esperança estava firmada na Palavra do Senhor.

É possível que, ao longo da jornada, pessoas más preparem armadilhas contra você, e isso requer sabedoria para lidar com as emboscadas sem ser aprisionado. Há também as astutas ciladas do inimigo, e para estas se faz necessário discernimento e enfrentamento para desarmá-las com as armas espirituais que Deus proveu a nós. E há também as armadilhas que nós mesmos armamos contra nós. Estas estão dentro de nós e são muito perigosas. Em quais armadilhas você já esteve preso? E como a Palavra de Deus pode ajudá-lo hoje a se libertar delas? Deus tem poder para salvar e libertar você, e a Sua Palavra é a verdade que liberta! Cresça na verdade, e as armadilhas serão cada vez menos capazes de prendê-lo.

MINHAS REFLEXÕES

ELIANDRO VIANA

13 DE OUTUBRO

DEUS SUSTENTA NOSSA ÓRBITA

A tua palavra, Senhor para sempre está firmada nos céus. A tua fidelidade é constante por todas as gerações; estabeleceste a terra, que firme subsiste. Conforme as tuas ordens, tudo permanece até hoje, pois não há nada que não esteja a teu serviço. Se a tua lei não fosse o meu prazer, o sofrimento já me teria destruído. Jamais me esquecerei dos teus preceitos, pois é por meio deles que preservas a minha vida. Salva-me, pois a ti pertenço e busco os teus preceitos! Os ímpios estão à espera para destruir-me, mas eu considero os teus testemunhos. Tenho constatado que toda perfeição tem limite; mas não há limite para o teu mandamento. SALMO 119:89-96

MINHAS REFLEXÕES

A palavra do Senhor está firmada nos Céus e, à medida que você se enche dela, vai se firmando sobre a Terra. Uma vida firmada nele não se abala. Uma vida firmada no propósito de Deus sabe para onde está indo. Uma vida firmada na Sua verdade rejeita toda mentira. É a Palavra do Senhor que dá firmeza e estrutura à nossa vida. Nesse recorte, o poeta diz que, se não fosse o fato de a estrutura da sua vida estar firmada na Palavra de Deus, já teria sido destruído pelo sofrimento. É a Palavra de Deus que nos sustenta para não desistirmos na hora da dificuldade. O Céu se encontra com a Terra quando você abre o seu coração para a Palavra de Deus! O toque poderoso da revelação de Deus, por meio de Sua Palavra, traz a paz que você precisa para viver os seus dias mais desafiadores.

Por sua intuição, o poeta declara que a Terra e tudo que existe foram estabelecidos pelo Senhor e permanecem obedientes ao Seu propósito original. O Senhor, que sustenta a órbita dos planetas, é aquele que mantém firme nossa vida. Se Ele firmou o planeta Terra em sua órbita e ele permanece até hoje conforme Deus estabeleceu, pode confiar que o Senhor sustenta cada movimento da sua vida.

14 DE OUTUBRO

UMA VIDA EXPANDIDA, UMA VIDA SEM MEDIDA

Como eu amo a tua lei! Medito nela o dia inteiro. Os teus mandamentos me tornam mais sábio que os meus inimigos, porquanto estão sempre comigo. Tenho mais discernimento que todos os meus mestres, pois medito nos teus testemunhos. Tenho mais entendimento que os anciãos, pois obedeço aos teus preceitos. Afasto os pés de todo caminho mau para obedecer à tua palavra. Não me afasto das tuas ordenanças, pois tu mesmo me ensinas. Como são doces para o meu paladar as tuas palavras! Mais do que o mel para a minha boca! Ganho entendimento por meio dos teus preceitos; por isso odeio todo caminho de falsidade. SALMO 119:97-104

O poeta começa sua nova estrofe com uma ardente declaração de amor. Deus vai conquistando o salmista a cada nova experiência que ele tem com as Escrituras. O santo despertamento, a cada leitura, vai ampliando sua reverência e desejo ardente de obedecer e honrar o Senhor. Na "sala de aula" da vida, a matéria que o poeta mais gostava era a Palavra do Senhor, e o método de que ele se valia para sobrepujar seus mestres era a meditação nas Escrituras. Sendo assim, amando a Palavra, estudando e meditando nela, ele encontrava o caminho da sabedoria para seu viver diário.

À medida que a sua leitura e estudo da palavra de Deus cresce, você também cresce. Conforme que você vai descobrindo a revelação em cada frase que você lê das Escrituras, você amplia seu amor pelo Senhor. À medida que você reflete e expande seu conhecimento na Palavra de Deus, você tem mais clareza da rota que Ele traçou para sua jornada. À proporção que você se alimenta da doçura da Palavra, sua vida também se torna mais doce. A medida de uma vida cheia da Palavra de Deus é viver uma vida sem medida!

MINHAS REFLEXÕES

ELIANDRO VIANA

LUZ QUE CLAREIA O MEU CAMINHO

A tua palavra é lâmpada que ilumina os meus passos e luz que clareia o meu caminho. Prometi sob juramento e o cumprirei: vou obedecer às tuas justas ordenanças. Passei por muito sofrimento; preserva, Senhor, a minha vida, conforme a tua promessa. Aceita, Senhor, a minha oferta de louvor dos meus lábios, e ensina-me as tuas ordenanças. A minha vida está sempre em perigo, mas não me esqueço da tua lei. Os ímpios prepararam uma armadilha contra mim, mas não me desviei dos teus preceitos. Os teus testemunhos são a minha herança permanente; são a alegria do meu coração. Dispus o meu coração para cumprir os teus decretos até o fim. SALMO 119:105-112

MINHAS REFLEXÕES

Chegamos num dos recortes mais conhecidos deste salmo, e, na minha opinião, o verso 105 é um dos mais lindos de toda poesia. Só precisa de luz quem anda no escuro, portanto sabemos que a vida sem Deus é escuridão. A Palavra de Deus é a revelação que lança um facho de luz sobre nossa jornada de trevas. Só assim enxergamos o caminho e começamos a andar nele.

Andar no escuro é certeza de que tropeçaremos em algum momento e também atropelaremos pessoas pelo caminho. A vida sem Deus é toda uma sucessão de feridas causadas pelos tombos. Os relacionamentos sem a luz da Palavra de Deus são também uma sucessão de choques e atropelamentos, às vezes com alguns arranhões, outras com feridas graves no coração. No escuro vamos caindo nos buracos, batendo de frente com os obstáculos e atropelando pessoas. Quando a luz clareia, encontramos o rumo certo; quando a lâmpada se acende, enxergamos as pessoas a partir da luz que nelas reflete. O caminhar fica mais seguro e os relacionamentos assertivos. E isso não é fruto nosso, mas é resultado da luz que nos clareou e que agora nos conduz. Definitivamente ande na luz, tenha a paz e a alegria encontradas em Jesus.

CUIDADO COM AS MÁS INFLUÊNCIAS

Odeio os que são inconstantes, mas amo a tua lei. Tu és o meu abrigo e o meu escudo; e na tua palavra coloquei a minha esperança. Afastem-se de mim os que praticam o mal! Quero obedecer aos mandamentos do meu Deus! Sustenta-me, segundo a tua promessa, e eu viverei; não permitas que se frustrem as minhas esperanças. Ampara-me, e estarei seguro; sempre estarei atento aos teus decretos. Tu rejeitas todos os que se desviam dos teus decretos, pois os seus planos enganosos são inúteis. Tu destróis como refugo todos os ímpios da terra; por isso amo os teus testemunhos. O meu corpo estremece diante de ti; as tuas ordenanças enchem-me de temor.
SALMO 119:113-120

Alguns estudiosos dizem que nós somos a média das cinco pessoas com as quais nos relacionamos e que nos influenciam diretamente. Vale a pena pensar nisso e ver como sua vida está sendo edificada a partir dos seus relacionamentos mais próximos. O salmista tinha bem claro que devia se afastar de pessoas que estavam fora do caminho da Palavra de Deus. Ele não convivia bem com a hipocrisia, muito menos com quem praticava o mal. Quando más companhias ocupam espaço na agenda, elas ofuscam o brilho de uma vida de comunhão com Deus. Essas influências tendenciosas ao mal destroem a piedade e o temor com seus gracejos indecentes e vão aos poucos violando a sensibilidade da consciência. É um caminho escorregadio, uma armadilha satânica para destruir a beleza da vida cristã.

À medida que uma pessoa tolera o pecado, abre sutilmente uma fresta para que aquela prática volte a dominá-la. É melhor ser radical e fechar a porta para o pecado do que ser imoral abrindo concessões que acabam por destruir a comunhão com Deus.

MINHAS REFLEXÕES

ELIANDRO VIANA

GARANTIA DE BEM-ESTAR

Tenho vivido com justiça e retidão; não me abandones nas mãos dos meus opressores. Garante o bem-estar do teu servo; não permitas que os arrogantes me oprimam. Os meus olhos fraquejam, aguardando a tua salvação e o cumprimento da tua justiça. Trata o teu servo conforme o teu amor leal e ensina-me os teus decretos. Sou teu servo; dá-me discernimento para compreender os teus testemunhos. Já é tempo de agires, SENHOR, pois a tua lei está sendo desrespeitada. Eu amo os teus mandamentos mais do que o ouro, mais do que o ouro puro. Por isso considero justos os teus preceitos e odeio todo caminho de falsidade. SALMO 119:121-128

MINHAS REFLEXÕES

O salmista faz, nesse recorte, um clamor ao Senhor; ele se sente numa prisão de opressão e verbaliza sua necessidade de livramento. Ele pede a Deus que lhe garanta o seu bem-estar. Todos buscamos o bem-estar pessoal e da família, e o que o poeta bíblico nos aponta é que a garantia desse bem-estar não está em nossas mãos, mas nas mãos do Senhor. O mal-estar da vida, seus dilemas e desafios, suas angústias e desgastes empurram as pessoas para fantasias que prometem um bem-estar passageiro e, por fim, pessoas acabam aprisionadas e em situações piores. A busca pelo bem-estar é legítima, mas, a fonte que supre e garante o nosso bem-estar é o Senhor. Ele trata da raiz de todo mal-estar — que está instalado na alma —, perdoa nossos pecados e nos concede uma vida leve, livre e limpa de todo o mal-estar causado pelo pecado.

Quando o salmista pede para o Senhor garantir seu bem-estar, ele usa a expressão: "Garante o bem-estar do teu servo..." (v.122). Isso nos ensina muito — a garantia do que ele clama está condicionada a sua posição de servo. Não é um bem-estar que tem ele como centro, mas condicionado à vontade de seu Senhor. Ele repete mais adiante reafirmando "teu servo" (vv.124,125), ao falar de si mesmo com o Senhor. Este é nosso melhor título: servo ou serva do nosso Deus. Ele garante nosso bem-estar hoje e sempre!

18 DE OUTUBRO

LIBERDADE E RESPONSABILIDADE

Os teus testemunhos são maravilhosos; por isso lhes obedeço. A explicação das tuas palavras ilumina e dá discernimento aos inexperientes. Abro a boca e suspiro, ansiando por teus mandamentos. Volta-te para mim e tem misericórdia de mim, como sempre fazes aos que amam o teu nome. Dirige os meus passos, conforme a tua palavra; não permitas que nenhum pecado me domine. Resgata-me da opressão dos homens, para que eu obedeça aos teus preceitos. Faze o teu rosto resplandecer sobre o teu servo, e ensina-me os teus decretos. Rios de lágrimas correm dos meus olhos, porque a tua lei não é obedecida.
SALMO 119:129-136

O amor pela Palavra de Deus é algo latente na vida do salmista. Ele enaltece o valor da Palavra, mostra seu profundo afeto por ela, pede a Deus que lhe dê a graça para guardá-la e chora por aqueles que não têm nenhum compromisso, amor, muito menos obedeçam à Palavra de Deus.

No verso 133, o salmista está pedindo direção do Senhor para sua vida. Ele deseja andar de acordo com a Palavra de Deus e termina o verso com uma expressão peculiar: "Não permita que nenhum pecado me domine". Com uma oração, ele pede ao Senhor que tire as garras do pecado de sobre a sua vida. Tudo que ele não quer é ser preso e dominado pelo pecado. Isso me faz lembrar o texto do apóstolo Paulo que diz: "'Tudo me é permitido', mas nem tudo convém. 'Tudo me é permitido', mas eu não deixarei que nada domine" (1 CORÍNTIOS 6:12). Paulo está falando da nossa responsabilidade em usar a liberdade. Somos livres em Cristo para viver uma vida plena, contudo não podemos permitir que o pecado coloque novamente suas algemas em nós e nos faça seu escravo. Não submeta sua vida a nada que a domine e aprisione. Viva uma vida na Palavra, seja verdadeiramente livre e desfrute dessa liberdade com responsabilidade.

MINHAS REFLEXÕES

ELIANDRO VIANA

O ZELO DO SENHOR

Justo és, Senhor, e retas são as tuas ordenanças. Ordenaste os teus testemunhos com justiça; dignos são de inteira confiança! O meu zelo me consome, pois os meus adversários se esquecem das tuas palavras. A tua promessa foi plenamente comprovada, e, por isso, o teu servo a ama. Sou pequeno e desprezado, mas não esqueço os teus preceitos. A tua justiça é eterna, e a tua lei é a verdade. Tribulação e angústia me atingiram, mas os teus mandamentos são o meu prazer. Os teus testemunhos são eternamente justos, dá-me discernimento para que eu tenha vida. SALMO 119:137-144

MINHAS REFLEXÕES

O nosso Deus é zeloso. Essa verdade rega com confiança o nosso coração em cada etapa da jornada. Ele zela para fazer cumprir em nós Seu bom propósito. Ele zela por fazer cumprir Suas promessas. Esse cuidado afetuoso, essa afeição viva e ardente do Senhor por nós vai se revelando e gerando em nós o zelo pela nossa vida espiritual. Tudo que você priorizar crescerá e frutificará. E isso se aplica à vida espiritual — se você priorizar seu relacionamento com Deus e fizer isso de fora zelosa, ela será vigorosa, fervorosa e contagiante.

Assim como minha convicção de que o Sol enfrenta os dias nublados e chuvosos, mas com certeza logo voltará a brilhar, de igual forma devemos enfrentar os dias mais difíceis e escuros, confiando no Sol da Justiça, que é o Senhor, e sabendo que Ele sempre brilhará. A vida eterna e as verdades eternas nos guiam pelos dias mais incertos na jornada nesta Terra. Nós somos, sim, pequenos e fracos, mas estamos nas mãos de um Deus grande e forte que zela por nós, por isso podemos descansar o nosso coração e confiar sempre.

20 DE OUTUBRO

O PODER DE ESTAR A SÓS COM DEUS

Eu clamo de todo o coração; responde-me, Senhor, e obedecerei aos teus testemunhos! Clamo a ti; salva-me, e obedecerei aos teus estatutos! Antes do amanhecer me levanto e suplico o teu socorro; na tua palavra coloquei a minha esperança. Fico acordado nas vigílias da noite, para meditar nas tuas promessas. Ouve a minha voz pelo teu amor leal; faze-me viver, Senhor, conforme as tuas ordenanças. Os meus perseguidores aproximam-se com más intenções; mas estão distantes da tua lei. Tu, porém, Senhor, estás perto e todos os teus mandamentos são verdadeiros. Há muito aprendi dos teus testemunhos que os estabeleceste para sempre.
SALMO 119:145-152

O salmista tem uma lição para a nossa inspiração: indica-nos um lugar de quietude para que nossa alma encontre sossego. Ele fala da madruga e das vigílias da noite como um momento de tranquilidade e sem barulho para roubar nossa atenção. Ali, somos só nós e Ele; uma iniciativa corajosa de estar a sós com Deus, falar com Ele e ouvi-lo. É uma atitude ousada de separar um tempo no qual não há interferência para nos atrapalhar. Não há mágica, apenas exclusividade no tempo com Deus. E nesse tempo, quando as águas das emoções não estão agitadas, quando a mente está tranquila e as vozes caladas, tudo é apropriado para as profundas experiências com Deus. Podemos assim absorver melhor os nutrientes vitais da Sua Palavra e desfrutar com prazer do relacionamento por meio da oração.

Nos momentos tranquilos e exclusivos com Deus, somos edificados na sabedoria, o discernimento é apurado, os medos vencidos e a direção clarificada. Deus varre a nossa alma, tira toda a sujeira e o que a contamina, fazendo uma completa faxina. Ele faz brilhar o nosso olhar e nos capacita a continuar. Reafirma a Sua aliança e renova a nossa esperança. Ratifica a Sua fidelidade e fortalece a nossa amizade. Pega em nossas mãos, aquece de amor o nosso coração e nos envia a cumprir a nossa missão.

MINHAS REFLEXÕES

ELIANDRO VIANA

A COMPAIXÃO E O AMOR LEAL

Olha para o meu sofrimento e livra-me, pois não me esqueço da tua lei. Defende a minha causa e resgata-me; preserva a minha vida conforme a tua promessa. A salvação está longe dos ímpios, pois eles não buscam os teus decretos. Grande é a tua compaixão, Senhor; preserva a minha vida conforme as tuas leis. Muitos são os meus adversários e os meus perseguidores, mas eu não me desvio dos teus estatutos. Com grande desgosto vejo os infiéis, que não obedecem à tua palavra. Vê como amo os teus preceitos! Dá-me vida, segundo o teu amor leal. A verdade é a essência da tua palavra, e todas as tuas justas ordenanças são eternas.

SALMO 119:153-160

MINHAS REFLEXÕES

O salmista afirma que grande é a compaixão do Senhor (v.156). O ser humano tem uma doença e uma dor incuráveis. A doença é o pecado, e a dor são suas consequências desumanas que levam à morte. Deus é o médico compassivo que aplicou Seu remédio para curar definitivamente a doença e a dor. O que move o Médico dos médicos é uma grande compaixão, que, por sua vez, levou-o a entregar o Seu próprio Filho, o qual enfrentou toda a paixão e dor para nos resgatar das trevas, do pecado e da morte. O salmista também fala do amor leal que resgata o desleal. A expressão mais ardente desse amor foi a obra de Cristo na cruz — o amor leal que perdoa e redime o desleal pecador. Do amor leal flui vida sem igual, emana alegria triunfal e advém paz divinal.

Firme seus passos na estrada do amor, da verdade e da lealdade e deixe que Deus tome conta da sua vida e de todas as circunstâncias variáveis que lhe incomodam. Não gaste energia olhando para os lados e dispensando sua atenção aos infiéis, que rejeitam o amor de Deus. Siga firme na sua jornada amando o Senhor, amando a Sua Palavra e amando obedecê-la.

22 DE OUTUBRO

AFINAÇÃO DO INSTRUMENTO

Os poderosos perseguem-me sem motivo, mas é diante da tua palavra que o meu coração treme. Eu me regozijo na tua promessa como alguém que encontra grandes despojos. Odeio e detesto a falsidade, mas amo a tua lei. Sete vezes por dia eu te louvo por causa das tuas justas ordenanças. Os que amam a tua lei desfrutam paz, e nada há que os faça tropeçar. Aguardo a tua salvação, SENHOR, e pratico os teus mandamentos. Obedeço aos teus testemunhos; amo-os infinitamente! Obedeço a todos os teus preceitos e testemunhos, pois conheces todos os meus caminhos.

SALMO 119:161-168

As cordas de um violão vibram ao toque do músico, os dedos apertam as cordas nas posições corretas e o som segue a afinação das notas pretendidas. O salmista diz que seu coração tremia diante da Palavra do Senhor (v.161). Sai música da nossa vida quando recebemos o toque do Senhor que faz tremer nosso coração e nossa alma. Os Seus apertos dão afinação, e a melodia segue o que agrada os Seus ouvidos. A cada toque uma nova experiência, a cada aperto um novo aprendizado, e assim a nossa vida vai louvando a Ele. No temor e tremor, nossa vida se torna um louvor.

Uma vida desafinada toca melodias que desonram a Deus. A cada etapa do Salmo 119, o autor mostra seu aborrecimento com a música desafinada que soava a partir da vida pecaminosa dos infiéis. Em contrapartida, a cada estrofe, o salmista busca, com todo o seu coração, uma vida afinada pela Palavra de Deus. Assim como um bom músico tem todo o cuidado para afinar seu instrumento, o Senhor está pronto para afinar a nossa vida de modo que sejamos aperfeiçoados nele. Busque hoje, com todo o seu coração, a afinação necessária para ser um instrumento que glorifique ao Senhor.

MINHAS REFLEXÕES

ELIANDRO VIANA

23 DE OUTUBRO

OS INSISTENTES CONSELHOS

Chegue à tua presença o meu clamor, SENHOR! Dá-me entendimento conforme a tua palavra. Chegue a ti a minha súplica. Livra-me, conforme a tua promessa. Meus lábios transbordarão de louvor, pois me ensinas os teus decretos. A minha língua cantará a tua palavra, pois todos os teus mandamentos são justos. Com tua mão vem ajudar-me, pois escolhi os teus preceitos. Anseio pela tua salvação, SENHOR, e a tua lei é o meu prazer. Permite-me viver para que eu te louve; e que as tuas ordenanças me sustentem. Andei vagando como ovelha perdida; vem em busca do teu servo, pois não me esqueci dos teus mandamentos.
SALMO 119:169-176

MINHAS REFLEXÕES

Chegamos hoje à última estrofe do Salmo 119. Foi uma jornada generosa de declarações de amor pela Palavra de Deus. O desejo ardente do poeta por aplicar em sua vida os princípios da Palavra insistiram conosco, a cada etapa, em fazer o mesmo e receber as recompensas. Seu coração aberto, sensível e dependente do Senhor também nos encorajou a seguir seus passos na edificação de uma vida espiritual saudável e frutífera.

Em sua última estrofe, ele nos lembra de nutrir uma vida de oração e um coração confiante nas promessas do Senhor. Ele também nos convida a transbordar adoração em louvor ao Senhor diariamente por todas as expressões de cuidado e amor que Ele tem para conosco. Insiste para que o nosso coração esteja apegado, apaixonado e comprometido com a Palavra de Deus. Assim sendo, as adversidades serão apenas processos de aprendizado e amadurecimento que nos aproximarão ainda mais do Senhor e nos acrescentarão sabedoria para viver e repartir tudo que aprendemos na jornada com Ele.

24 DE OUTUBRO

CANÇÃO DOS PEREGRINOS

Eu clamo pelo Senhor na minha angústia, e ele me responde. Senhor, livra-me dos lábios mentirosos e da língua traiçoeira! O que ele lhe dará? Como lhe retribuirá, ó língua enganadora? Ele a castigará com flechas afiadas de guerreiro, com brasas incandescentes de sândalo. Ai de mim que vivo como estrangeiro em Meseque, que habito entre as tendas de Quedar! Tenho vivido tempo demais entre os que odeiam a paz. Sou um homem de paz; mas, ainda que eu fale de paz, eles só falam de guerra. SALMO 120:1-7

Depois de encerrarmos a jornada pelo Salmo 119, agora entramos em um conjunto de pequenos salmos do mesmo autor e, da mesma forma, repletos de riqueza da inspiração bíblica em forma de poesia. Este é o primeiro de uma coletânea de pequeninas canções dos peregrinos, com conteúdo que estimula a esperança, que está repleto de orações e suscita gratidão e louvor ao Senhor.

Três elementos fazem parte da jornada dos peregrinos: o primeiro são as aflições que os atingem, inquietam profundamente a alma e os impulsionam a ir até a presença de Deus. Eles cantam seu lamento. O segundo elemento é a oração. Em cada canção, o coração do autor se derrama em clamor, apresentando a Deus seus pedidos. Os peregrinos cantam suas orações. E o terceiro elemento é a resposta e o favor de Deus. Celebra-se o livramento e a salvação que vêm como manifestação e intervenção do amor, do cuidado e do poder de Deus. Eles cantam em gratidão ao Senhor pelos Seus grandes feitos. Sigamos a ordem litúrgica do poeta. Em face das aflições, apresentemos ao Senhor nossas petições e, mediante o favor de Deus, levemos a vida a cantar louvores e a exaltar o Senhor, que nos salva e nos faz viver em paz.

MINHAS REFLEXÕES

ELIANDRO VIANA

25 DE OUTUBRO

ELEVE OS SEUS OLHOS

Levanto os meus olhos para os montes e pergunto:
De onde me vem o socorro?
O meu socorro vem do SENHOR, que fez os céus e a terra.

SALMO 121:1,2

MINHAS REFLEXÕES

Esse salmo, pela repetição da palavra "guardar", é considerado o salmo dedicado ao Guarda de Israel. Na jornada da peregrinação, principalmente diante das situações mais vulneráveis, o povo de Deus contava e cantava com a segurança e a proteção do Senhor. Crendo na Sua proteção ao longo da jornada e a cada acampamento, eles seguiam mais tranquilos e confiantes.

É possível que você já tenha ouvido falar que os olhos são as janelas da alma. No texto de Lucas 11:34, Jesus diz: "Os olhos são a candeia do corpo. Quando os seus olhos forem bons, igualmente todo o seu corpo estará cheio de luz. Mas quando forem maus, igualmente o seu corpo estará cheio de trevas". Seus olhos iluminam ou escurecem sua vida. A direção para a qual você olha determina a fonte da sua esperança. Diante das situações de perigo, é importante abrir as janelas da nossa alma na direção do Senhor, pois Ele pode abrir as comportas do Céu e derramar sobre nós a Sua proteção e providência. Em qual direção você está olhando? Não olhe para a direção errada esperando receber ajuda! Eleve os seus olhos, eleve sua vida aos cuidados do Senhor! Dos altos céus vem o seu socorro!

26 DE OUTUBRO

NOSSO PROTETOR

Ele não permitirá que você tropece; o seu protetor se manterá alerta, sim, o protetor de Israel não dormirá, ele está sempre alerta! O SENHOR é o seu protetor; como sombra que o protege, ele está à sua direita. De dia o sol não o ferirá, nem a lua, de noite. O SENHOR o protegerá de todo o mal, protegerá a sua vida. O SENHOR protegerá a sua saída e a sua chegada, desde agora e para sempre.

SALMO 121:3-8

O poeta, inspirado pelo Espírito Santo, está comprometido a varrer da nossa vida qualquer nível de desconfiança a respeito do cuidado e da proteção do Senhor. Ele é incisivo em rebater o pensamento equivocado de pessoas que, em sua falta de fé, acham que Deus está dormindo em Seu posto, descuidado e desamparando os Seus filhos. Deus jamais ficará indiferente às necessidades de Seus filhos.

Pela natureza corrompida que carregamos, nós é que temos a tendência de não vigiar e, de forma desatenta, negligenciarmos o que é importante e em algumas circunstâncias até sermos indiferentes e insensíveis. Já o nosso Deus está alerta. Ele guarda os nossos pés para não tropeçarmos durante a jornada. Aliás o salmista diz que Ele está a nossa direita, como um companheiro fiel na caminhada. Noite e dia o Senhor está conosco, nas idas e vindas, nos inícios e nas conclusões dos ciclos da nossa vida; Ele confirma Sua aliança conosco. O Senhor está ao nosso lado para nos guiar, proteger e guardar, hoje, amanhã e sempre.

MINHAS REFLEXÕES

ELIANDRO VIANA

27 DE OUTUBRO

ALEGRIA CELESTIAL

Alegrei-me com os que me disseram: "Vamos à casa do SENHOR!"
Nossos pés já se encontram dentro de suas portas, ó Jerusalém!
Jerusalém está construída como cidade firmemente estabelecida.

SALMO 122:1-3

MINHAS REFLEXÕES

Este é o coro da melodia de alegria que os peregrinos entoavam quando estavam às portas de Jerusalém. Davi pede licença em sua poesia para cantar sobre uma Jerusalém que estava edificada em seu imaginário profético e que remetia à celestial cidade de Deus. A distância percorrida podia ter sido muito longa, mas a alegria de estar na presença de Deus era tamanha que o cansaço já não fustigava mais o corpo, e a alma jubilosa dos peregrinos engradecia ao Senhor.

Renove hoje sua alegria de estar na presença de Deus. Que seu coração pule de alegria dentro de você nos momentos preciosos de comunhão com Ele. Que a alegria o contagie e, nos lugares onde você passar, as pessoas vejam em seu rosto a alegria de alguém que anda com Deus e tem prazer em tudo que diz respeito a Ele. Renove também sua alegria de estar em comunhão, seja em um pequeno grupo ou em um grande ajuntamento de discípulos para louvar e bendizer o Senhor. A alegria passageira deste mundo ficará acanhada ao ver a porção generosa da alegria celestial que você carrega em seu coração, em sua alma e em seu rosto. Amém.

28 DE OUTUBRO

IDENTIDADE CELESTIAL

Para lá sobem as tribos do Senhor, para dar graças ao Senhor, conforme o mandamento dado a Israel. Lá estão os tribunais de justiça, os tribunais da casa real de Davi. Orem pela paz de Jerusalém: "Vivam em segurança aqueles que te amam! Haja paz dentro dos teus muros e segurança nas tuas cidadelas!" Em favor de meus irmãos e amigos, direi: "Paz seja com você!" Em favor da casa do Senhor, nosso Deus, buscarei o seu bem.

SALMO 122:4-9

A identidade da nação de Israel estava ligada à cidade de Jerusalém e também ao culto de adoração ao Senhor. Ser um israelita era sinônimo de amar Jerusalém e adorar ao Deus único e verdadeiro. Da mesma forma nós somos o povo de Deus e nos regozijamos na Sua presença. Nossa identidade de filhos de Deus é construída na revelação de Seu plano de amor em Jesus Cristo e na instrução de Sua Palavra. Buscamos em Sua Palavra a direção, o consolo e a disciplina para uma vida reta. Cremos na manifestação do Seu poder para nos guardar e livrar. Clamamos para que haja paz dentro de nós e desde os círculos de relacionamentos mais próximos até as dimensões globais sejam alcançados pela paz.

Tenha passos firmes no caminho dirigido pela Palavra de Deus. Carregue em seu olhar a serena paz que vem do alto. Transmita em seu semblante uma alegria indizível que revele a glória do Senhor. Leve em suas mãos a prontidão em acolher e servir o próximo. Mantenha em seu peito um coração dilatado de amor pelo Senhor Jesus.

MINHAS REFLEXÕES

29 DE OUTUBRO

UM OLHAR

Para ti levanto os meus olhos, a ti, que ocupas o teu trono nos céus. Assim como os olhos dos servos estão atentos à mão de seu senhor, e como os olhos das servas estão atentos à mão de sua senhora, também os nossos olhos estão atentos ao Senhor, ao nosso Deus, esperando que ele tenha misericórdia de nós. Misericórdia, Senhor! Tem misericórdia de nós! Já estamos cansados de tanto desprezo. Estamos cansados de tanta zombaria dos orgulhosos e do desprezo dos arrogantes.

SALMO 123:1-4

MINHAS REFLEXÕES

Depois de alguns cânticos chamados de degraus, agora o olhar do poeta alcança o ponto mais alto: a visão do trono de Deus. A majestade de Deus ocupa toda a atenção dos olhos da face e do coração do salmista. Ele está capturado pela visão mais sublime a ser contemplada. Bem acima de tudo que é da Terra, do humano, do físico, bem acima de toda a geografia, bem acima de toda arquitetura, bem mais acima, lá os olhos do autor descansam na imensidão da grandeza de Deus. Ao contemplar o trono do Rei dos reis, não resta outra coisa a não ser se sujeitar ao Seu senhorio, portar-se humildemente como servo fiel e clamar por Sua misericórdia e Seu favor. O salmista, que sofria com os ataques de pessoas com olhos altivos, agora está com os olhos no lugar mais alto e suplica ao Senhor por Sua intervenção e cuidado.

Ou nossos olhos contemplam a majestade de Deus e encontram paz, ou eles ficam postos sobre as mazelas desta vida, e então somos tomados por desalento. Ou nossos olhos contemplam o Senhor no trono, ou ficarão temerosos contemplando as injustiças e achando que tudo está perdido. Quando nossos olhos contemplam o Senhor, logo percebemos Sua graça manifesta em forma de poderosas intervenções para nos salvar, proteger e guardar.

30 DE OUTUBRO

O SENHOR DO NOSSO LADO

*Se o Senhor não estivesse do nosso lado; que Israel o repita:
Se o Senhor não estivesse do nosso lado
quando os inimigos nos atacaram, eles já nos teriam engolido vivos,
quando se enfureceram contra nós...*
SALMO 124:1-4

Nesse salmo, o poeta está abismado por ver a fúria dos seus inimigos e mais ainda por ver o poderoso livramento do Senhor. Os inimigos são retratados como bestas-feras enfurecidas que atacam com fome de engolir vivas suas presas. Isso me faz lembrar o texto de 1 Pedro 5:8 que diz: "Sejam sóbrios e vigiem. O diabo, o inimigo de vocês, anda ao redor como leão, rugindo e procurando a quem possa devorar". E há também pessoas que são como predadores cujo prazer é devorar aqueles que representam alguma ameaça ou simplesmente estão em seu caminho. Mas Deus nos guarda do leão e dos leõezinhos.

Você não pretende ser devorado por ninguém, certo? Então ande com o Senhor ao seu lado. Não é o barulho de uma ovelha que espanta o lobo, mas a presença do pastor. Seu barulho, suas armas, suas defesas são inúteis diante da fúria do inimigo para matar, roubar e destruir, mas o Senhor nem se preocupa com isso. Ele simplesmente promete cuidar de você e lhe dar vida, e vida em abundância. Ande protegido, ande com o Senhor ao seu lado.

MINHAS REFLEXÕES

ELIANDRO VIANA

O SENHOR DO NOSSO LADO

...as águas nos teriam arrastado e as torrentes nos teriam afogado;
sim, as águas violentas nos teriam afogado!
Bendito seja o SENHOR, que não nos entregou para sermos dilacerados
pelos dentes deles. Como um pássaro escapamos
da armadilha do caçador; a armadilha foi quebrada, e nós escapamos.
O nosso socorro está no nome do SENHOR, que fez os céus e a terra.
SALMO 124:4-8

MINHAS REFLEXÕES

Depois de usar a metáfora de uma besta-fera que ataca sua presa, nesse recorte o salmista fala de uma onda com uma forte correnteza que vem para afogá-lo. De fato, uma forte enxurrada de toda sujeira do pecado vem contra os filhos de Deus para afastá-los do caminho do Senhor e contaminar suas vidas com as mazelas da perdição. A enxurrada do pecado é uma água cheia de violência que não respeita os limites estabelecidos por Deus e quer arrastar todos para os imundos e fétidos bueiros de uma vida aprisionada. Contudo, o Senhor, que estava ao lado do salmista e está ao nosso lado, livra-nos de sermos arrastados por essa correnteza.

O poeta faz uso de mais uma metáfora: agora de um caçador que faz armadilhas para pegar sua presa. O texto diz que o alçapão do caçador foi quebrado e a presa escapou com vida (v.7). Que maravilhoso isso! O Senhor quebra as armadilhas do ardiloso caçador e nos mantém voando com as asas da liberdade que Ele mesmo nos deu. Podemos glorificar o nome do Senhor, pois nem besta-fera, nem violenta correnteza, nem as armadilhas do caçador podem nos prender ou destruir, pois o Senhor está ao nosso lado, Ele é o nosso Salvador e o nosso protetor. Aleluia!

1º DE NOVEMBRO

PERMANECER

Os que confiam no Senhor *são como o monte Sião, que não se pode abalar, mas permanece para sempre.*
SALMO 125:1

Encontrar algo duradouro é raro nos dias de hoje. Os copos são descartáveis, os celulares não funcionam plenamente por mais de três anos, as resistentes latarias dos veículos ficaram no passado, os móveis de madeira maciça que duravam por gerações são apenas relíquias na casa da vovó. Parece que a sociedade tomou gosto pelo que é passageiro, frágil e descartável. Infelizmente vemos o reflexo dessa realidade nos relacionamentos, sejam eles conjugais, de amizade ou com Deus. Em contraponto à brevidade das coisas, o salmista apresenta a chave para ser duradouro: confiar no Senhor. Nossa confiança em Deus é provada quando as adversidades se levantam. Algumas pessoas são como a poeira, facilmente levadas pelo vento. Outras são instáveis e mudam a todo momento, como as ondas do mar agitado. A pequenas árvores que suportam a chuva, mas são arrancadas pela tempestade, representam aqueles que creem em Deus, mas o abandonam quando as lutas vêm. Só permanecem para sempre, inabaláveis, como o forte monte Sião, os que confiam totalmente no Senhor.

As constantes oscilações, mudanças de direção, altos e baixos da nossa vida denunciam nosso relacionamento com Deus. Não seja inconstante; não abandone sua família, missão, sonhos, igreja por qualquer vento que sopra contra você. Deposite toda confiança no Senhor e seja inabalável, duradouro, constante e confiável. Assim como uma imponente montanha, permaneça.

MINHAS REFLEXÕES

ABNER BAHR

2 DE NOVEMBRO

CETRO QUEBRADO

O cetro dos ímpios não prevalecerá sobre a terra dada aos justos, se assim fosse, até os justos praticariam a injustiça.
SALMO 125:3

MINHAS REFLEXÕES

O cetro é um bastão curto, entalhado e ornamentado com pedras preciosas, usado pela realeza como um símbolo de poder. Aquele que empunhava o cetro em sua mão direita exercia autoridade, governo e domínio sobre os súditos e escravos. José, Daniel e Jesus são alguns exemplos bíblicos de quando o cetro dos ímpios se levantou para perseguir, prender e matar os justos. É necessário entender que não somos imunes às perseguições, pois elas sempre foram presentes na história do povo de Deus. O cetro dos descrentes, em algum momento, se levantará tentando nos intimidar e causar dano, mas o salmista afirma que ele não prevalecerá. A autoridade que prendeu e decretou a morte pensou que havia prevalecido, mas caiu por terra quando: José foi da prisão ao governo do Egito; Daniel, jogado aos leões, saiu ileso para testemunhar o livramento, e Jesus, crucificado e morto, ao terceiro dia ressuscitou.

Em nossa vida, o cetro do ímpio pode se apresentar de várias formas: professores, chefes, policiais, políticos, juízes e mais uma vasta lista de pessoas; basta avaliar quem exerce autoridade sobre nós. É inevitável, em nossa vida cotidiana, sujeitarmo-nos à autoridade dos ímpios, e inclusive devemos respeitá-la. Mas, se porventura o cetro inflamar injustiça e perseguição contra você, saiba que o justo Juiz agirá em seu favor. Isaías diz: "O Senhor quebrou a vara dos ímpios, o cetro dos governantes" (14:5). Deus fará justiça, e o cetro, quebrado, não prevalecerá.

3 DE NOVEMBRO

BOAS MEMÓRIAS

Quando o S‌ENHOR trouxe os cativos de volta a Sião, foi como um sonho. Então a nossa boca encheu-se de riso, e a nossa língua de cantos de alegria. Até nas outras nações se dizia: "O S‌ENHOR fez coisas grandiosas por este povo". Sim, coisas grandiosas fez o S‌ENHOR por nós, por isso estamos alegres.

SALMO 126:1-3

Esse salmo é um cântico entoado pelos peregrinos judeus no decorrer de sua jornada. Desconhecemos a melodia, mas a letra expressa grande alegria, pois faz menção do livramento, proporcionado pelo Senhor, de um triste período de escravidão. Enquanto peregrinavam em liberdade, iam testemunhando que o cetro que escravizou e oprimiu não prevaleceu. Creio que não há nada mais motivador para seguir em frente em uma longa jornada do que relembrar os grandes feitos do Senhor em nosso favor. Quando somos assolados pela tristeza, solidão e desesperança, devemos relembrar todas as vezes em que fomos abençoados por nosso Deus. O profeta Jeremias declara: "Quero trazer à memória o que me pode dar esperança" (LAMENTAÇÕES 3:21 ARA). As boas memórias que temos dos milagres, livramentos, provisões e cuidado do Senhor nos impedem de perecer no meio de nossa jornada e nos enchem de esperança para continuarmos até nosso destino eterno.

No dia de hoje, traga à memória os grandes feitos do Senhor em seu favor. De quais cativeiros Deus o libertou? Quais eram as áreas da sua vida que o escravizavam? Ao entregar sua vida a Cristo, o cativeiro ficou para trás. Sua boca deve se encher de riso quando você relembra de suas experiências com Deus. Não guarde para você as boas memórias; testemunhe daquilo que Deus fez, pois assim você contagiará as pessoas ao seu redor, enchendo-as de esperança.

MINHAS REFLEXÕES

ABNER BAHR

4 DE NOVEMBRO

SEMEADURA

*Aqueles que semeiam com lágrimas, com cantos de alegria colherão.
Aquele que sai chorando enquanto lança a semente,
voltará com cantos de alegria, trazendo os seus feixes.* SALMO 126:5,6

Para colher, é necessário primeiro plantar. Essa é uma irrevogável lei da natureza. Outra lição importante da agricultura é que ninguém saboreia do fruto na mesma estação em que a semente foi lançada no solo. Existe um tempo de espera que, além do ciclo natural da planta, também depende de boas condições climáticas para gerar frutos. O tempo de semear muitas vezes é árduo, mas o que enche o coração do semeador de esperança é a colheita. Charles H. Spurgeon disse: "Nossa boca nunca será preenchida pelo riso santo se não tiver sido primeiro preenchida com a amargura". Assim como o povo de Israel pranteou antes, quando foram levados ao cativeiro, para depois celebrar a liberdade. Também ninguém se alegrará com a salvação sem que antes as lágrimas do arrependimento pelos pecados escorram pelo rosto. Toda vitória exige sacrifícios, assim como toda colheita alegre exige lágrimas durante a semeadura.

Escolha com cuidado as sementes que você lança ao solo, pois ninguém colherá aquilo que nunca foi semeado. Se suas boas sementes ainda não geraram frutos, não entristeça o coração, ainda não chegou o tempo da colheita. É Deus quem se responsabiliza por fazer brotar as sementes. As lágrimas que estão sendo derramadas no presente momento servem para regar a semente que você está plantando. No tempo oportuno, Deus providenciará uma farta colheita, e, com cantos de alegria, você poderá testemunhar os frutos gerados.

5 DE NOVEMBRO

NÃO SEJA INÚTIL

Se não for o Senhor o construtor da casa, será inútil trabalhar na construção. Se não é o Senhor que vigia a cidade, será inútil a sentinela montar guarda. Será inútil levantar cedo e dormir tarde, trabalhando arduamente por alimento. O Senhor concede o sono àqueles a quem ama. SALMO 127:1,2

É normal nos sentirmos orgulhosos de nossas conquistas. Sonhos realizados, as metas alcançadas, a promoção na empresa, a formação acadêmica, os bens adquiridos e patrimônio construído. Mas devemos tomar cuidado a quem tributamos nosso sucesso. Algumas pessoas caem no erro de pensar que conseguiram tudo sozinhas. Em Jeremias 17:5 está escrito: "Assim diz o Senhor: 'Maldito o homem que confia no homem, faz da carne mortal o seu braço e aparta o seu coração do Senhor!'". O sentimento de autossuficiência demonstra o quão tolo é o coração humano. Podemos ter habilidades para construir uma casa, mas ela ruirá se o Senhor não a edificar. Nossa residência pode ter trancas nas portas, altos muros, cães de guarda e vigilância monitorada, mas, se o Senhor não cuidar de nós, nossa família corre sérios riscos. O dinheiro pode ser abundante em nossa conta bancária, mas, se o Senhor não fizer florescer e brotar nos campos, não teremos o alimento sobre nossa mesa. Deus deve ocupar o primeiro lugar em tudo que fazemos, senão seremos inúteis e falharemos em construir, proteger e conquistar.

Vale a pena refletir se o Senhor está presente em todos os seus afazeres. Estude, trabalhe, cuide, construa, lidere, conquiste para honrar a Deus. Em cada passo que der, busque a vontade do Senhor. Assim você verá utilidade em seu propósito de vida. Caso contrário, tudo que tiver construído ou conquistado será em vão. Não seja inútil! Priorize o Senhor e deixe-o ser a essência da sua vida.

MINHAS REFLEXÕES

ABNER BAHR

FLECHAS DO GUERREIRO

Os filhos são herança do Senhor, uma recompensa que ele dá. Como flechas nas mãos do guerreiro são os filhos nascidos na juventude. Como é feliz o homem cuja aljava está cheia deles! Não será humilhado quando enfrentar seus inimigos no tribunal.
SALMO 127:3-5

A comparação entre os filhos e as flechas do guerreiro é extremamente profunda. Uma flecha, quando é lançada, tem um objetivo, um alvo a ser alcançado. Mas a flecha não consegue chegar até lá sozinha, ela depende da perícia do guerreiro. A flecha não escolhe a direção que deve ir; é o guerreiro que a direciona. Assim também os filhos não saberão que direção seguir a não ser que os pais deixem um legado, deem o exemplo e os ensinem o caminho em que devem andar. Quanto mais esticada a corda do arco, mais longe voará a flecha. Isso nos mostra que o esforço dedicado aos filhos os impulsionará a alcançar alvos mais altos. A dedicação, a atenção e o tempo de qualidade darão a eles segurança para alçar lindos voos. Como guerreiros, devemos preparar as flechas que o Senhor nos confiou para enfrentar as dificuldades no caminho para o alvo. Chuvas e tempestades no decorrer do percurso, podem mudar a direção se as flechas não estiverem bem afiadas.

Uma flecha bem lançada alcançará lugares que o guerreiro nunca esteve, mas se esforçou para que ela lá chegasse. Prepare seus filhos para serem maiores que você, não em estatura, mas em caráter. Olhe para as flechas que o Senhor colocou em sua aljava; lapide e afie para cortar o vento. Lance-as para voarem mais alto que você. Mas não os prepare apenas para o sucesso nesta Terra. Mire o Céu. Direcione seus filhos para a eternidade.

MINHAS REFLEXÕES

PROSPERIDADE

Como é feliz quem teme ao Senhor, quem anda em seus caminhos! Você comerá do fruto do seu trabalho, e será feliz e próspero.
SALMO 128:1,2

Devido à deturpação do termo prosperidade, muitos têm aversão a essa palavra. Mas precisamos compreender que a prosperidade bíblica, prometida a quem teme ao Senhor, não se assemelha ao anseio ganancioso do ser humano. A tradução que mais se aproxima de prosperidade é "ausência de necessidade", isto é, não significa ter dinheiro sobrando, mas ter o suficiente para suprir suas necessidades. A prosperidade ofertada por Deus assegura que tudo irá bem em toda nossa vida e não está limitada à área financeira. Prosperidade é viver com a consciência tranquila, ter saúde para trabalhar e ser recompensado pelo trabalho. É ter um ambiente de amor e harmonia dentro de casa. É viver alegre, independentemente das circunstâncias, pois nos alegramos no Senhor. Prosperidade é, acima de tudo, ser reconciliado com o Criador e desfrutar de um relacionamento de intimidade com o Pai. A bênção da prosperidade divina é destinada apenas àqueles que optaram por andar nos caminhos eternos.

Você é próspero? Para responder, não olhe para sua carteira, nem para a sua conta bancária, mas para a sua alma: se você tem paz ao deitar a cabeça no travesseiro, você é próspero. Olhe para sua conduta: se consegue andar pelas ruas com dignidade e cabeça erguida, você é próspero. Olhe para sua família: se existem pessoas que o amam independentemente de qualquer coisa, você é próspero. Olhe para sua vida: se você tem onde morar, o que vestir, comer e beber, suas necessidades estão supridas, então, você é próspero. Olhe para Deus: se neste momento você consegue senti-lo bem pertinho, você desfruta da prosperidade do Senhor.

MINHAS REFLEXÕES

ABNER BAHR

EM BOA COMPANHIA

Sua mulher será como videira frutífera em sua casa; seus filhos serão como brotos de oliveira ao redor da sua mesa. Assim será abençoado o homem que teme ao SENHOR!

SALMO 128:3,4

MINHAS REFLEXÕES

Logo após criar o homem e colocá-lo no Paraíso, o Senhor disse: "Não é bom que o homem esteja só; farei para ele alguém que o auxilie e lhe corresponda" (GÊNESIS 2:18). O próprio Criador reconheceu que não importa o quão bom seja o lugar onde estamos, nunca seremos plenamente felizes se não estivermos em boa companhia. Não fomos feitos para vivermos sozinhos, dependemos dos relacionamentos para subsistir. Deus, em Sua sabedoria, proporcionou a cada um de nós a melhor companhia: nossa família. Augustus W. Hare disse: "Antes da queda, o Paraíso era o lar do homem; desde a queda, o lar tem sido o seu paraíso". Para o salmista, ser abençoado é poder usufruir de mulher e filhos ao redor da mesa. Quanta riqueza e quanta simplicidade presente em uma só cena. Uma mulher frutífera age com sabedoria para ampliar as bênçãos recebidas em sua casa, enquanto os filhos, como brotos de oliveira, enchem o lar de vida.

As famílias não são perfeitas, mas são essas pessoas que Deus colocou ao nosso lado para compartilharem conosco momentos de alegrias e tristezas. São eles que nos darão força para enfrentarmos os desafios e também oferecerão consolo quando fracassarmos. Sua casa deve ser seu porto seguro, lugar de paz e descanso, um ambiente onde as suas forças se renovam. Sinta-se abençoado por Deus quando estiver no aconchego do lar em boa companhia.

9 DE NOVEMBRO

CICATRIZES

*Muitas vezes me oprimiram desde a minha juventude; que Israel o repita: muitas vezes me oprimiram desde a minha juventude, mas jamais conseguiram vencer-me. Passaram o arado em minhas costas e fizeram longos sulcos. O S*ENHOR *é justo! Ele libertou-me das algemas dos ímpios.*

SALMO 129:1-4

Todos nós já passamos por situações em nossa vida que nos marcaram. Alguns momentos ou pessoas deixaram boas marcas, mas são os machucados que geraram sofrimento que sempre estão vivos em nossa lembrança. Feridas em nossa alma são originadas por palavras maldosas, decepções, humilhação, abandono, traição e uma série de outros fatores. Como se não bastassem as dores da alma, por vezes trazemos marcas de injustiça e violência em nosso próprio corpo. A frase de Abraham Wright que diz: "Deus teve um Filho e apenas um Filho, sem pecado, mas nunca um filho sem dores" explica porque o povo de Israel, mesmo sendo povo de Deus, passou por tantas aflições. Mas o Senhor não os deixou padecer, pois trouxe a libertação e a cura para suas mazelas. Assim também nós, filhos de Deus, não estamos isentos de perseguições, opressões e feridas que marcam nossa história. Devemos render graças, pois nosso Deus não nos deixa presos ao passado. Ele nos faz livre ao sarar nossas feridas.

Uma cicatriz é uma ferida que foi curada, uma marca de algo que já sangrou e doeu muito, mas que agora não dói mais. Independentemente de quais foram as situações que o feriram, cabe a você decidir: continuar sofrendo com as feridas ainda abertas ou entregá-las ao Médico dos médicos, que está pronto a curá-las. Não sofra mais aprisionado ao passado, deixe o Espírito Santo cicatrizar aquilo que ainda gera dor e desfrute da liberdade que há em Cristo Jesus.

MINHAS REFLEXÕES

ABNER BAHR

10 DE NOVEMBRO

NÃO VALE A PENA

Retrocedam envergonhados todos os que odeiam Sião. Sejam como o capim do terraço, que seca antes de crescer, que não enche as mãos do ceifeiro nem os braços daquele que faz os fardos.
SALMO 129:5-7

MINHAS REFLEXÕES

O salmista demonstra menosprezo pelos inimigos de Sião aos compará-los ao capim que nasce no terraço. Muitas vezes damos uma importância superestimada aos nossos opositores, e isso os faz parecer maiores do que realmente são. O capim que nasce no terraço não dura muito tempo; logo seca porque não tem raízes. Martinho Lutero disse: "Nenhum homem considera este capim digno de corte. Eles permitem que se vanglorie por certo tempo e que se mostre aos homens do alto dos telhados como se fosse algo quando, na verdade, não é nada". Algumas pessoas que se inflamam contra nós buscam tirar a nossa paz. Elas alcançam o objetivo quando revidamos ou tentamos argumentar em nossa defesa. Paulo aconselha: "Evite as controvérsias tolas e fúteis, pois você sabe que acabam em brigas" (2 TIMÓTEO 2:23). A maior frustração daqueles que nos atacam é não sofrerem o contra-ataque. Quem inicia uma briga tem o objetivo de brigar. Quem, com palavras maldosas, difama nas redes sociais fica aguardando a resposta.

Devemos seguir o conselho de Paulo e não entrarmos em vãs discussões. Por vezes gastamos tempo, esforço e terminamos desgastados na tentativa de silenciar os opositores. Assim como não vale a pena se dar o trabalho de cortar o capim no terraço, da mesma forma não vale a pena perder o domínio próprio para argumentar com pessoas cujo foco é tirar nossa paz. Palavras sem fundamento podem se vangloriar por um tempo, mas logo secarão e serão levadas pelo vento. Mantenha seu testemunho fiel diante de Deus e não perca tempo com o capim sem raiz; não vale a pena.

11 DE NOVEMBRO

PROFUNDEZAS

Das profundezas clamo a ti, Senhor; Ouve, Senhor, a minha voz! Estejam atentos os teus ouvidos às minhas súplicas!

SALMO 130:1,2

Com certeza, as profundezas não são o melhor lugar para se estar. A solidão é companheira presente quando se está lá, onde não há luz para nos orientar e o ar é rarefeito. Mas, em nossa vida, as profundezas são inevitáveis. Em algum momento já estivemos ou estaremos nesse obscuro lugar. Duas são as maneiras de chegarmos no precipício. A primeira é quando nós mesmos nos colocamos no buraco. Quando o pecado se torna nosso estilo de vida, vamos nos afundando nele cada vez mais. Como diz o salmista: "Um abismo chama outro abismo..." (SALMO 42:7 ARA) — parece que o despenhadeiro não tem fim. Outra forma de conhecer a profundeza é quando o Senhor nos coloca nela. Quando Deus quer nos preparar para algo grande, Ele nos prova para fortalecer nossa fé. O profeta Jonas, que viajava dormindo no barco, precisou ser lançado nas profundezas da barriga de um grande peixe para começar a clamar. Charles H. Spurgeon disse: "Pouco importa onde estamos se ali pudermos orar, mas a oração nunca é mais real e aceitável do que quando surge dos piores lugares".

Ninguém almeja estar nas profundezas, mas é de lá que brotam nossas orações mais sinceras. Por mais que o ambiente seja hostil e nada confortável, o Senhor ouve nossa voz. Algumas vezes precisamos descer muito baixo para clamar de verdade. É quando nossa alma mergulha na mais profunda escuridão que descobrimos a mais profunda intimidade com o Pai. Quando você estiver nas profundezas da sua existência, os ouvidos do Eterno estarão atentos a sua súplica.

MINHAS REFLEXÕES

ABNER BAHR

12 DE NOVEMBRO

ESPERAR

Espero no Senhor *com todo o meu ser, e na sua palavra ponho a minha esperança. Espero pelo* Senhor *mais do que as sentinelas pela manhã; sim, mais do que as sentinelas esperam pela manhã! Ponha a sua esperança no* Senhor*, ó Israel, pois no* Senhor *há amor leal e plena redenção.*
SALMO 130:5-7

Você já fez alguma compra pela internet e teve que esperar pela entrega? Como foi essa espera? Para muitos, é angustiante. Vivemos em uma sociedade imediatista que não foi treinada para esperar. Queremos tudo o mais rápido possível. Comida instantânea para quem não consegue esperar o tempo de preparo de um cardápio mais elaborado, as conversas devem ser *online*, as decisões imediatas e os relatórios da empresa sempre são "para ontem". Por vezes achamos que Deus deve se adaptar a nossa urgência, quando na verdade somos nós que precisamos aprender a esperar em Deus. A expressão "Deus tarda, mas não falha" é uma tentativa de consolar o coração ansioso. A verdade é que Deus não falha e também não tarda. Deus sempre age no momento certo, nós é que queremos as coisas antes do tempo. A sentinela espera a noite toda pelo amanhecer e, não importa o que faça, não consegue antecipar o raiar do dia. É o Senhor que sabe o exato momento do alvorecer.

Pelo que você está esperando? Um emprego, um relacionamento, um contrato, uma venda, uma oportunidade ou uma resposta de Deus? Tudo tem o seu tempo determinado, e nas mãos do Criador está a planilha do tempo em que tudo deve acontecer. Não sofra com a ansiedade tentando antecipar as coisas. Ponha sua esperança no Senhor e aprenda a descansar nele. No tempo certo, o Sol brilhará afugentando a escuridão da noite.

13 DE NOVEMBRO

SEJA VOCÊ MESMO

Senhor, o meu coração não é orgulhoso e os meus olhos não são arrogantes. Não me envolvo com coisas grandiosas nem maravilhosas demais para mim.

SALMO 131:1

Precisamos tratar com muito zelo as intenções do nosso coração. Provérbios diz: "Acima de tudo, guarde o seu coração, pois dele depende toda a sua vida" (4:23). A realidade é que todo o nosso ser será tomado pelo sentimento que existir no centro da nossa natureza. No mundo conectado em que vivemos, temos acesso muito fácil a tudo e a todos. Isso gera facilidade em muitas áreas, mas, por outro lado, também desperta a futilidade da vida e a superficialidade das aparências. Se nosso coração não estiver guardado em Deus, corremos o grande risco de darmos lugar ao orgulho e ostentarmos aquilo que não somos. "Pois tudo o que há no mundo — a cobiça da carne, a cobiça dos olhos e a ostentação dos bens — não provém do Pai, mas do mundo" (1 JOÃO 2:16). Devemos ter sabedoria e maturidade para não cairmos no engano de nos envolvermos em coisas que não condizem com nossa maneira de viver, pois não seremos abençoados vivendo um estilo de vida que Deus não planejou para nós.

Tenha como exemplo a simplicidade da vida do salmista. Esconda seu coração em Deus para fugir do orgulho e da arrogância e contente-se com aquilo que Deus lhe deu. Como servo do Senhor, você deve viver de acordo com suas condições e posses e fugir da tentação de "dar um passo maior do que a perna" envolvendo-se em coisas muito além da simplicidade proposta por Deus. Afaste-se das aparências das coisas grandiosas e maravilhosas demais. Viva de acordo com o projeto de Deus para sua vida. Seja você mesmo!

MINHAS REFLEXÕES

ABNER BAHR

14 DE NOVEMBRO

ACONCHEGO DO COLO

*De fato, acalmei e tranquilizei a minha alma.
Sou como uma criança recém-amamentada por sua mãe;
a minha alma é como essa criança.*
SALMO 131:2

MINHAS REFLEXÕES

Creio que você já presenciou um bebê chorando. Na tentativa de acalmá-lo, cantamos musiquinhas, fazemos caretas, batemos palmas, chacoalhamos um ursinho de pelúcia e, por fim, pegamos no colo. Mas, se você não for a mãe desse bebezinho chorão, o seu colo pode não resolver muita coisa. Existe algo divino no aconchego do colo materno, capaz de transformar o pranto em riso apenas trazendo a criança ao seio para amamentá-la. Da mesma forma acontece com a alma aflita. Não existem estratégias humanas que sejam eficazes para acalmar um coração perturbado. Por vezes, buscamos algumas distrações para amenizar o sofrimento, mas sem resultado. Nossa história só começa a mudar quando o Pai se inclina em nosso favor. Ele estende Suas poderosas mãos, e sentimos Seu toque. De repente os nossos pés deixam o solo, somos elevados para fora do nosso sofrimento, nossas pernas balançam no ar, desfrutando da liberdade. Mas o choro que irriga nossa existência só cessa quando somos encostados no peito do Senhor e podemos sentir o Seu calor nos envolvendo.

De nada adianta buscar calmaria para o coração na agitação deste mundo inconstante. Nossa alma se aquieta quando, recostados no peito do Pai, sentimos o pulsar de Seu coração. No aconchego do colo, recebemos proteção, alimento, atenção e um cafuné. Não existe lugar mais seguro que transmita tanta paz do que os braços do Eterno. Quando estiver aflito, assim como uma criança, levante seus braços e deixe o Pai pegá-lo no colo.

15 DE NOVEMBRO

MORADA DIGNA

Não entrarei na minha tenda e não me deitarei no meu leito; não permitirei que os meus olhos peguem no sono nem que as minhas pálpebras descansem, enquanto não encontrar um lugar para o SENHOR, uma habitação para o Poderoso de Jacó.
SALMO 132:3-5

O autor desse salmo registra a oração angustiada do rei Davi, que desejava encontrar uma habitação para o Senhor. A Arca da Aliança era o símbolo da presença de Deus no meio do Seu povo; onde a arca estava, ali estava o Senhor. O livro de 2 Samuel registra o motivo da aflição de Davi: "Certo dia ele disse ao profeta Natã: 'Aqui estou eu, morando num palácio de cedro, enquanto a arca do SENHOR permanece numa simples tenda'" (7:2). No entendimento do rei, era inconcebível a ideia de ele desfrutar do conforto do palácio enquanto o poderoso Deus habitava atrás de simples cortinas. Sabemos que o Senhor não habita em templos construídos por mãos humanas (ATOS 17:24), mas acho nobre a preocupação de oferecer ao Eterno uma morada digna. Paulo exorta em 1 Coríntios: "Vocês não sabem que são santuário de Deus e que o Espírito de Deus habita em vocês?" (3:16). Somos a casa de Deus, local de habitação do Espírito Santo, e como tal, não devemos ser como cortinas velhas, mas um templo honrado, uma morada digna.

A habitação do Senhor deve ser limpa, livre de qualquer sujeira que o desagrade. Deus não mora em apenas um cômodo da casa, então todo o seu ser deve pertencer a Ele. O Eterno deve ser o único proprietário da residência, Ele não divide Sua habitação com ninguém. Por isso sua vida precisa ser exclusivamente dele. Não fique oscilando entre a presença de Deus e o mundo. Prepare-se para receber o Morador mais ilustre. Faça um faxina geral em sua vida, concerte as rachaduras no caráter, avalie as instalações do seu coração, receba-o no conforto de uma alma leve. Seja uma morada digna de receber o Rei da glória.

MINHAS REFLEXÕES

ABNER BAHR

16 DE NOVEMBRO

UM LUGAR PARA ADORAR

Soubemos que a arca estava em Efrata, mas nós a encontramos nos campos de Jaar: "Vamos para habitação dele! Vamos adorá-lo diante do estrado de seus pés!". SALMO 132:6,7

MINHAS REFLEXÕES

A Arca da Aliança, depois de ter sido tomada pelos filisteus, transitou por várias localidades antes de ser levada para Jerusalém e ali achar descanso. Em meio às andanças, o lugar em que a Arca permaneceu por mais tempo foi a casa de Abinadade, em Quirite-Jearim, poeticamente conhecida como campos de Jaar. O povo peregrinou para lá, pois entendiam que era o correto lugar para adorar. Ainda nos dias de hoje, algumas pessoas entendem que precisam ir até um lugar, um espaço físico considerado sagrado, para ali adorarem a Deus. Jesus, ao ser questionado pela mulher samaritana sobre qual seria o lugar correto para adorar, se o monte na região de Gerizim ou Jerusalém, respondeu: "No entanto, está chegando a hora, e de fato já chegou, em que os verdadeiros adoradores adorarão o Pai em espírito e em verdade. São estes os adoradores que o Pai procura" (JOÃO 4:23). Jesus estava ensinando que não importa o local, mas, sim, a sinceridade do coração. Confesso que amo os grandes ajuntamentos de adoração, quando a Igreja se reúne em um local para adorar em unidade. Mas entendo que só faz sentido sairmos de casa para adorar em um lugar específico se a adoração for em espírito e em verdade. Não tem a ver com o local, tem a ver conosco.

Devemos nos reunir no prédio da igreja, assim como devemos estar juntos nos pequenos grupos nas casas, pois a comunhão gera uma atmosfera inexplicável de adoração. Mas a verdadeira adoração não depende do lugar, senão da contrição do nosso espírito e da verdade em nosso coração. Você pode estar em casa, no ônibus, no trabalho, caminhando na rua ou se exercitando em um parque, onde você estiver é um perfeito lugar para adorar.

17 DE NOVEMBRO

UNIDADE

Como é bom e agradável quando os irmãos convivem em união!
SALMO 133:1

Uma instituição declara falência quando a desunião prevalece sobre o amor e a unidade. Jesus, ao debater com os fariseus, diz em Mateus: "Todo reino dividido contra si mesmo será arruinado, e toda cidade ou casa dividida contra si mesma não subsistirá" (12:25). A principal estratégia do inimigo para enfraquecer a igreja é plantar discórdia e causar divisões. Fortalecemos a unidade quando estamos alinhados na mesma visão, missão e propósitos que devemos cumprir. Sempre vão existir divergências de opiniões, mas é necessário ter em mente que aquilo que nos une é maior do que aquilo que nos separa. O amor de Jesus nos une, e através dele passamos a pertencer à família de Deus e nos tornamos membros do corpo de Cristo. Tanto "família" quanto "corpo" exemplificam a unidade.

Na oração sacerdotal, descrita em João 17, Jesus ora para que todos aqueles que crerão nele sejam um; assim o mundo crerá que Ele é o Filho de Deus. É interessante pensar que o mundo não conhecerá a Cristo através de milagres, profecias, campanhas evangelísticas ou pregações eloquentes, mas saberá quem é Jesus quando vir que a Igreja de Cristo é unida.

Devemos zelar pela unidade entre os irmãos. Isso, além de ser bom e agradável, fortalece a igreja e sua missão aqui na Terra. A unidade é promovida quando, no lugar de discórdias e difamações, decidimos amar os irmãos da nossa igreja, assim como, os irmãos de outras comunidades de fé. Leve as pessoas a entenderem que as igrejas não são concorrentes uma das outras disputando um público-alvo. Elas devem cooperar entre si, para juntas divulgarem as boas-novas do evangelho. O mundo reconhecerá a Cristo como Senhor quando virem a unidade da igreja.

MINHAS REFLEXÕES

ABNER BAHR

18 DE NOVEMBRO

REGANDO A TERRA SECA

É como o orvalho do Hermom quando desce sobre os montes de Sião. Ali o Senhor concede a bênção da vida para sempre.

SALMO 133:3

MINHAS REFLEXÕES

O Hermom é uma montanha localizada no norte da Palestina. Seus imponentes 2.814 metros de altura fazem com que seu pico esteja quase sempre coberto por neve. A umidade, sempre presente no Hermom, traz refrigério para a sequidão das terras castigadas pelo Sol ao pé da montanha. O clérigo inglês Henry Maundrell disse que, "devido a esse orvalho, mesmo em tempo seco, as tendas das pessoas ficam tão molhadas como se tivesse chovido a noite inteira". Sem contar que a neve derretida escorria até o leito do rio Jordão, cooperando com grande volume de água. Penso que a grande missão do monte Hermom era sempre estar regando a terra seca. A aridez do solo não permite que este frutifique, a escassez não alimenta, a sequidão não gera vida, pelo contrário, mata, por fim, a pouca vida que ainda resta. Muitas pessoas vivem em sequidão. Castigadas por suas aflições, não têm muito a oferecer para quem se aproxima delas. Por vezes, machucam aqueles que tentam ajudar, pois na sequidão apenas os espinhos brotam.

O Senhor nos chama para a mesma missão do Hermom: regar vidas que se assemelham à terra seca. Existem pessoas ao nosso redor que estão morrendo lentamente, pois a secura de suas almas as impede de gerar frutos. Assim como a neve no pico da montanha escorre para regar a terra, o Espírito Santo, que está em nós, trará refrigério para almas sedentas. O Senhor concederá a vida para sempre a quem estava caminhando para a morte, quando decidirmos regar vidas que estão secas.

19 DE NOVEMBRO

MÃOS AO ALTO

Venham! Bendigam ao S<small>ENHOR</small> todos vocês, servos do S<small>ENHOR</small>, vocês, que servem de noite na casa do S<small>ENHOR</small>. Levantem as mãos na direção do santuário e bendigam ao S<small>ENHOR</small>! De Sião os abençoe o S<small>ENHOR</small>, que fez os céus e a terra!
SALMO 134:1-3

"Mãos ao alto!" Ninguém se sente confortável ao ouvir essa expressão comumente usada por assaltantes. Levantar as mãos diante de alguém demonstra rendição. Uma pessoa com as mãos ao alto não oferece resistência, é incapaz de reagir ou se opor às instruções dadas. Levantar as mãos é se entregar completamente ao domínio do seu interlocutor. De fato, com as mãos erguidas, não conseguimos fazer nada. Dependemos da força das mãos para nos defender e das habilidades manuais para executar nosso trabalho. Ao abaixarmos as mãos, agimos de acordo com nossa própria vontade, com a força de nosso próprio braço.

Quando os amalequitas atacaram os israelitas em Refidim, Moisés se colocou como intercessor: "Enquanto Moisés mantinha as mãos erguidas, os israelitas venciam; quando, porém, as abaixava, os amalequitas venciam" (ÊXODO 17:11). Esse acontecimento deixa-nos uma lição: quando levantamos as mãos rendidos ao Senhor, Ele vai à nossa frente e vence as batalhas, mas, quando abaixamos as mãos e fazemos do nosso jeito com nossa própria força, a derrota se torna uma realidade.

Levante suas mãos bendizendo ao Senhor e adorando Seu santo nome. Renda-se completamente à vontade divina e deixe Deus lutar suas lutas, assim você terá certeza da vitória. Não insista em continuar fazendo as coisas do seu jeito, tomando decisões de acordo com sua própria vontade e confiando em sua força. Tenha uma vida de adoração, entrega e obediência, mantendo sempre suas mãos ao alto.

MINHAS REFLEXÕES

ABNER BAHR

20 DE NOVEMBRO

VONTADE SOBERANA

O Senhor faz tudo o que lhe agrada, nos céus e na terra, nos mares e em todas as suas profundezas. Ele traz as nuvens desde os confins da terra; envia os relâmpagos que acompanham a chuva e faz que o vento saia dos seus depósitos.
SALMO 135:6,7

MINHAS REFLEXÕES

Deus é o Criador de todas as coisas, por isso, exerce governo e domina sobre toda a natureza. A soberania do Senhor lhe confere plena autonomia em Suas ações sem ter que prestar contas a qualquer ser finito. Nós fazemos parte da Sua criação, e a liberdade que temos de agir conforme nossa própria vontade não ultrapassa os limites estabelecidos pela soberania divina. As obras das mãos do Eterno sempre são excelentes; nada que Ele faz é mal feito: "E Deus viu tudo o que havia feito, e tudo havia ficado muito bom" (GÊNESIS 1:31). Não deveríamos esperar nada menos do que "muito bom", pois Ele só faz aquilo que lhe agrada. Precisamos entender que Deus é pessoal, e assim como na natureza, Ele tem uma vontade específica para cada um de nós. Às vezes parece que os filhos de Deus têm receio quanto à vontade do Pai. Como se Aquele que sabe todas as coisas não soubesse o que é o melhor para nós. E, ao tentar viver a vontade de nosso coração, acabamos frustrados.

Paulo afirma que a vontade de Deus é boa, agradável e perfeita (ROMANOS 12:2). Diante disso, seria tolice vivermos correndo atrás dos nossos desejos, pois os anseios que brotam de um coração corrompido pelo pecado só podem ser ruins, desagradáveis e imperfeitos. Não se desgaste, não perca sua vida almejando aquilo que Deus não planejou. Ore buscando compreender qual é a vontade do Pai para você. A plena alegria só será alcançada quando você decidir viver de acordo com a vontade soberana de Deus.

21 DE NOVEMBRO

SINAIS PARA QUÊ?

Ele realizou em pleno Egito sinais e maravilhas, contra o faraó e todos os seus conselheiros.
SALMO 135:9

Quando Deus ouviu a súplica de Seu povo escravizado no Egito, levantou Moisés como líder e o enviou a faraó com a mensagem: "Deixa o meu povo ir". Na cultura egípcia, o faraó era a personificação de algum deus, isto é, representava um deus entre os homens, com atribuições e poderes divinos. Agindo como tal, ele respondeu a Moisés com orgulho e soberba: "Quem é o SENHOR, para que eu lhe obedeça e deixe Israel sair? Não conheço o SENHOR, e não deixarei Israel sair" (ÊXODO 5:2). Sabemos que a continuação desse embate culminou nas dez pragas e, por fim, na libertação de Israel. Deus não age com o intuito de provar algo para quem quer que seja. As pragas não tinham o objetivo de mostrar para faraó quem era o verdadeiro Deus, ou quem era mais poderoso. Os sinais e maravilhas que Deus faz têm finalidades específicas. No Egito, serviram para tirar o Seu povo da escravidão. Deus não precisa de publicidade, e Jesus agia da mesma forma. Logo após curar um leproso, ele disse: "Olha, não conte isso a ninguém" (MARCOS 1:44). Os milagres, sinais e maravilhas executados pelo Eterno têm o propósito de abençoar, libertar, transformar e salvar vidas.

Deus não fará nada sem propósito. Assim como o mar que se abriu, a sarça ardente, o fogo que desceu do céu, as muralhas que caíram, os pães e peixes que foram multiplicados ou as dez pragas não foram um show para exibir Seu poder, de igual forma, toda manifestação divina nos dias de hoje terá um fim proveitoso. Se você anseia por uma experiência sobrenatural e aguarda presenciar sinais e maravilhas, saiba que, quando isso acontecer, Deus estará cumprindo Seu propósito aqui na Terra.

MINHAS REFLEXÕES

ABNER BAHR

22 DE NOVEMBRO

NÃO SE DEFENDA

*O Senhor defenderá o seu povo
e terá compaixão dos seus servos.*
SALMO 135:14

MINHAS REFLEXÕES

Você já reparou o quanto nos desgastamos tentando nos defender? Com medo do que as pessoas pensarão, ficamos horas planejando como agiremos ou quais palavras usaremos. E mesmo assim, quando somos atacados ou julgados injustamente, vamos às redes sociais para justificar nossa conduta ou procuramos pessoas para explicar nosso ponto de vista. Jesus não se defendia, nem se justificava, pois sabia que o Pai se responsabilizava por Sua defesa. Após multiplicar os pães e peixes e alimentar quase cinco mil homens, sem contar mulheres e crianças, as pessoas quiseram proclamar Jesus como rei. Não era o objetivo de Cristo um reinado terreno, mas Ele não se ocupou em ficar se explicando ou dando razões pelas quais não poderia assumir o governo. Jesus foi ao monte orar. Se estivéssemos diante da morte e fosse-nos dado o direito de defesa, com toda certeza, argumentaríamos para preservar nossa vida. Mas, diante de Pilatos, Jesus não expressou nenhuma palavra para se defender, mas aceitou a injusta condenação, porque Sua vida estava nas mãos do Pai.

A expressão "defenderá o seu povo" também pode ser traduzida como "julgará o seu povo". Nisso deve estar a nossa confiança. Podemos sofrer injustiças nesta Terra, mas o veredito final está nas mãos do justo Juiz. Quando nossa vida está nas mãos de Deus, não gastamos tempo em nossa defesa, pois sabemos que Ele defenderá o Seu povo e terá compaixão dos Seus servos. Deixe o Senhor assumir a sua causa. Não se defenda, pois o Senhor virá em sua defesa.

23 DE NOVEMBRO

O SEU AMOR DURA PARA SEMPRE

Deem graças ao Senhor, porque ele é bom. O seu amor dura para sempre! Deem graças ao Deus dos deuses. O seu amor dura para sempre! Deem graças ao Senhor dos senhores. O seu amor dura para sempre! SALMO 136:1-3

A peculiaridade desse salmo é que todos os seus 26 versos terminam com a afirmação: "o seu amor dura para sempre". Quando a glória de Deus encheu o Templo de Salomão, os israelitas, prostrados, adoravam a Deus cantando: "O seu amor dura para sempre". Deus deu a vitória sobre os amonitas e moabitas quando o exército liderado por Josafá começou a declarar: "O seu amor dura para sempre". Quando lemos atentamente cada linha desse salmo, começamos adorando a Deus, que está acima de todos os deuses. Exaltamos as maravilhas da criação para depois louvarmos ao Senhor pelo grande livramento de Seu povo do Egito. Celebramos as conquistas e finalizamos em gratidão pelo Seu amoroso cuidado sobre nossa vida. Um relato histórico foi poeticamente escrito pelo salmista, que nos traz a certeza de que o Seu amor dura desde a eternidade e para todo sempre. Em cada fato da história do Seu povo, passando pela cruz de Cristo e chegando até cada um de nós, precisamos entender que o amor que dura para sempre estava presente e permaneceu imutável. O fato é que, ao lermos todos os versos, somos levados a reconhecer e a exaltar nosso Deus por tão grande amor derramado sobre nós.

Essa é a essência do caráter de Deus, a durabilidade eterna de Seu amor. Não há nada que possamos fazer para sermos mais amados, assim como não existe transgressão, fraqueza ou pecado que o faça amar-nos menos. Seja invadido por esta certeza: Ele o amou mesmo antes de você existir e continuará amando por toda eternidade. Em cada ação deste dia, declare: "O Seu amor dura para sempre".

MINHAS REFLEXÕES

ABNER BAHR

24 DE NOVEMBRO

PROVISÃO DIVINA

Àquele que dá alimento a todos os seres vivos.
O seu amor dura para sempre! Deem graças ao Deus dos céus.
O seu amor dura para sempre! SALMO 136:25,26

MINHAS REFLEXÕES

Em vários momentos da história de Israel, o povo se corrompeu e entregou-se à idolatria. Como consequência do pecado, Deus deixava nações inimigas prevalecerem sobre eles. Juízes 6:1-6 relata que os midianitas invadiram Israel e destruíram toda a colheita, deixando-os sem ter o que comer. Ao se arrependerem, Deus demonstrava que Seu amor dura para sempre e sustentava Seu povo. Já ouvi pessoas dizendo: "Tenho que trabalhar para garantir o pão de cada dia", porém vejo que o salmista contradiz essa afirmação. Não somos nós que garantimos o pão, com o esforço de nosso trabalho, mas é o Senhor quem o dá. Não tem a ver com nosso dinheiro, mas com o cuidado amoroso de Deus. Não estou, com isso, dando razão para você deitar em uma rede e ficar esperando pela provisão divina. Paulo diz em 2 Tessalonicenses: "Quando ainda estávamos com vocês, nós lhes ordenamos isto: se alguém não quiser trabalhar, também não coma" (3:10). Na verdade, é o Senhor quem provê, mas Ele nos dignifica através do trabalho de nossas mãos. Contudo, mesmo quando o trabalho falta, a produção falha e nossos esforços para garantir o alimento são vãos, a provisão divina não deixa faltar.

O Salmo 37, que diz: "Já fui jovem e agora sou velho, mas nunca vi o justo desamparado, nem seus filhos mendigando o pão" (v.25), nos dá a certeza de que a boa mão de Deus, presente em toda história da humanidade, não nos desempara. Se os dias são difíceis, confie no Senhor, Ele proverá. Se você tem o privilégio de desfrutar da abundância em sua casa, dê graças ao Deus dos Céus pelo Seu grande amor expressado através da provisão divina.

25 DE NOVEMBRO

SAUDADES DA CASA DO PAI

Junto aos rios da Babilônia nós nos sentamos e choramos com saudade de Sião. Ali, nos salgueiros penduramos as nossas harpas; ali os nossos captores pediam-nos canções, os nossos opressores exigiam canções alegres, dizendo: "Cantem para nós uma das canções de Sião!" Como poderíamos cantar as canções do SENHOR numa terra estrangeira? SALMO 137:1-4

Geração após geração, o povo de Israel foi infiel a Deus. Foram advertidos pelos profetas por diversas vezes, mas preferiram se adaptar à cultura pagã de outros povos. O juízo divino os levou ao cativeiro babilônico, e lá reconheceram e lamentaram as consequências de seus pecados. Isaías diz: "Mas as suas maldades separaram vocês do seu Deus..." (59:2). São nossos pecados que nos afastam da casa do Pai e nos levam para um cativeiro de onde não conseguimos sair sozinhos. Sião era o local onde o Templo do Senhor havia sido edificado. Aqueles que outrora tinham liberdade para ir adorar em Sião, mas optaram por viver segundo a rebeldia de seus corações, agora se lamentavam à beira dos rios do pecado. Quem dera tivessem novamente a oportunidade de adorar em Sião. Com certeza não a jogariam fora outra vez.

Nosso Deus é um Pai amoroso, pronto a perdoar e que aguarda de braços abertos Seus filhos. Temos a liberdade para adorá-lo, mas às vezes escolhemos dar vazão a nossa natureza pecaminosa e, sem perceber, vamos nos afastando e nos aprisionando no pecado. Talvez estas poucas palavras nesta página possam servir de advertência para você. Com muito amor e temor diante de Deus, digo: não espere chegar ao ponto de ficar chorando com saudades da casa do Pai, mas sem poder estar lá. Hoje é dia de adorar em Sião, o lugar de intimidade com Deus.

MINHAS REFLEXÕES

ABNER BAHR

26 DE NOVEMBRO

OUSADIA

*Eu te louvarei, Senhor, de todo o coração;
diante dos deuses cantarei louvores a ti.*

SALMO 138:1

Nem todo louvor é direcionado a quem se deve, isto é, ao Deus verdadeiro. Muitos falsos deuses são levantados por mãos humanas e recebem reverência de seus seguidores. O rei Davi louvou e adorou a Jeová em meio aos deuses pagãos das nações vizinhas. Algo semelhante aconteceu com Sadraque, Mesaque e Abede-Nego: enquanto todos ao redor adoravam curvados diante da estátua de Nabucodonosor, eles ficaram em pé, demonstrando que a adoração é devida somente ao Deus vivo. Para provar ao povo quem era o verdadeiro Deus, o profeta Elias desafiou, sozinho, 850 profetas associados a Jezabel. Enquanto os profetas de Baal invocavam, sem resposta, o seu deus, Elias orou ao único Deus digno de adoração, e o fogo desceu do céu e consumiu o holocausto. Em todos esses episódios, foi necessário coragem por parte dos filhos de Deus. Adorar a Deus em meio a uma geração corrompida é um ato de ousadia.

"Pois Deus não nos deu espírito de covardia, mas de poder, de amor e de equilíbrio. Portanto, não se envergonhe de testemunhar do Senhor..." (2 TIMÓTEO 1:7,8). Lembro-me de quando, certa vez, fui orar por uma pessoa no leito de morte. Ao adentrar no quarto, eu me deparei com um altar de adoração a um deus estranho. Ali, naquele ambiente, levantei minha voz e clamei ao Deus Criador, o único que detém em Suas mãos o poder sobre a vida e a morte. Mesmo que ao seu redor as pessoas enalteçam o pecado, adorem falsos deuses e façam chacotas da sua fé, posicione-se, não se acovarde, tenha coragem, seja ousado.

27 DE NOVEMBRO

PROPÓSITO

O Senhor cumprirá o seu propósito para comigo!
Teu amor, Senhor, permanece para sempre;
não abandones as obras das tuas mãos!
SALMO 138:8

A busca pelo propósito da vida se tornou latente na sociedade moderna. Muitos foram os pensadores, filósofos e poetas que buscaram respostas para o motivo da nossa existência. Nos dias atuais, palestrantes motivacionais desafiam os auditórios lotados a correrem atrás de seus sonhos e a encontrarem o seu propósito de vida. É natural do ser humano o anseio por achar uma razão pela qual lutar, uma missão para cumprir, um sonho para alcançar, um lugar onde podemos fazer a diferença e, quem sabe, marcar a história. Todos buscamos nossos propósitos. Mas muito mais importante do que o que planejamos para nós mesmos é o que Deus tem para nós. O propósito divino para Davi era ser rei de Israel; para Moisés, libertador; Paulo, pregador aos gentios; Ester, rainha, e para Maria, mãe do Salvador. Interessante pensar que todos eles eram improváveis para suas funções. Não tinham as capacidades necessárias, e por isso, provavelmente, cada um tinha outro propósito pessoal em sua mente. Por onde quer que andemos, não importa o quanto tentemos evitar, o propósito de Deus sempre se cumprirá em nossa vida.

Podemos sonhar, planejar e correr atrás de um propósito, mas só seremos bem sucedidos quando alinharmos a nossa vontade ao que Deus reservou para nós. Ele se compromete a cumprir o propósito dele, não o nosso. Por isso, muitos passam a vida inteira investindo em algo que nunca prospera. Quer ser aprovado por Deus e viver no centro da vontade divina? Não se pergunte: "Qual o meu propósito?", mas eleve os olhos e ore: "Pai, qual o Teu propósito para minha vida?".

MINHAS REFLEXÕES

ABNER BAHR

ONIPRESENÇA

Para onde poderia eu escapar do teu Espírito? Para onde poderia fugir da tua presença? Se eu subir aos céus, lá estás; se eu fizer a minha cama na sepultura, também lá estás. Se eu subir com as asas da alvorada e morar na extremidade do mar, mesmo ali a tua mão direita me guiará e me susterá. SALMO 139:7-10

Os atributos de Deus demonstram quem Ele é, Seu poder e Sua grandeza. Deus é espírito, e Sua presença estende-se por todos os lugares. É difícil a mente humana compreender a ilimitada grandeza divina, pois somos pequenos e limitados. Muitos questionam onde Deus está, mas Davi nestes versos faz o contrário. Ele tenta imaginar se existe algum lugar onde o Eterno não está. Para onde correr? Como se esconder do Deus presente em todos os lugares? A onipresença de Deus acalenta o coração daqueles que vivem de acordo com a Sua vontade, pois eles têm a certeza de que não importa o quão longe estejam, o Eterno sempre os alcança. Por outro lado, saber que o Senhor está em todos os lugares gera temor naqueles que andam segundo sua natureza pecaminosa, porque, por mais que tentem ocultar seus pecados, cometem-nos na presença do Altíssimo.

O Senhor não precisa ir de um lugar a outro, pois Ele já está lá. Quando nos movemos, nós o fazemos nele, pois Sua presença abrange qualquer lugar que possamos imaginar. Deve ser motivo de alegria sabermos que nunca seremos abandonados pelo Pai, porque para isso Ele teria que se ausentar da Terra. Entenda que não importa se hoje você ficará em casa ou se deslocará quilômetros de distância, o Senhor estará presente onde quer que esteja.

29 DE NOVEMBRO

CROCHÊ

Tu criaste o íntimo do meu ser e me teceste no ventre de minha mãe. Eu te louvo porque me fizeste de modo especial e admirável. Tuas obras são maravilhosas! Disso tenho plena certeza.
SALMO 139:13,14

Certamente você conhece alguém que faz crochê. Algumas vezes presenciei minha avó tecendo toalhas de mesa, tapetes, gorros ou roupinhas para bebê. Tenho que admitir que já me esforcei para entender como o processo de juntar pequenos nós feitos com agulha e fios os tornam lindas peças de decoração ou roupas quentinhas. Quem olha o primeiro nó, chamado de laçada inicial, não tem a menor ideia de que tipo de peça está sendo confeccionada. O design, os detalhes, as cores e acabamento só são claros na mente de quem está tecendo. Davi utiliza a liberdade poética para descrever de maneira profunda o milagre da concepção da vida. O Criador vai tecendo suavemente cada linha do nosso ser. Para cada um de Seus filhos, Ele utiliza um tipo de ponto, pois nos faz únicos. Com alguns pontos mais espaçados e outros cuidadosamente mais fechados, o Senhor tece desde a nossa alma até finalizar com os detalhes físicos. Ele nos fez da maneira como sonhou. Somos obra das habilidosas mãos divinas.

Quando nada existia no ventre da sua mãe, o Senhor começou a tecer a sua vida. Um ser ainda sem forma para a ciência, mas Deus já tinha em mente a conclusão de Sua criação. Ele utilizou diversas cores de fios para dar a você uma identidade única. Viva hoje com a certeza de que a sua vida é o resultado da criatividade do Eterno, que, no entrelaçar dos fios, desde a laçada inicial, já teceu todos os seus dias. Você não é uma peça qualquer, o Criador o fez de modo especial e admirável.

MINHAS REFLEXÕES

ABNER BAHR

30 DE NOVEMBRO

SEM VERGONHA

Sonda-me, ó Deus, e conhece o meu coração; prova-me, e conhece as minhas inquietações. Vê se em minha conduta algo que te ofende, e dirige-me pelo caminho eterno.
SALMO 139:23,24

O homem segundo o coração de Deus não tinha pudores para desnudar sua alma diante do Eterno. Com o objetivo de agradar a Deus e eliminar qualquer acusação proveniente do pecado, Davi pede ao Senhor que vasculhe cada canto do seu ser. Que pedido incomum! Não acredito que muitas pessoas teriam coragem de expor por completo suas vidas. Ficamos constrangidos só de imaginar alguém tendo acesso aos nossos pensamentos ou aos sentimentos que escondemos em nosso coração. Em outra oração, Davi já havia confessado que tinha pecado contra o Senhor. Agora ele pede que Deus, em Sua onisciência, busque toda e qualquer transgressão na obscuridade da sua alma. Davi era peculiar: ele era sincero, transparente e não tinha o que esconder. Por isso, todas as vezes que se achegava a Deus em oração, ele ia sem vergonha nenhuma.

Não há o que esconder de um Deus que sabe tudo. Não temos do que nos envergonhar quando estamos diante dele, pois tudo de vergonhoso que cometemos já é de Seu conhecimento. O Senhor sabe o quanto somos complicados, inquietos, indecisos e falhos. Ele conhece os pensamentos que permeiam nossa mente, ouve todas as conversas; até nosso enganoso coração Deus conhece. Por isso, quando estiver diante de Deus, faça como Davi: exponha tudo, não esconda nada, desnude sua alma, quebrante seu coração, apresente-se ao Senhor sem vergonha da condição em que se encontra.

1º DE DEZEMBRO

GRITO DE LIBERTAÇÃO

Livra-me, Senhor, dos maus; protege-me dos violentos, que no coração tramam planos perversos e estão sempre provocando guerra.
SALMO 140:1,2

A confiança em Deus e a lembrança ainda vívida de libertações experimentadas no passado fazem com que esse apelo de Davi seja um brado de ansiedade, porém de plena certeza de que veria a mão de Deus agindo em seu favor outra vez trazendo libertação. O salmista se vê diante de pessoas maldosas e precisa de proteção, afinal, planos cruéis são tramados contra ele todos os dias. Creio que eram ataques realmente violentos, a ponto de Davi comparar a língua desses homens como de serpentes, e o veneno estava em suas palavras. O clamor de Davi é também para que Deus o proteja das armadilhas e emboscadas tramadas pelos seus inimigos. A necessidade urgente de ajuda leva Davi a suplicar para que o Senhor o ouça (v.6). Ele declara que Deus é o seu Senhor e espera confiantemente que os planos dos seus inimigos sejam frustrados.

Parece-me muito clara a intenção dos inimigos de Davi de desviarem os passos dele dos caminhos orientados por Deus para sua jornada de conquistas. Estavam usando todo tipo de artimanha para que ele caísse em ciladas e armadilhas com o objetivo também de desonrá-lo como guerreiro vitorioso que era. Em muitas situações, o que acontece com cada um de nós não é muito diferente. Quando caminhamos alinhados com a vontade de Deus, conquistando vitórias e realizando grandes coisas para Sua glória, o inimigo, furioso, tenta nos desviar e nos fazer cair. É por esse motivo que quero lembrá-lo de que, em todo o tempo e em todas a situações, você precisa reconhecer a Deus como Senhor soberano de sua vida e declarar isso através de suas orações e súplicas. Reconheça Deus como seu salvador e se coloque ao alcance de Sua proteção, pois certamente Ele cuidará de você e lhe trará libertação.

MINHAS REFLEXÕES

2 DE DEZEMBRO

JUSTIÇA, SENHOR!

Sei que o Senhor *defenderá a causa do necessitado e fará justiça aos pobres. Com certeza os justos darão graças ao teu nome, e os homens íntegros viverão na tua presença.* SALMO 140:12,13

MINHAS REFLEXÕES

Depois de ter suplicado a Deus por libertação, agora Davi pede que seus inimigos sejam julgados pelo Senhor, por causa das calúnias e maldições lançadas sobre ele. Sem deixar de declarar confiança em Deus, o salmista também faz uma oração de lamento e que também serve como uma confissão. Ele está angustiado e triste por causa das afrontas de seus inimigos, mas confessa que gostaria de ver todos eles destruídos (v.11). Davi sabe do cuidado especial que Deus tem para com os oprimidos e necessitados, por isso espera confiante na intervenção divina. Em sua oração ainda declara que, no tempo oportuno, todos aqueles que forem fiéis ao Senhor também terão motivos de gratidão pela proteção e libertação, expressas pela Sua presença constante.

Temos aqui instruções valiosas no que diz respeito à dependência e confiança em Deus, ainda que estejamos amargurados e oprimidos por causa do ataque impetuoso daqueles que podem ser considerados nossos inimigos. Outra lição tão importante quanto essa é observar o potencial de causar dano que há nas palavras maldosas e caluniadoras. Ou seja, palavras duras e muitas vezes até desumanas, das quais temos pavor e repulsa. É nesse sentido que se faz necessário um autoexame para, eventualmente, reconhecer em nós mesmos aquilo que somos tão rápidos para encontrar nos outros. Estar na presença de Deus, debaixo de Seu cuidado e proteção, possibilita que você aprenda essas lições. Que seja este o tempo de você buscar mais dessa presença em oração e comunhão, confiando que a justiça vem do Senhor. Se estiver sendo afligido por situações de afronta, calúnia ou perseguição, cuidado com aquilo que você diz, mas não hesite em clamar pela justiça que vem do Senhor.

3 DE DEZEMBRO

ORAÇÃO AO ENTARDECER

Clamo a ti, Senhor; vem depressa! Escuta a minha voz quando clamo a ti. Seja a minha oração como incenso diante de ti, e o levantar das minhas mãos, como a oferta da tarde.

SALMO 141:1,2

Existe algo que é típico de salmos de lamentação como esse, em que a oração começa com um chamado de atenção ou um clamor para que Deus ouça a súplica. Davi então clama para que o Senhor ouça a sua voz e levanta suas mãos em sinal de adoração e de reconhecimento de que só Ele é Deus soberano. Dessa forma, o erguer das mãos em atitude de oração, certamente tem muito mais valor do que sacrifícios e ofertas. Os pedidos de Davi em oração ao Senhor são para que ele tenha força em vigiar e dominar o seu falar para não pecar por palavras (v.3) e não ter o coração inclinado para o mal (v.4). Essa é uma situação que nos mostra que, na busca por uma vida de santidade, não podemos apenas ter o desejo de sermos libertos do pecado e de suas consequências, mas também de nos vermos livres de toda predisposição interior para o mal. Por vezes, porém, as pessoas acabam por seguir a orientação de guias cegos, que os levam por caminhos de pecado e destruição. Nesse momento, é preciso voltar a ouvir a voz de Deus e realinhar a rota de acordo com a Sua vontade.

Na experiência do salmista, ele se viu envolvido e pressionado por homens maldosos, e até com medo de desistir e acabar caindo na tentação de ser como eles. Se algo assim acontecer com você, mantenha-se firme em oração, buscando a santificação e a proteção de Deus. Seja sincero e realista, procurando discernir o que é errado e mau aos olhos do Senhor. Não se contamine pela companhia de pessoas que não temem a Deus; Ele cuidará de você e o manterá são e salvo.

MINHAS REFLEXÕES

ELENILSON SOUZA

4 DE DEZEMBRO

NÃO SE DEIXE LEVAR

Não permitas que o meu coração se volte para o mal, nem que eu me envolva em práticas perversas com os malfeitores. Que eu nunca participe dos seus banquetes! SALMO 141:4

MINHAS REFLEXÕES

Davi escreve este salmo em um tempo de perseguição pelos líderes poderosos da nação (v.6), e assim dependia da proteção de Deus para se manter vivo. O contexto era a fuga de Davi do rei Saul e seus aliados. Foi um tempo em que Davi estava longe de seu povo, sua família, do tabernáculo e do culto a Deus. Aliou-se a diversos homens que foram colocados como seus soldados (1 SAMUEL 23:13); alguns eram desertores do exército de Israel, outros eram filisteus e de outras nações. Este salmo então nos serve de grande ensinamento, pois nele podemos ver que Davi não se deixou levar, mesmo estando em um ambiente muito diferente do seu. Isto é, ele estava em uma realidade onde seria muito fácil abandonar sua devoção ao Senhor, seguir os conselhos de homens que não adoravam a Deus e se amoldar aos costumes de outros povos. Mas, ao contrário disso, ele se precaveu para se manter firme e fiel ao Senhor, mesmo longe da sua família e da família de Deus.

São essas também as cautelas que devemos tomar quando estivermos em situações de distanciamento como as vividas por Davi. É tempo de buscar seguir o exemplo desse rei. Mantenha seu relacionamento de oração e comunhão com o Senhor, adorando a Ele em todo o tempo (v.2). A vida mantida em santidade é vital, seja por palavras ou ações, para se evitar o desvio dos ensinos do Senhor (vv.3-5). É necessário e importante que você se mantenha sempre dependente da proteção divina (vv.8-10), pois a proximidade com o padrão mundano é muito perigosa. Mesmo que você tenha que conviver com pessoas que não temem a Deus, não se deixe levar por elas, mas mantenha sua identidade como filho de Deus, mantendo sua devoção e amor incondicional ao Senhor.

Dezembro

5 DE DEZEMBRO

NINGUÉM SE IMPORTA

*Olha para a minha direita e vê; ninguém se preocupa comigo.
Não tenho abrigo seguro; ninguém se importa com a minha vida.*

SALMO 142:4

Não há sentimento tão profundo de solidão como aquele que se conclui que ninguém se importa. O grito do salmista mostra o seu desespero, enquanto suplica pela misericórdia de Deus e declara sua angústia (vv.1,2). O salmista se lembra de outras experiências passadas e sabe que, sempre que esteve abatido, Deus o socorreu, e sua confiança se mantém firme nessa esperança (v.3). Ele ainda pede a atenção do Senhor, porque teme que chegue um momento em que estará totalmente esquecido (v.6). Ele não quer mais estar entre aqueles que o perseguem e deseja que Deus o livre daquela situação desesperadora (v.7).

Muitas vezes, mesmo quando se está cercado por muitas pessoas, a sensação de solidão pode aparecer. É possível que o fato de ainda não se ter aprendido a depender totalmente de Deus gere esse sentimento. Pode ser ainda que não tenhamos deixado Deus preencher todos os espaços do nosso interior. Isso é um ensinamento de que nunca se deve colocar expectativas demais nas pessoas, sem, contudo, deixar de amá-las. Tanto aqui como em outros salmos, a fé se mostra constante e poderosa, que surge como uma luz para enxergar as possibilidades de libertação. De outra forma, o homem, indolente e frágil, muitas vezes apenas murmura e se abate. Você é desafiado hoje a colocar a fé como fundamento para todos os momentos de aflição e de lamento. As circunstâncias difíceis da vida podem fazer você chorar e se queixar, porém, com a fé e confiança em Deus, essas lágrimas serão transformadas em riso, e toda a murmuração em cantos de louvor e adoração a Deus. Ainda que você se sinta como se estivesse preso em uma cela solitária, onde já não há mais ninguém a quem recorrer, saiba que Deus se importa com você.

MINHAS REFLEXÕES

ELENILSON SOUZA

CERCADO PELO MAL, RODEADO PELO BEM

*Liberta-me da prisão, e renderei graças ao teu nome.
Então os justos se reunirão à minha volta
por causa da tua bondade para comigo.* SALMO 142:7

Nos salmos de lamentação, vemos, de forma repetitiva, o clamor pela ajuda de Deus quando o momento é de desespero e não há ninguém que possa ajudar além do Senhor. O salmista aqui continua acreditando no poder da oração, pois já experimentara a sua eficiência. Portanto, se Deus o ajudara até aquele momento, continuaria fazendo o mesmo. É como se ele dissesse a si mesmo: "Não fique na dúvida, entregue o seu caminho a Deus. Confiou nele antes; Ele é exatamente o mesmo hoje". Quando o salmista se refere à prisão (v.7), possivelmente está usando essa palavra de forma figurada. É muito apropriado concluir que ele está indicando aflições severas que causam opressão; essa é uma metáfora para a solidão e o desespero. Podemos afirmar então que, apesar de não estar literalmente em uma prisão, o salmista se vê no meio de pessoas que o perseguem, inimigos que são fortes demais para ele (v.6). Ou seja, ele está cercado pelo mal.

Quando o salmista clama por libertação, o seu desejo é poder anunciar a Palavra de Deus (v.7). Ele espera que sua vida seja um testemunho dos livramentos do Senhor, pois espera que muitas pessoas o procurem para saber como isso foi possível. É aqui que se estabelece o paralelo com a situação anterior, em que ele estava cercado pelo mal, agora, porém, rodeado pelo bem (v.7). Se você orar e clamar com fé, pode antecipadamente se alegrar e louvar, com a certeza de que estará seguro nas mãos de Deus. Não importa o quão sozinho ou preso você se sinta, o amor e o cuidado divinos o farão ficar de pé, seguir adiante sob a luz de Sua direção, e todos conhecerão o seu Deus. O mal pode até cercá-lo, mas, ao final, você será rodeado pelo bem do Senhor.

7 DE DEZEMBRO

O QUE EU FAÇO AGORA?

Ouve, SENHOR, a minha oração, dá ouvidos à minha súplica; responde-me por tua fidelidade e por tua justiça.
SALMO 143:1

Quando Davi escreveu esse salmo, é bem possível que ele estivesse se sentindo desamparado e, por consequência, em desespero e depressão. Talvez esse sentimento tenha relação com a incapacidade de resolver uma situação difícil que estava passando, ficando assim à mercê das circunstâncias. Então ele clama ao Senhor pedindo por compaixão e refrigério e sabia que não tinha direito de esperar pela ajuda de Deus (v.2), por isso, o momento de desespero aumentou ainda mais o seu desânimo, a ponto de quase desistir (vv.3,4). Davi, porém, mantém-se confiante no Senhor (vv.5-8), contudo, uma indagação parece soar nas entrelinhas: "O que eu faço agora?". Podemos ver isso no seu desejo de saber por qual caminho seguir (v.8) e de ser ensinado a fazer a vontade de Deus (v.10).

Em alguns momentos de nossa vida, podemos até nos sentir desamparados, mas essa pode ser a estratégia de Deus para nos ensinar a sermos mais dependentes do Seu cuidado. A cada momento em que esperamos com fé pelo livramento de Deus, também é tempo de se dar atenção à Sua voz, estar pronto para obedecê-la e se alinhar à Sua vontade. Ter a disposição de servir é também uma atitude a se tomar diante do sentimento de desamparo. Quando você buscar a vontade de Deus e tiver a firme disposição de fazer Sua vontade, será inundado pelo alívio da presença do Senhor. Se houver situações tão difíceis em que já não há mais o que fazer para modificá-las, fique atento à voz de Deus para caminhar na direção que Ele mostrar. Seguindo o exemplo de Davi, mesmo que você se sinta desamparado, em situação de desespero e depressão, agora já sabe de algo que pode ser feito. Faça a vontade de Deus e caminhe alinhado com os propósitos que Ele tem para você.

MINHAS REFLEXÕES

ELENILSON SOUZA

8 DE DEZEMBRO

DESEJE A VONTADE DE DEUS

*Ensina-me a fazer a tua vontade, pois tu és o meu Deus;
que o teu bondoso Espírito me conduza por terreno plano.*
SALMO 143:10

MINHAS REFLEXÕES

Reconhecer a Deus como Senhor é desejar a Sua vontade. Algo interessante é observar que os Dez Mandamentos não foram entregues antes de Deus relembrar ao povo o que Ele é e o que Ele fez — "Eu sou o Senhor, o teu Deus, que te tirou do Egito, da terra da escravidão" (ÊXODO 20:2). O Deus de Israel, quando deu Sua lei ao povo, primeiro se apresenta. Ele não é apenas o Deus de Abrão, de Isaque e de Jacó, o Deus das promessas; Ele é também o Deus que tirou o povo da escravidão no Egito. Ainda hoje Ele é o mesmo, o Deus que dá vida. Mediante a fé no sacrifício de Seu filho Jesus para remissão dos pecados, essa vida é nova, plena e conduz para a eternidade ao lado de Deus. Portanto, vale a pena o esforço de reconhecer a vontade divina e caminhar alinhado a ela. O Santo Espírito de Deus é quem orienta e dirige a vida do cristão, e quem recorre a essa direção precisa reconhecer também o amor de Deus. Afinal, o amor se manifesta na obediência (JOÃO 15:10). Desejar a vontade divina está diretamente relacionado a experimentar, testar e provar, pela prática, no cotidiano da vida, que o que Deus tem é sempre bom, perfeito e agradável (ROMANOS 12:2).

Tudo o que é mais importante para você saber a respeito da vontade de Deus está na Bíblia, portanto, é imprescindível ter familiaridade com ela. Nesse aspecto, desenvolver uma vida devocional proporciona momentos de leitura e reflexão nas verdades maravilhosas da lei de Deus. São muitas as formas como Deus pode nos mostrar Sua vontade, contudo, o segredo é estar seguro da submissão a Deus e do desejo de fazer o que Ele direcionar.

9 DE DEZEMBRO

DEUS É FIEL

E no teu amor leal, aniquila os meus inimigos; destrói todos os meus adversários, pois sou teu servo.

SALMO 143:12

Certamente essa não é a primeira vez que você está diante da afirmação de que Deus é fiel. É com base na fidelidade de Deus em relação às Suas promessas, no amor que Ele tem e na Sua justiça que Davi recorre à lealdade de Deus. Torna-se oportuno ressaltar a nobreza do conceito de lealdade que implica tanto fidelidade como compromisso e amor expresso em uma verdadeira amizade. Davi reconhece essas virtudes no Senhor e as coloca em evidência nesse salmo para servirem de conforto em meio à dor e orientarem as ações da vida diante do sofrimento. Por vezes temos um impulso natural de desistir de tudo em uma situação de cansaço e desânimo por causa das aflições da vida, porém, Davi não abandona a fé e busca a Deus em oração humilde e dependente. Ele reconhece que a lealdade de Deus é o motivo pelo qual ele ainda está resistindo e, mesmo cansado, seguindo em frente. A confiança e esperança de Davi se mantêm firmes e inabaláveis por causa dessa mesma lealdade de Deus; afinal, ele sabe que Deus cumprirá Suas promessas e o amará incondicionalmente. Admitir a lealdade do Senhor e conhecer o Seu caráter fiel e justo é o que dá esperança de estar debaixo do Seu cuidado.

Bom é saber que Deus continua sendo fiel. Não estamos mais ligados a todas as promessas feitas ao povo de Israel, entretanto, podemos ainda desfrutar de tantas outras promessas de Deus. Lembre-se da salvação e da vida eterna recebidas pela fé em Jesus, pela certeza do perdão dos pecados mediante um sincero arrependimento e confissão. Saiba que Deus estará sempre com você colocando à sua disposição Seu Santo Espírito para guiá-lo no caminho da vida plena que Ele tem para você. E isso só é possível porque Deus é fiel!

MINHAS REFLEXÕES

ELENILSON SOUZA

10 DE DEZEMBRO

PROTETOR E LIBERTADOR

Bendito seja o SENHOR, a minha Rocha, que treina as minhas mãos para a guerra e os meus dedos para a batalha. Ele é o meu aliado fiel, a minha fortaleza, a minha torre de proteção e o meu libertador, é o meu escudo, aquele em quem me refúgio. Ele subjuga a mim os povos.
SALMO 144:1,2

MINHAS REFLEXÕES

Fico imaginando o som dessa canção que bendiz ao Senhor, pois Ele atendeu às orações de Davi, protegeu-o e o libertou dos seus inimigos. Esse salmo é um louvor ao Senhor porque Ele é protetor e libertador. Creio que podemos sentir a mesma alegria que Davi sentiu quando começou a se lembrar de tudo o que Deus já tinha feito por ele. Davi louva a Deus pelo Seu amor e porque Ele é rocha, fortaleza, proteção, libertação e escudo. E o que mais surpreende o salmista é chegar à conclusão de que, primeiro Deus é tudo isso, e, segundo, mesmo sendo tudo isso, pode dar atenção a um simples mortal. A propósito, uma oração sincera deve levar em conta que nunca se pode estar baseado no mérito e no valor humano para pedir qualquer coisa ao Senhor. Se de alguma forma Deus ao menos pode notar nossa existência, isso se deve inteiramente ao Seu amor bondoso.

Ter Deus como protetor e libertador trará inevitavelmente como consequência, a paz e a prosperidade. Se hoje você reconhecer a Deus desse modo, temer e viver para Ele sempre, poderá desfrutar de Suas ações de misericórdia e cuidado em todos os aspectos de sua vida. Saiba que Deus deseja proteger você e libertá-lo de todas as suas dificuldades, pois a Sua intenção é sempre de abençoá-lo. Celebre e cante louvores de gratidão ao Senhor por tudo o que Ele já fez, faz e certamente ainda fará. Jamais se esqueça também de adorar ao Deus protetor e libertador.

A FRAGILIDADE HUMANA

SENHOR, *que é o homem para que te importes com ele, ou o filho do homem para que por ele te interesses? O homem é como um sopro; seus dias são como uma sombra passageira.*
SALMO 144:3,4

Depois da demonstração de Deus da Sua proteção e libertação, Davi diz algo assim: "Existe alguma razão para o Senhor se importar comigo? Porque será que se incomoda com pessoas como nós? Somos apenas um sopro, uma sombra momentânea". Davi está em uma condição tão carente e indigna, que apela para a misericórdia do Senhor. Chega a nos causar espanto pensar que o Deus Altíssimo, criador e sustentador de todas as coisas, tem um cuidado tão especial com uma criatura tão pequena: o homem. Davi se surpreendeu diante da graça de Deus, que é capaz de amar alguém tão insignificante como ele. Ficou incrivelmente admirado por saber que o Deus do Universo tivesse dado Sua atenção a ele, por um breve momento que fosse. Imagino que, diante de todas as suas grandes realizações e conquistas, Davi percebeu que o verdadeiro poder está nas mãos de Deus, o Senhor dos exércitos. A fragilidade humana fica ainda mais clara à medida que se aprofunda no conhecimento de Deus e na consciência de que a vida se esvai em poucos instantes. O homem não passa de algo como um sopro ou uma sombra.

Não merecemos nada que venha do Senhor, e nada receberemos com a gratidão necessária, sem antes atribuirmos a Ele tudo o que lhe é devido. Ao Senhor pertencem a glória, a honra e o louvor, para todo o sempre. Saiba que Deus pensa em você, sente a sua dor e conhece todas as suas necessidades. Busque a Deus em oração, porque Ele ouve e responde. Não importa o quão frágil e insignificante você se imagina ser, Deus quer envolvê-lo com Seu amor e bondade, cuidando de você e protegendo-o a todo o instante.

MINHAS REFLEXÕES

ELENILSON SOUZA

12 DE DEZEMBRO

PROSPERIDADE

Como é feliz o povo assim abençoado!
Como é feliz o povo cujo Deus é o SENHOR! SALMO 144:15

MINHAS REFLEXÕES

A prosperidade é um sinal da bênção de Deus, e isso pode ser observado tanto no Antigo Testamento quanto atualmente. Entenda-se prosperidade como o benefício da misericórdia e compaixão de Deus em cada aspecto da vida. Na juventude, os nossos filhos serão como plantas viçosas, e as nossas filhas, como colunas esculpidas para ornar um palácio. "Os nossos celeiros estarão cheios das mais variadas provisões. Os nossos rebanhos se multiplicarão aos milhares, às dezenas de milhares em nossos campos; o nosso gado dará suas crias; não haverá praga alguma nem aborto. Não haverá gritos de aflição em nossas ruas" (vv.12-14). Sob o prisma dos materialistas e gananciosos, isso não representa prosperidade ou bem-aventurança. Mas é importante vermos neste salmo que Deus é quem prospera plenamente em tudo. Na família, traz honra aos nossos filhos, fazendo-os fortes e belos (v.12); como provedor, Deus supre em tudo o que nos é necessário enchendo nossa dispensa de alimento (v.13) e Seu poder multiplica e libera recursos, quando nossas fontes de recursos e nosso trabalho se mantêm abertos e ativos, como neste salmo, fazendo que o gado "se reproduza bem, e as vacas não percam suas crias!" (v.14 NTLH).

Todos os dias, deveríamos apresentar um pedido de ajuda a Deus que intente alcançar a abundância de bênçãos que vêm do Senhor. Saber de Sua constante presença já é certeza de plenitude de vida. Então, ao invés de lamentos e murmúrios, ande sempre com Deus e terá alegria no coração e uma canção de louvor a Ele. Reconheça o poder e as vitórias que o Senhor libera para os Seus filhos, honrando a vida deles e fazendo-os prosperar em todas as áreas e circunstâncias. Qualquer povo que obtenha as bênçãos deste salmo será feliz. Isso é verdade para todos que têm a Deus como Senhor.

13 DE DEZEMBRO

LOUVOR A DEUS DE A A Z

Eu te exaltarei, meu Deus e meu rei; bendirei o teu nome para todo o sempre! Com meus lábios louvarei ao SENHOR. Que todo ser vivo bendiga o seu santo nome para todo o sempre! SALMO 145:1,21

Esta é uma canção de louvor que entoa o caráter de Deus. Ela inicia com um tom mais particular e pessoal, mas, no decorrer do hino e até chegar ao seu final, todos são convocados a se unirem ao louvor. O título deste devocional faz menção à estrutura como o salmo foi escrito. Cada verso começa com uma letra, seguindo a ordem do alfabeto hebraico. Contudo, essa é uma característica que nos serve como inspiração para louvarmos a Deus em todo o tempo, de todas as formas, em todo lugar e de todo o coração.

Podemos começar a louvar a Deus pelo Seu poder e pela soberania em sustentar todas as coisas. Como as misericórdias de Deus se renovam a cada manhã, devemos louvar o Seu nome todos os dias. Só o Senhor traz em Sua essência a grandeza e a imensidão; tudo em Deus é ilimitado e eterno. Louvamos a Deus por tudo o que já fez e ainda faz, no entanto, quanto mais descobertas são feitas, mais incríveis Suas obras se tornam. Em cada momento de nossa vida, o Deus de amor se manifesta através de Sua bondade e compaixão, por isso devemos louvar o Seu nome. Mesmo que entristeçamos o Seu coração com nossas más atitudes, Deus age com misericórdia, retendo o tão merecido castigo. O Senhor se mostra paciente e lento em irar-se, possivelmente porque sabe que somos apenas pó. Seu amor é abundante e constante, e todas as Suas outras virtudes se baseiam nesse amor. Russel Norman Champlin escreveu: "Sua graça por toda alma é livre. Seu decreto é que o amor flua, amor por todo réprobo e por mim!".

Hoje é o tempo de louvar a Deus! Entoe uma canção exaltando o Seu santo nome. Inspire-se no Salmo 145 e, quem sabe, para cada letra do alfabeto português, você ache um motivo especial de louvor.

MINHAS REFLEXÕES

ELENILSON SOUZA

14 DE DEZEMBRO

REVELANDO SEU SER

O Senhor é misericordioso e compassivo, paciente e transbordante de amor. O Senhor é bom para todos; a sua compaixão alcança todas as suas criaturas. SALMO 145:8,9

MINHAS REFLEXÕES

Todo o conteúdo deste livro devocional, se usado exclusivamente para declarar a profundidade do amor de Deus, bem como Sua infinita grandeza, ainda assim seria insuficiente. Nesse recorte do Salmo 145, há uma pequena declaração que carrega uma insondável profundidade. São palavras que revelam a essência de Deus, Seus atributos, Suas virtudes, Seu Ser. Seu nome é Deus, o Criador e Senhor.

Não quero perder a oportunidade de citar aqui uma das mais belas e abrangentes declarações sobre de Deus: "Há um só Deus vivo e verdadeiro, o qual é infinito em seu ser e perfeições. Ele é um espírito puríssimo, invisível, sem corpo, membros ou paixões; é imutável, imenso, eterno, incompreensível, onipotente, onisciente, santíssimo, completamente livre e absoluto, fazendo tudo para a sua própria glória e segundo o conselho da sua própria vontade, que é reta e imutável. É cheio de amor, é gracioso, misericordioso, longânimo, muito bondoso e verdadeiro remunerador dos que o buscam e, contudo, justíssimo e terrível em seus juízos, pois odeia todo o pecado; de modo algum terá por inocente o culpado" (*A confissão de fé de Westminster*, p. 5).

Esse é Deus, esse é o meu Deus, e que seja esse o seu Deus! Ancorados nessas declarações, não há dúvidas de que existem muitas razões para louvarmos e adorarmos a Ele. Não são apenas as verdades sobre o Seu Ser que nos inspiram. Até mesmo "Os céus declaram a glória de Deus; o firmamento proclama a obra das suas mãos" (SALMO 19:1). Deus revela Seu Ser e é por isso que o conhecemos; Ele nos amou primeiro, portanto, devemos amá-lo. Declare hoje você também a grandeza de Deus, viva para Ele e seja a manifestação do Seu amor para todos.

O REINO DE DEUS

*O teu reino é reino eterno, e o teu domínio permanece de geração em geração. O S*ENHOR *é fiel em todas as suas promessas e é bondoso em tudo o que faz.* SALMO 145:13

Esse é o último salmo de Davi no livro dos Salmos e possui uma particularidade que chama a atenção. Deus é reconhecido por Davi, rei de Israel, como seu próprio rei e também como rei de todo o Universo. Vemos então, um rei exaltando as qualificações de outro rei, tendo em vista a capacidade de Deus na gestão do Seu Reino. Outro fato importante é que Davi reconhece o reinado de Deus também em sua vida e na vida de todos os Seus filhos. Certamente o reinado de Deus sobre tudo e todos é digno de louvor e de exaltação por todos aqueles que confessam Deus como Senhor.

O reino de Deus é poderoso e grandioso (v.3), principalmente pelo fato de não apenas ter o poder para criar tudo o que existe, mas também para comandar e sustentar todas as coisas. Distinto de muitos reis da Terra que exerceram seus reinados com crueldade e tirania, o reino de Deus é um reino de bondade e justiça (v.7). É um reino que se destaca pela majestade, que é manifesta pela glória (v.11), pelo poder (v.12), pela realização de atos poderosos e por sua estabilidade e subsistência (v.13). A fidelidade também é característica inerente desse reino, pois Deus atua sempre com a verdade, Suas palavras são firmes e leais e asseguram uma conduta justa e bondosa (vv.13,17). A presença de Deus na vida de Seus filhos (v.18), a atenção e resposta que Ele dá às suas orações e clamores (v.19), bem como o cuidado e a salvação quando guarda e protege Seus filhos dos inimigos (v.20) são demonstrações claras do Seu reino de amor. São por esses e por muitos outros motivos que você deve adorar a Deus com toda a sua força. Submeta sua vida ao majestoso reinado de Deus, creia, confie, dependa e ame a Deus de todo o seu coração.

MINHAS REFLEXÕES

16 DE DEZEMBRO

MALDIÇÃO E BÊNÇÃO

Não confiem em príncipes, em meros mortais, incapazes de salvar.
Como é feliz aquele cujo auxílio é o Deus de Jacó,
cuja esperança está no Senhor, no seu Deus. SALMO 146:3,5

MINHAS REFLEXÕES

Observe como estas palavras do profeta Jeremias têm tudo a ver com as do salmista: "Assim diz o Senhor: 'Maldito é o homem que confia nos homens, que faz da humanidade mortal a sua força, mas cujo coração se afasta do Senhor. Mas bendito é o homem cuja confiança está no Senhor, cuja confiança nele está'" (JEREMIAS 17:5,7).

Há muita similaridade com o Salmo 1. Aqui há o contraponto entre o futuro dos que confiam no homem e dos que confiam em Deus. Quando o homem aparta o seu coração do Senhor e confia no homem, ele faz do fraco braço humano a base de sua fé e assim se torna maldito. Deus declara as maldições e as bênçãos sobre os homens, dependendo de suas escolhas. Da mesma forma, é Ele quem determina o destino de cada um deles. Ninguém é autossuficiente, mas as pessoas insistem em fingir que são. Em contraste com o homem citado antes, temos o que confia no Senhor. Ele é feliz, depende do braço divino, e não do braço humano. O Senhor é a fonte de energias que faz dele um homem fortalecido pelo Espírito.

Provérbios afirma: "O Senhor amaldiçoa a casa dos maus, porém abençoa o lar dos que são corretos" (3:33 NTLH). Como é triste saber que, por causa do pecador obstinado, toda sua casa sofre com a maldição e as inevitáveis calamidades. Por outro lado, a casa de quem teme a Deus é salva das aflições. Através deste devocional, você está sendo colocado diante de verdades da Palavra de Deus em relação à vida e à morte, à bênção e à maldição. Uma vida abençoada consiste em amar, obedecer e se apegar ao Senhor. Por isso, escolha a bênção e a vida para que você viva feliz com toda sua casa.

17 DE DEZEMBRO

ATENÇÃO AOS DESFAVORECIDOS

Ele defende a causa dos oprimidos e dá alimento aos famintos. O Senhor *liberta os presos, o* Senhor *dá vista aos cegos, o* Senhor *levanta os abatidos, o* Senhor *ama os justos. O* Senhor *protege o estrangeiro e sustém o órfão e a viúva, mas frustra o propósito dos ímpios.* SALMO 146:7-9

Além de um chamado para louvar ao Senhor, o salmista destaca o cuidado do Criador e Rei para com os desfavorecidos, fazendo uma exposição do modo como o Senhor atua em favor deles. A princípio, o auxílio e a ajuda vêm de Deus e só podem vir de forma plena e efetiva se vierem dele (v.5). A capacidade de atender às necessidades dos desfavorecidos está ligada ao fato de que Deus é o criador de tudo o que está no céu, na Terra e no mar (v.6) e que a tudo sustenta com a força do Seu poder. O Senhor é fiel às Suas promessas e jamais falhará em conservar Sua palavra (v.6). O texto que usei como destaque para este devocional nos mostra a forma como Deus age. Vejam estas palavras nele presentes: defende, dá, liberta, levanta, ama, protege e sustém. Certamente não há quem esteja necessitado ou seja desfavorecido que não esteja ao alcance do Senhor.

Se, de alguma forma, ou em algum momento, você se sentiu ou se sente necessitado ou desfavorecido, mantenha sua fé firme no Senhor e se comprometa com uma vida de louvor ao Deus criador e sustentador. Todo aquele que espera e confia nesse Deus, não apenas recebe ajuda e auxílio para as situações presentes, mas também garante a vida na eternidade ao lado do Senhor. Isso me parece ter ficado claro através do verso 9 deste salmo, mas nunca é demais lembrar que a escolha certa é estar sob os cuidados de Deus, pois os caminhos dos ímpios serão frustrados, e os seus planos fracassarão. Louve ao Senhor em todo o tempo e conte com Sua ajuda e auxílio sempre presentes.

MINHAS REFLEXÕES

ENQUANTO EU VIVER

*Aleluia! Louve, ó minha alma ao SENHOR.
Louvarei ao SENHOR por toda a minha vida; cantarei louvores
ao meu Deus enquanto eu viver.* SALMO 146:1,2

MINHAS REFLEXÕES

Esse é um salmo tipicamente de louvor, e uma característica especial nele é o seu início: "Aleluia!" (v.1). A tradução para o português não nos permite identificar que, na língua original em que foi escrito, essa palavra está no plural. Trata-se, portanto, de uma convocação geral para que todos louvem ao Senhor. Porém, cada um de nós também pode e deve entregar o seu louvor de forma pessoal e particular (v.1). Tenho um desejo que arde em meu coração que é o de louvar a Deus enquanto eu viver. Devo ao Senhor a minha vida, tudo o que tenho e o que sou. E ainda que eu entregasse a Deus o meu louvor, durante todos os dias que ainda me restam, de forma ininterrupta, mesmo assim seriam insuficientes, levando em conta tudo o que Deus fez e tudo o que Ele é para mim. Hoje também quero convidar você a refletir sobre isso.

Não viveremos nesta Terra para sempre — nossa vida é mortal e muito curta, a propósito —, mas, enquanto você viver, louve ao Senhor. Pense que o seu tempo nesta vida terrena pode ser considerado como um ensaio para o que acontecerá na eternidade. Louvaremos ao Senhor com os anjos, cantando por toda a eternidade que Deus é santo, santo, santo! Enquanto aqui você viver, esse louvor ainda estará envolvido, eventualmente, por aflições e dores. Mas chegará o dia em que as lágrimas cessarão, e a vida na eternidade com Deus será em plenitude de alegria e exultação. Não desperdice seu tempo com coisas fúteis e passageiras desta vida. Invista seu tempo no louvor a Deus, mostre a Ele o quão grato você é por tudo o que Ele já fez em sua vida, sabendo que o Pai ainda tem muito a fazer pelos Seus filhos. Junte-se a mim neste dia e vamos continuar louvando ao Senhor enquanto vivermos.

19 DE DEZEMBRO

BOM É LOUVAR A DEUS

*Aleluia! Como é bom cantar louvores ao nosso Deus!
Como é agradável e próprio louvá-lo!*

SALMO 147:1

Louvar a Deus é bom, é agradável e próprio ao Seu nome (v.1). São essas as características apontadas pelo salmista a respeito do louvor a Deus, como argumentos em favor da convocação para fazê-lo. Ele inicia o salmo fazendo isso: "Aleluia!". É sempre oportuno e apropriado louvar ao Senhor, mas é também algo muito prazeroso. Adam Clarke disse: "O louvor é decoroso, isto é, decente, conveniente e apropriado a cada criatura inteligente que reconhece os benefícios recebidos do Ser Supremo, que opera em favor dos homens como um pai age em favor de seus filhos". Um paralelo próximo está no Salmo 135:3, que diz: "Louvem o Senhor, pois o Senhor é bom; cantem louvores ao seu nome, pois é nome amável". Quem conhece a bondade de Deus tem motivos de sobra para render louvores ao Seu nome.

A alegria que brota do coração de quem louva a Deus, só é verdadeira e proveitosa se for resultado de um propósito firme de realmente louvar a Deus, e nada além disso. O culto e o louvor que agradam a Deus são aqueles oferecidos em espírito, mas principalmente em verdade — "No entanto, está chegando a hora, e de fato já chegou, em que os verdadeiros adoradores adorarão o Pai em espírito e em verdade. São estes os adoradores que o Pai procura" (JOÃO 4:23). Que você seja encontrado como um verdadeiro adorador, alguém disposto a derramar a vida e o coração em louvor e adoração ao Senhor Deus. Você foi criado para o louvor da glória de Deus. Quando louva o Seu nome, está cumprindo com parte do Seu divino propósito na sua vida. Louve ao Senhor e descubra a alegria e o prazer que isso representa.

MINHAS REFLEXÕES

ELENILSON SOUZA

20 DE DEZEMBRO

OLHE PARA O CÉU

Ele determina o número de estrelas e chama cada uma pelo nome. SALMO 147:4

MINHAS REFLEXÕES

Louvar, apesar das circunstâncias, é uma ótima resposta para todas as bênçãos de Deus. Agora, se pensarmos nas maravilhas da criação e vincularmos a isso Seu poder em sustentar todas elas, teremos ainda mais motivos para louvarmos o Seu nome. Saber que Deus sara os de coração abatido, cuidando de suas feridas (v.3), encoraja-nos a louvar. Se compararmos esse cuidado com a grandeza de Deus e Sua capacidade de não apenas colocar em ordem todas as estrelas, mas chamar cada uma delas pelo nome (v.4), somos ainda mais inspirados a louvá-lo. A grandeza de Deus se evidencia nas Suas próprias palavras em Isaías 40: "'Com quem vocês me compararão? Quem se assemelha a mim?', pergunta o Santo. Ergam os olhos e olhem para as alturas. Quem criou tudo isso? Aquele que põe em marcha cada estrela do seu exército celestial, e a todas chama pelo nome. Tão grande é o seu poder e tão imensa a sua força, que nenhuma delas deixa de comparecer!" (vv.25,26). Como é grande e poderoso esse Deus! Digno de ser louvado, não há ninguém tão excelso e majestoso como o Senhor.

Ao olhar para o céu estrelado, observar o brilho e a ordem em que as estrelas estão dispostas, pode surgir uma questão: Como um Deus tão grandioso se interessa por alguém tão pequeno e insignificante como nós? Talvez os seus argumentos estejam provocando uma confusão na sua mente, pois, diante de um Universo tão imenso, o que há de importante em nossa humilde existência que possa capturar a atenção do Senhor? Deus é soberano sobre toda a Terra e o Céu, é Senhor absoluto. Todas as coisas que acontecem e existem estão sob o Seu controle. Apesar de toda Sua glória, olhe para o céu, erga suas mãos e voz para louvar o Seu nome, porque Deus se importa com você. Deus o ama!

21 DE DEZEMBRO

MÉRITO INDISCUTÍVEL

Grande é o nosso Soberano e tremendo é o seu poder; é impossível medir o seu entendimento.
SALMO 147:5

Assim como é impossível mensurar a sabedoria de Deus, é indiscutível o mérito que o Senhor tem para que seja louvado. Vamos observar as características divinas que são destacadas pelo salmista, e assim chegaremos à conclusão de que devemos direcionar ao Senhor toda a adoração que somente Ele é merecedor.

É comum relacionarmos louvor ao ato de cantar, mas sabemos que existem muitas outras expressões de louvor. No entanto, no que tange à música, o louvor que Deus merece é aquele prestado com o máximo de excelência, em harmonia e sinceridade de coração. O Senhor é merecedor porque Ele é capaz de fazer tudo o que for preciso para o sustento e manutenção daquilo que todas as criaturas precisam. Além de tudo isso, o Senhor também é rico em bondade.

Deus usa todo o Seu conhecimento e poder sem limites para fazer o bem a todo Seu povo. E o mais notável é que Deus está disposto a fazer a todos os Seus servos nos dias de hoje tudo o que Ele fez para cuidar do Seu povo no passado. Dessa forma, Ele continua sendo digno e merecedor do louvor, assim como o foi outrora. Qual é o lugar que Deus ocupa no *ranking* do seu louvor? Quem está em primeiro lugar como alvo da sua adoração? Coloque Deus como primazia da sua vida, no lugar mais alto da adoração, e Ele cuidará de todo o restante. Por tudo o que Deus representa, não apenas em relação às maravilhas que criou, mas principalmente, por ter criado e cuidado de você até aqui, você já concluiu que esses são motivos mais do que suficientes para entender que somente Deus é merecedor do seu louvor. Realmente não há como discutir o mérito do Senhor de receber toda honra, glória e louvor.

MINHAS REFLEXÕES

22 DE DEZEMBRO

OS CÉUS LOUVAM AO SENHOR

Aleluia! Louvem o SENHOR *desde os céus, louvem-no nas alturas!*
SALMO 148:1

MINHAS REFLEXÕES

Esse salmo é uma canção de louvor que convoca todas as coisas criadas para louvar ao Senhor. É a expressão de uma convicção de que toda a natureza é convidada a cantar, todas as partes da natureza, uma a uma sendo encorajadas a entregar um louvor ao Deus criador e Senhor. No texto em destaque, os céus são convocados para louvar ao Senhor, na companhia de todos os seres celestiais, Sol, Lua e estrelas (vv.2,3). Foi Deus quem os criou e com Seu poder os mantém (vv.5,6). O Deus Poderoso estabeleceu cada uma das coisas criadas nos lugares e ordem devidos. São obras das mãos de Deus e, por isso, devem sua existência a Ele e compete a eles então louvar ao Senhor. Nesse aspecto, as leis de Deus também foram arquitetadas para que, por meio de uma personificação mencionada neste salmo, Sol, Lua e estrelas louvassem ao Senhor. Talvez seja dessa natureza inanimada que fluam os mais fiéis louvores ao Senhor, pela submissão incorruptível que têm ao seu Criador.

Assim como "os céus declaram a glória de Deus; o firmamento proclama a obra das suas mãos. Um dia fala disso a outro dia; uma noite o revela a outra noite. Sem discurso nem palavras, não se ouve a sua voz. Mas a sua voz ressoa por toda a terra, e as suas palavras, até os confins do mundo" (SALMO 19:1-4), nós também devemos entregar ao Senhor o louvor que só Ele é digno de receber. Que você seja inspirado e motivado hoje a louvar ao Senhor. Foi Deus quem o criou e, com Sua mão de poder e graça, sustenta, livra e protege você em todos os dias da sua vida. Deus se manifesta em todo lugar e a todo momento, exercendo soberania e amor para com tudo e todos. Assim como o Céu louva, louve você também ao Senhor.

23 DE DEZEMBRO

A TERRA LOUVA AO SENHOR

Louvem o Senhor, vocês que estão na terra... SALMO 148:7

Continuando a observar a natureza como fonte de louvor, o salmista convoca agora toda a Terra, assim como todos os seus habitantes, para louvar ao Senhor. A razão para esse louvor é porque o Senhor é quem dá direção e controla o futuro de tudo e todos, e Ele faz isso porque "é superior a todos os outros deuses! A sua glória está acima da terra e do céu" (v.13 NTLH). O salmista nos chama atenção para o fato de que o Senhor deve ser louvado na Terra, afinal, é este o local de implantação do Seu reino e a esfera da Sua presença. Há uma relação de animais mencionados no salmo que devem louvar ao Senhor (v.7). Os vários estados do clima com suas variadas manifestações também são convocados para o louvor (v.8). Deus é o Senhor de toda a criação, e cabe a ela louvar ao Seu nome. O que certamente desagrada o coração de Deus é quando os homens confiam demasiadamente em suas competências. Apegam-se nas tecnologias modernas que desenvolveram para controlar tanto as intempéries da natureza como os animais ao seu serviço e deixam de confiar em Deus e em Seu cuidado. É o próprio Deus quem proporciona a segurança e a prosperidade de todos os que temem ao Seu nome, dando a todos, paz e abundantes provisões.

    O louvor que deve ser prestado ao Senhor a partir da Terra envolve todos nós. Basta lembrar que foi Deus quem nos criou, revelou-se aos homens e decidiu estar próximo de cada um de nós. Apesar parecer claro que é uma obrigação louvar ao Senhor, devemos considerar como uma grande alegria e privilégio. Vamos juntos louvar ao Senhor, entregar a Ele o nosso melhor e mais excelente louvor. Conte sempre com a presença de Deus em sua vida e louve ao Seu nome. Com os pés na Terra, mas com as mãos erguidas e em alta voz, louve ao Senhor.

MINHAS REFLEXÕES

ELENILSON SOUZA

24 DE DEZEMBRO

LOUVORES POR TODA PARTE

*Louvem todos o nome do S*ENHOR*, pois somente o seu nome é exaltado; a sua majestade está acima da terra e dos céus.*
SALMO 148:13

MINHAS REFLEXÕES

Essa é a canção em que todas as criaturas, do céu e da Terra, são convocadas para louvarem ao Senhor. "Todos os que estão nos céus, louvem o SENHOR Deus nas alturas!" (V.1 NTLH). Estão aqui incluídos, o Sol, a Lua, as estrelas, os planetas e até os anjos, a própria atmosfera e tudo o que está relacionado com o céu. Imagino como pode ter sido incrível a visão de Isaías ao ouvir o clamor dos anjos dizendo: "Santo, santo, santo é o SENHOR dos Exércitos" (ISAÍAS 6:3). O Sol também louva ao Senhor através do seu calor, e a lua iluminando a noite. Também é interessante a maneira que o salmista personifica os corpos celestes, fazendo deles um exército que se reúne para louvar ao Senhor. O louvor ao Senhor na Terra abrange tudo o que faz parte dela — de origem mineral, vegetal, animal e humano. Todos devem se unir no louvor ao Senhor. O salmista continua convocando: seres dos mares e oceanos; o fogo, neve e gelo; montanhas e colinas; árvores de vários tipos; animais e pássaros; enfim, todas as pessoas, líderes e eminentes, homens e mulheres de todas as idades. Todos, indistintamente, devem louvar ao Senhor, pois somente Ele é digno de ser louvado. Seu nome é exaltado acima de todos os outros deuses, e Sua glória e esplendor excedem tudo, seja o que está no céu ou na Terra.

É somente a Deus que você deve louvar e dar glória, porque não há nada, nem no céu nem na Terra, que possa se comparar Àquele que possui a glória que está acima de tudo. Permita que essa glória se reflita através da sua vida e do seu louvor ao Senhor. Junte-se ao coro de tudo o que há no céu e na Terra e louve ao Senhor!

25 DE DEZEMBRO

LOUVAI, POVO DE DEUS!

Aleluia! Cantem ao Senhor uma nova canção, louvem-no na assembleia dos fiéis. Alegre-se Israel no seu criador, exulte o povo de Sião no seu rei!
SALMO 149:1,2

É Natal! Vamos juntos louvar a Deus pelo Seu Filho Jesus. E lembrem-se de que somos filhos também — filhos da promessa (ROMANOS 9:8; JOÃO 1:12,13), e por isso nosso louvor é de coração. O louvor de coração é aquele que chamo de "alto louvor". Ou seja, é uma atitude de louvor e adoração que temos diante de Deus, por ter enviado Seu Filho para nascer como um de nós e ser parte do plano divino de redenção, em quem, através de Sua morte, recebemos a graça da vida eterna. Todos nós também fazemos parte dos propósitos de Deus e do cumprimento de Sua vontade, isso se intensifica quando fazemos tudo em nossa vida para glorificar e dar honra a Deus.

Hoje é um dia especial quando nossos corações se voltam para a celebração e a alegria. Entretanto, não perca a oportunidade de estender a outras pessoas o amor com que o Deus Pai o alcançou. Certamente haverá muito mais alegria em seu coração quando puder louvar ao Senhor com toda a sua família e amigos, a quem você quer bem. O verdadeiro e sincero louvor brota de corações que reconhecem a Deus como Pai e a Jesus, Seu Filho, como Salvador e Senhor. Proclame essa verdade, promova o aumento desse grande coral dos filhos de Deus, fazendo esta convocação: "Louvai, povo de Deus!".

MINHAS REFLEXÕES

26 DE DEZEMBRO

CELEBRANDO A VITÓRIA

O Senhor agrada-se do seu povo;
ele coroa de vitória os oprimidos.
SALMO 149:4

MINHAS REFLEXÕES

No Salmo 148, há um motivo central para a convocação de toda a criação para louvar ao Senhor. O salmista ressaltou o júbilo do povo de Israel por causa da libertação da escravidão no Egito. "Ele concedeu poder ao seu povo, e recebeu louvor de todos os seus fiéis, dos israelitas, povo a quem tanto ama. Aleluia!" (SALMO 148:14). É até possível que essa menção tenha sido usada como base para o Salmo 149 em que o foco é a alegria pelas vitórias alcançadas (v.2). A situação em que o povo estava vivendo aqui merece um louvor ainda mais vibrante, com danças, pandeiros e liras (v.3). Era um louvor cantado em alta voz com um alcance incrivelmente grandioso (vv.6,7). Foi com essa convicção que o povo lutou e venceu suas batalhas.

Há alguma relação em tudo o que o povo de Israel viveu e os nossos dias, se pensarmos em termos de povo de Deus, de Igreja de Cristo. Têm sido grandes e inescrupulosos os ataques daqueles que não se contentam em ver o reino de Deus se expandindo e conquistando. Mas as armas do exército dos filhos de Deus são poderosas em guerra, a unção de conquista está sobre nós, e ninguém poderá nos paralisar. Temos como general o Senhor dos exércitos, e Ele já garantiu a vitória em nossas mãos. Caminhando para o final deste ano, algumas batalhas podem não ter tido resultados tão favoráveis quanto se esperava. Tenha certeza, contudo, que a guerra já foi vencida, e Deus lhe dará forças para continuar avançando e vencendo — "Mas graças a Deus, que nos dá a vitória por meio de nosso Senhor Jesus Cristo" (1 CORÍNTIOS 15:57). Tome posse e celebre essa vitória.

27 DE DEZEMBRO

ARMAS ESPIRITUAIS

Altos louvores estejam em seus lábios e uma espada de dois gumes em suas mãos. SALMO 149:6

As batalhas que enfrentamos, sob a perspectiva de Deus, são essencialmente espirituais. Digo isso porque a natureza do ser humano está em sua vida espiritual. Neste salmo, são oferecidas armas espirituais aos servos de Deus. O contexto pode estar ligado a um tempo em que o povo de Deus estava prestes a enfrentar inimigos poderosos que queriam destruí-los. As armas propostas são as espadas e o louvor, que seriam suficientemente eficazes para conseguir a vitória. Bastava que o povo permanecesse alegre e confiante na vitória que o Senhor concederia. Além dessa estratégia e dos equipamentos de batalha usuais, o salmista recomenda armas espirituais que apenas os servos de Deus estão habilitados a usar.

O entusiasmo deve estar em primeiro lugar, sendo expresso por canções novas (v.1). Tudo aquilo que já foi usado para o louvor ao Senhor não deve ser desprezado, porém é necessário ter a adoração revigorada a todo o momento. Essa atitude se mostra eficaz, porque é sempre em momentos de grandes batalhas que faltam o vigor para a oração e a disposição alegre para buscar a Deus. Outra arma indispensável é a gratidão (vv.2-4). Estar alegre apesar do que acontece à nossa volta — tendo-se como fruto a adoração agradecida —, é um tipo de arma que auxilia em qualquer tipo de enfrentamento espiritual. Não poderia faltar como arma de suporte a fidelidade e a submissão ao comando do Senhor dos exércitos. Esse é o posicionamento que leva à diligência necessária para obedecer às ordens do Senhor. Se dificuldades pelo caminho trouxerem desânimo e vontade de desistir, renove sua disposição em servir e louvar ao Senhor, mantenha-se confiante na atuação do poder e da bondade de Deus em seu favor e esteja pronto para a vitória. Com essas armas ninguém poderá derrotá-lo!

MINHAS REFLEXÕES

ELENILSON SOUZA

SINFONIA

Aleluia! Louvem a Deus no seu santuário, louvem-no no seu poderoso firmamento. Louvem-no pelos seus feitos poderosos, louvem-no segundo a imensidão de sua grandeza! Louvem-no ao som de trombeta, louvem-no com a lira e a harpa, louvem-no com tamborins e danças, louvem-no com instrumentos de cordas e com flautas, louvem-no com címbalos sonoros, louvem-no com címbalos ressonantes. Tudo o que tem vida louve o SENHOR! *Aleluia!* SALMO 150:1-6

MINHAS REFLEXÕES

Não há maneira melhor de caminhar para o final de um ano inteiro meditando no livro do Salmos do que declarando as verdades desta canção. Penso que o livro dos Salmos não poderia terminar de forma mais adequada e oportuna do que com esse salmo. Um sentimento de gratidão e o reconhecimento de Deus como Senhor é o que nos inspira a cantar essa canção. Deus é poderoso e realiza atos poderosos; Sua grandeza é imensa, e por isso também louvamos (v.2). Palavras que também me inspiram neste momento, e quem sabe você também possa fazer uso delas, são as declaradas nesta canção: "Que a minha vida seja um louvor a ti. Cada momento, um acorde especial. Cada mês um hino novo, cada ano uma sinfonia, que cante o teu amor, Jesus. Que eu seja um instrumento afinado por ti, no tom da especial adoração" (Monica Körber Gonçalves / Sonia Hernandes).

Aceite o convite para fazer parte daqueles que se unem na congregação dos santos diante do Senhor para louvar o Seu nome (v.1). As obras poderosas de Deus e o Seu caráter também são dignos de louvor (v.2). Não meça forças, pelo contrário, utilize todos os recursos que possuir para entregar o louvor que honre ao Senhor. Que o seu desejo seja dar a glória devida a Deus e fazer da sua vida uma harmoniosa sinfonia de louvor e adoração a Ele. E assim, enquanto houver algum fôlego de vida em seus pulmões, utilize-o para louvar ao Senhor.

29 DE DEZEMBRO

ADEUS ANO VELHO. A DEUS, ANO NOVO.

Tudo o que tem vida louve o Senhor! Aleluia!
SALMO 150:6

Louvar e exaltar a Deus é o grande e maior motivo para estarmos aqui. Refiro-me ao término desta jornada de compartilhamento de meditações no livro dos Salmos. Uma alegria muito grande invade o meu coração, tão grande quanto a gratidão que tenho ao Senhor por ter dado a mim e meus amigos, companheiros e pastores Eliandro Viana e Abner Bahr o privilégio de sermos instrumentos de Deus para inspirar o seu dia.

Tudo o que tenho e o que sou dedico a Deus como oferta de gratidão. Quero continuar a exaltar e engrandecer o Seu nome enquanto eu viver. O meu desejo, ao repartir aquilo que Deus colocava no meu coração a cada devocional, era levar você a aproximar mais de Deus para conhecê-lo melhor. Dediquei-me com o máximo da minha excelência para fazer com que o nosso grande Deus fosse reconhecido como tão grande quanto de fato Ele é. Busque então a ajuda de Deus para fazer a Sua vontade e entregue a Ele toda a sua vida. Concentre sua atenção em Deus e você receberá a direção vinda do Santo Espírito para descobrir os Seus propósitos. Receberá também a força necessária e a unção para caminhar alinhado com Sua vontade. O ano já está acabando, e daqui a alguns dias será chamado de "ano velho", afinal, o novo ano está chegando. Não despreze nenhum dos momentos, sejam bons ou ruins, que você passou. Saiba que Deus estava usando cada um deles para tornar você uma pessoa melhor, alguém ainda mais parecido com Seu Filho Jesus.

"Pois dele, por ele e para ele são todas as coisas. A ele seja a glória para sempre! Amém" (ROMANOS 11:36). A Deus toda honra, glória e louvor. A você, minha oração e o desejo de um novo ano repleto de conquistas e realizações para glória de Deus.

MINHAS REFLEXÕES

BARULHO DE LOUVOR

Louvem-no pelos seus feitos poderosos, louvem-no segundo a imensidão de sua grandeza! Louvem-no ao som de trombeta, louvem-no com a lira e a harpa, louvem-no com tamborins e danças, louvem-no com instrumentos de cordas e com flautas, louvem-no com címbalos sonoros, louvem-no com címbalos ressonantes.
SALMO 150:2-5

MINHAS REFLEXÕES

Sempre que o ano se finda, nós nos envolvemos na agitação do preparo das festividades. Depois de confirmada a lista daqueles que estarão presentes, vamos às compras. Comidas para a ceia, bebida, sobremesa, enfeites para a casa, alguns compram até roupa nova. Mas o que não pode faltar são os fogos de artifício. Sempre tem alguém que levará alguns, você gostando ou não; afinal, o momento mais aguardado da virada de ano é a queima de fogos que ilumina o céu da cidade. Os fogos de artifício expressam alegria e celebração, e como ninguém celebra com alegria em silêncio, eles fazem muito barulho. Como filhos de Deus, devemos manifestar gratidão e louvar ao Eterno pelos Seus feitos poderosos em nossa vida neste ano. Creio que você tem algo a agradecer e razões suficientes para louvá-lo.

O salmista descreve uma relação de instrumentos que servem para louvar a Deus. Nenhum deles é silencioso, o que demonstra que nosso louvor precisa ser ouvido por outras pessoas. Quando louvamos os grandes feitos do Senhor, testemunhamos do poder de Deus. Assim como os fogos de artifício demonstram a alegria de quem os solta, devemos louvar a Deus em alto e bom som agradecendo pelo ano que se finda. Quando chegar o momento das felicitações pelo ano novo, louve a Deus com trombetas, danças, tamborins, instrumentos de corda, fogos de artifício ou com gritos de alegria. Não importa como, mas faça um barulho santo, faça um barulho de louvor.

31 DE DEZEMBRO

CELEBRAÇÃO

Tudo o que tem vida louve o SENHOR! Aleluia! SALMO 150:6

Assim como eu, você pode estar se perguntando o que mais poderia ser dito sobre o louvor a Deus. Mas, ao mesmo tempo, podemos chegar a uma conclusão em comum. Se todas as palavras de nosso vocabulário fossem usadas, durante todos os dias que nos restam sobre a Terra, para louvar ao Senhor, ainda assim seriam poucas. David Dickson disse: "Quando tivermos dito tudo o que podemos dizer para o louvor de Deus, podemos apenas começar outra vez; pois isso aprendemos, pela renovação desta exortação, no final de variados salmos, e aqui também, no final de todos os salmos: 'Louvai ao Senhor'". Deus é digno de todo louvor, porque é o Criador e Sustentador de todas as coisas (v.2). Tendo isso como premissa, só nos resta atender ao convite para louvar em conjunto com toda a criação (v.6). Contudo, é necessário que seja um louvor prestado com a excelência de cada um, aplicando-se todos os dons e talentos, para que fluam expressões dignas da glória de Deus e que honrem o Seu nome (vv.3-5).

Celebramos essa extraordinária jornada pelas canções que, desde os tempos dos hebreus, contagiam os corações. Trilhamos caminhos de uma viagem poética de cada salmista divinamente inspirado e vivemos experiências enriquecedoras e de grandes ensinamentos. Salmodiamos a cada dia com canções doces e lindas, mas também com momentos de lamentos profundos e comoventes. Subimos montes, atravessamos vales, entramos em cavernas profundas, vimos o pôr do sol e chegamos ao anoitecer nas narrativas de cada autor. E, na companhia do Santo Espírito, fomos encorajados a buscar um estilo de vida que também exalte ao Senhor, em todos os momentos.

Nossa gratidão a você por se aventurar conosco diariamente pelos salmos, e aprendermos a descansar no cuidado e proteção do Senhor, o nosso Pastor.

MINHAS REFLEXÕES

ELENILSON SOUZA

NOTAS